D1723267

Álvaro Pombo

———————————

Das ewig Weibliche

Álvaro Pombo

Das ewig Weibliche

Roman

Aus dem Spanischen von

Doris Bankhamer

Stockmann Verlag

Die Originalausgabe erschien 1993 unter dem Titel
„Aparición del eterno femenino, contada por S.M. el Rey"
bei Editorial Anagrama, Barcelona

Für die freundliche Förderung der Übersetzung danken wir der
„Dirección General del Libro, Archivos y Bibliotecas"
des Spanischen Kulturministeriums

Schutzumschlag: Alexander Hübl

Satz: Bernhard Stockmann
Druck: Buchproduktion Ebertin, Uhldingen-Mühlhofen
Alle Rechte vorbehalten
ISBN: 978-3-9501612-9-8

Álvaro Pombo

ERSCHEINUNG DES EWIG WEIBLICHEN

ERZÄHLT VON SEINER MAJESTÄT DEM KÖNIG

Auf der Terrasse hatte Don Rodolfo das Sagen, mehr noch, viel mehr als Belinda. Und das war auch richtig so. Denn, wie Belinda, die Don Rodolfo ständig schöne Augen machte, immer erklärte, war er schließlich Paulino Uzcuduns Sparringpartner gewesen und kannte daher das Leben. Und das ist die reine Wahrheit. Don Rodolfo wusste alles über das Leben und noch viel mehr. Und damit das klar ist: Wenn Paulino gegen Joe Louis verloren hat, dann nur, weil ihm das lieber war, als einen Schwarzen zu schlagen. Paulino war ein echter Kavalier. Da braucht man nur an das eine Mal zu denken, als er vorbeikam und Belinda und uns zu Orangenlimonade einlud und mir und dem Chino und dann noch jedem eine bis zum Rand gefüllte Tüte Pommes Frites spendierte. Reden, also reden war nicht so seine Sache. Brauchte er auch nicht. Wozu auch sollte er was sagen? Doppelt so breit wie Don Rodolfo (aber dabei gleich groß, mehr oder weniger zumindest), sank er auf der Terrasse an der Ecke Correos auf einen Stuhl, und beim Hinsetzen stöhnte er laut, fufff, wegen seiner müden Muskeln. Don Rodolfo hingegen, der redete schon. Das war es, was ihm, abgesehen vom Ring, am meisten lag. Der Chino und ich sind Cousins mütterlicherseits, und der Chino ist nicht einmal sechs Monate älter als ich. Als wir uns das letzte Mal abgemessen haben, war er ein bisschen größer. Und stärker! Aber auch viel schwerfälliger. Alles in allem sind wir uns deshalb ebenbürtig. Beim Schattenboxen gewinne ich jede Partie. Beim Punching dagegen habe ich Schwierigkeiten mit der Geschwindigkeit der Rebounds, während der Chino den Trick voll heraus hat, wegen seiner kräftigen Handgelenke. Und das ist jetzt keine Ausrede. Beim Punching kommt es mehr auf die Handgelenke an als auf die Faust. Beim Punching gewinnt der Chino. Wir haben noch keinen Sandsack, weil sonst die Decke herunterkommen würde, zumindest glaubt das meine Großmutter. Die Großmutter und ihre beste Freundin, die, nebenbei gesagt, auch ihre einzige ist, sagen immer, dass sie nicht einmal die Hälfte von dem verstehen, was ich sage. Aber sie lügen. Na gut, vielleicht lügen sie nicht. Nicht wirklich jedenfalls! Aber sie verstehen eben nur etwas von Küche und Vorhängen. Sie behaupten ja auch immer, dass ich nichts der Reihe nach erzähle, aber das tue ich doch wirklich. Nur nicht in einer Reihenfolge, wie sie es gern hätten. Ich erzähle die Dinge, wie Don Rodolfo sie erzählt: zuerst die Hauptsache. Und danach die Ausschmückungen, auf die ich Lust habe. Obwohl manchmal die Ausschmückungen die eigentliche Hauptsache sind. Wenn ich auch zugeben muss, dass Don Rodolfo es mit dem Ausschmücken vielleicht etwas übertreibt. Und wenn es um Paulino geht, am allermeisten. Denn der Schlag ist nicht alles, sage ich. Und der Chino denkt genauso, das weiß ich. Natürlich geht es beim Boxen auch um die Schlagführung. Aber ein Großteil, eigentlich fast alles, ist die Beinarbeit. Je flinker du auf den Beinen bist, desto besser bist du. Und wendig in der Hüfte musst du sein, vor allem als Federgewicht. Meine Großmutter und Doña Blanca glauben

beide, dass es beim Boxen nur ums Verprügeln geht, also um den Schlag. Und daran sieht man ja, dass sie keine Ahnung haben, wovon sie überhaupt reden. Einmal sind der Chino und ich nach der Jause geblieben, um zu hören, was die beiden sich so zu sagen haben und ob sie über uns gut oder schlecht reden. Geredet haben sie, meine Güte, was haben die geredet! Aber ob gut oder schlecht, das wissen wir nicht, zumindest ich nicht. Der Chino glaubt, dass sie schlecht über uns geredet haben. Aber darauf darf man nicht viel geben, weil er immer vom Schlechtesten ausgeht. (Und was ich hier auslasse – denn das Meiste könnte man sowieso nicht verstehen, weil es sich um Geheimpläne handelt –, ist, dass wir nur so tun, als ob wir die Türe hinter uns zuknallen, und zwar so laut, dass sich die beiden furchtbar darüber aufregen, aber dabei lassen wir gleichzeitig die Tür einen Spalt offen, der groß genug ist, damit wir beide ihre Köpfe sehen und sie belauschen können, ohne uns streiten zu müssen.) Wir haben sie besser gesehen als gehört. Manchmal redeten beide gleichzeitig. Vor lauter Aufregung wackelten ihre Köpfe hin und her, so dass wir sie manchmal sahen, und dann wieder nicht, und dann doch wieder. Sie tauchten im Türspalt auf und verschwanden wieder – wie bei einem Kasperltheater. Es war gar nicht leicht, einen Zusammenhang zwischen den einzelnen Sätzen zu erkennen: „Wie die Affen sind sie", „Kaum zu glauben, dass das deine Enkel sind", „Sie sind zwar meine Enkel, aber sie benehmen sich wie die Wilden", „Boxen ist so primitiv", „wirklich primitiv", „Ich habe gehört, dass man ihnen die Nase operiert", „Das wäre nicht so schlimm, ein Mann muss ja nicht schön sein", „Ach, ich weiß nicht", „Aber es ist wirklich primitiv" …
Und da offensichtlich primitiv noch das Beste war, was sie

über uns zu sagen hatten, zogen wir ab. Nachher haben wir noch lange darüber geredet. Der Chino behauptete, dass sie gesagt hätten, er wäre der Schlimmste von allen, und ich sagte, dass ich das so nicht gehört hatte. Aber der Chino sieht oft Gespenster, immer schon, sogar am Tag. Er sieht immer schwarz. Der schwärzeste Teer ist geradezu weiß, verglichen damit, wie der Chino die Welt sieht. Belinda ist der gutmütigste Mensch der Welt. Davon haben wir alle was, aber am meisten der Chino und ich. Vor allem unter der Woche und während des Schuljahres. Aber von der Schule will ich jetzt nicht erzählen, das kommt vielleicht später. Gutmütig ist nicht dasselbe wie dumm. Man kann gutmütig und klug sein, wie zum Beispiel Belinda. Klug ist sie, weil sie nie etwas verrät – sie weiß, dass sie sonst vergiftet würde. Aber vor allem ist sie klug, weil sie eine Seele von einem Menschen ist, sie ist viel besser als die meisten Leute. Sie denkt nie an sich. Was auch immer geschieht, sie lässt sich nicht unterkriegen, genau so wenig wie Don Rodolfo oder Paulino. Sie ist gut, weil sie es sich leisten kann, weil sie stark ist, obwohl sie ein so großes Herz hat. Ihr großes Herz macht sie aber auch verwundbar. Sie hat ein zu großes Herz. Deshalb ist sie ja auch nicht durch und durch stark, obwohl sie durch und durch gut ist. Ich kann ihr tief ins Herz sehen. Einmal habe ich ihr das gesagt, da hat sie zu weinen begonnen, die dumme Gans. Es hätte nicht viel gefehlt, und ich hätte auch noch geweint. Aber weil ich nie weine, habe ich dann eben doch nicht geweint. Dabei ist Weinen ansteckend. Don Rodolfo hat nie geweint, außer in der Nacht der Superschwergewichtsweltmeisterschaft, da hat er schon mitten in der fünften Runde zu weinen begonnen, weil er gesehen hat, dass Paulino sich lieber selbst umbringen lassen würde, als den verdammten Schwarzen umzubringen. „Verdammt" sagt Don Rodolfo nur in absoluten Ausnahmesituationen. So hat er zum Beispiel „dieser verdammte Chino" gesagt an dem Nachmittag, als der Chino einen Handstand mit Armbeuge gemacht hat. „Verdammt" ist einfach das Wort, das in einer solchen Situation am besten passt. Den Handstand kriege ich ja schließlich auch hin. Aber genau so, wie er sein soll, also ganz schaffe ich ihn nicht, aber so schlecht ist er auch wieder nicht. Ich mache ihn eben auf meine Art. Und Don Rodolfo sagt, dass es Leute gibt, die ihn so wie ich machen. Sogar ganz schön viele von denen, die er kennt. Außerdem kommt es beim Handstand vor allem auf die Arme an. Und davon hat der Chino mehr als genug. Schon als er klein war, hatte er lange Arme, ich habe ja die Photos gesehen, da sieht er wie ein halber Affe aus, auch wenn er nicht so schnell ist wie ich, wenn es darum geht, um den Gegner herumzutanzen. Sogar Don Rodolfo hat mit meiner Beinarbeit zu kämpfen. Einmal war ich besonders flink, und als er sich duckte, um mir auszuweichen, verpasste ich ihm eine Gerade mit der Linken, ohne meine Deckung aufzugeben, und gleich darauf, zack, einen *Apperkat**, das ist ein Haken gegen den Kiefer von unten nach oben, man sagt auch Todeshaken dazu. Er taumelte. Auch wenn er später behauptete, das wäre nur zum Spaß gewesen, ich habe ihn taumeln und dann wie einen Sack zu Boden gehen sehen. Also, so richtig zu Boden gegangen ist er nicht. Aber das Taumeln, das kam von meinem Haken. Vor kurzem habe ich es dem Chino, der damals nicht dabei war, wieder bei der Jause erzählt, und die Großmutter fragte, ob wir denn bei Tisch nicht über etwas anderes reden

* Für die mit * gekennzeichneten Stellen finden sich Anmerkungen am Schluss

könnten. Gesagt habe ich ja nichts, aber gedacht habe ich mir schon: „Und worüber ihr erst redet!" Ich habe den Mund gehalten, weil ich schließlich auch schlechte Seiten habe. Mehr noch als der Chino. Die in der Schule halten den Chino für eine Bestie. Aber das stimmt überhaupt nicht. Der Chino ist schwer in Ordnung, und das sage ich nicht nur, weil er mein Cousin ist. Wir haben immer schon in diesem Haus gewohnt. Ich bin in diesem Haus geboren, aber der Chino nicht. Der Großvater der Großmutter hat es gekauft. Jetzt ist es schon weit über hundert Jahre alt. Früher war die Terrasse noch größer, mein ganzes Zimmer war damals noch Terrasse, aber die Großmutter ließ dieses zusätzliche Zimmer bauen, weil meine Onkel und Tanten, die Geschwister meiner Mutter, viel Platz brauchten, als sie klein waren. Aber sie ist immer noch ziemlich groß. Jedenfalls viel größer als viele andere Terrassen, die ich gesehen habe. Meine Großmutter sagt immer, die Leute würden zu allem Terrasse sagen, sogar zu einem Balkon, solange er breit genug ist, um einen kleinen Tisch darauf zu stellen. Unsere Terrasse ist breit genug, um ein ganzes Esszimmer darauf unterzubringen, und das ist wirklich so. Nicht weil ich aufschneiden will. Ich schneide nur auf, wenn es nötig ist, in den Pausen. Genauso wie der Chino.

„Am liebsten bin ich auf der Terrasse", sagte der Chino. Ich erinnere mich daran, dass er das gesagt hat, weil ich mich gewundert habe, als ich es hörte. Der sagt das nicht nur einfach so dahin, habe ich mir damals gedacht. Das Gute am Chino ist, dass er nicht einfach redet, um zu reden. In der Hinsicht ist er mehr wie Paulino als wie Don Rodolfo oder Belinda oder ich. Wir reden fast nur, weil wir gerne reden. Und je mehr wir reden, desto mehr Spaß haben wir daran. Ich bin der, mit dem der Chino am meisten redet. Aber selbst wenn er mit mir zusammen ist, bringt er es fertig, zwei Stunden lang kein Wort zu sagen. Was ist Reden? Niemand redet nur um zu reden, nicht einmal wir drei. Daraus folgt – wie Pater Constantino immer sagt –, dass Reden ein menschliches Bedürfnis ist. Genauso wie Essen. Es ist schon möglich, dass ich als ganz kleines Kind nicht gesprochen habe. Möglich ist es, aber ich habe da Zweifel, weil ich, solange ich mich erinnern kann, immer geredet habe. Was mich am Chino am meisten beeindruckt, ist, dass er reden kann, auch wenn er meist den Mund nicht aufmacht. Er könnte es, will ich damit sagen. Aber er mag nicht. Er bekommt einfach nie Lust zu reden, während sie mir nie vergeht. Vielleicht habe ich umso mehr Lust zu reden, weil der Chino nichts sagt. Die meiste Zeit verbringe ich mit dem Chino. Ich mag mir gar nicht vorstellen, wie es ohne den Chino wäre. Einmal wäre es fast so weit gekommen. Aber daran mag ich gar nicht denken. Don Rodolfo war da, auch Belinda, und im anderen Teil des Hauses waren auch die Großmutter und Doña Blanca im Zimmer meiner Großmutter, wo sie immer den ganzen Nachmittag herumsitzen. Aber der Chino war nicht da. Und vier Tage lang wusste keiner von uns, ob er zurückkommt oder nicht. Er dürfte es selbst nicht gewusst haben, weil er nicht anrief. Der vierte Tag war ein Sonntag. Da war es am schlimmsten. Es wurde viel früher Sonntag als sonst. Ich ging auch viel früher auf die Terrasse als sonst. So früh, dass der Mond noch am Himmel stand, es war Neumond, das fiel mir auf, und einige besonders helle Sterne hoben sich vor der gerade erst anbrechenden Dämmerung ab. Ich erinnere mich, dass es Mitte April war. Es war noch ziemlich kalt. Trotz der Kälte setzte ich mich auf den Boden, um den Halbmond anzuschauen. Meine Knöchel und Füße schauten unter dem Pyjama hervor. Es war zunehmender Mond, das sieht man an seinem Leuchten und weil die Sichel z-förmig ist. Um diese Zeit macht der Mond kein Geräusch. Man hörte auch keine Vögel, die Tauben waren noch nicht aufgewacht, und die Mauersegler waren auch noch nicht da, und die Spatzen in ihren Nestern waren selbst zum Piepen noch zu klein. Man hörte nur den Wind, der ohne Absicht an den Verästelungen der Weinstöcke rüttelte, die die vorherigen Besitzer der Wohnung in zwei Fässer gesetzt hatten und die bis heute noch da stehen. Und ohne es zu wollen, dachte ich daran, dass es vielleicht jetzt immer so sein würde, ohne den Chino. Ich würde ungefähr um diese Zeit auf die Terrasse hinausgehen und würde unter meinen Füßen die mit Reif bedeckten Fliesen spüren und nie mehr wissen, was ich danach tun sollte. Oder auch in diesem Augenblick, also eigentlich damals. Als ob etwas geschehen würde. Als ob schon etwas geschehen wäre. Als ob der Chino, auch wenn er es wollte, nicht mehr zurückkehren könnte. Als ob alle außer mir weggegangen wären und ich allein zurückbleiben hätte müssen, um meine Pflicht zu erfüllen. Die Piratenfahne, die uns die Großmutter zum Heiligen Dreikönigstag* geschenkt hatte, würde nicht mehr wehen mit ihrem Totenkopf und den leblosen gekreuzten Knochen. Und da habe ich verstanden, dass es mir beim Reden nicht einfach nur um das Reden selbst geht, sondern dass ich vor allem mit dem Chino rede. Ob er nun antwortet oder nicht, ist mir egal. Ich mag gar nicht mehr daran denken, weil ich mich erinnere,

14

dass ich damals so traurig wurde, dass ich weinen musste, und damit das klar ist, ich weine nie. Aber das Eigenartigste kommt noch: Als am Abend, lange nach der Jause, jemand mehrmals an der Tür läutete und es sich herausstellte, dass es der Chino war, war er es, der redete, während ich kein Wort sagte. Dabei rede ich sonst umso mehr, je mehr ich mich freue. So weit ich weiß, war es das einzige Mal, dass ich nicht wusste, was ich sagen sollte. Ich kann mich nicht erinnern, was er damals erzählt hat. Ich weiß nur noch, dass er geredet hat. Der Chino redete und redete. Ich weiß nicht mehr, worüber. Ich glaube, dass ich noch nie in meinem Leben so froh war wie damals. Viel mehr als der Chino, der nicht froher war als sonst auch. Nur dass er die ganze Zeit geredet hat, ohne es überhaupt zu merken. Ich war einfach nur froh, ihn wieder zu sehen. Aber das trifft es auch nicht ganz. Ausgesprochen habe ich das alles nicht, weil ich nicht wollte, dass er zu reden aufhörte, dass er rot würde und den Mund nicht mehr aufbekäme. Der Chino läuft oft rot an, im Gegensatz zu mir, ich werde nie rot. Höchstens weiß vor Zorn, wie der Cid, für die gerechte Sache. Niemand redet, nur um zu reden, aber bis zu diesem Erlebnis hatte ich immer geglaubt, dass man die Dinge nicht sieht, bis man nicht darüber redet. Und dass man die Gefühle, die man schweigend empfindet, nicht wirklich fühlt. Aber jetzt weiß ich, dass ich mich geirrt habe, dass man alles sehen und fühlen kann, auch wenn man taubstumm und dazu noch blind ist. Das heißt, natürlich nur, wenn die Dinge auch geschehen. Belinda habe ich das einmal an einem Vormittag erzählt, als ich nicht in die Schule musste, weil ich erkältet war. Ich war erst bei der Hälfte, als ich sah, dass sie schon Riesentränen in den Augen hatte, wie beim Zwiebelschneiden. Wenn Belinda einmal zu weinen anfängt, hört sie gar nicht mehr auf, bis die ganze Schürze durchweicht ist. Und ich hörte auf zu reden, um zu sehen, ob sie dann auch aufhörte. Da sie aber trotzdem nicht aufhörte, fragte ich sie, warum sie denn weine. Und sie sagte, sie weine aus lauter Rührung, weil ich genauso gesprochen hätte wie der Pater Serafín, der Kapuziner, der ihr immer die Beichte abnimmt, wenn sie wieder einmal wegen Don Rodolfo unkeusche Gedanken gehabt hat.

Mit dem warmen Wetter kommen die mutigen Mauersegler, die in der Luft schlafen – das ist so, als ob man im Stehen schläft, was der Chino kann – und sich von Mücken ernähren. Die Hitze begann in diesem Jahr kurz nach der Karwoche. Und Ende Mai war schon fast Hochsommer. Um ein Haar hätte sie niemand bemerkt, wenn ich nicht aufgepasst hätte. Ich hatte schon zwei Wochen lang Ausschau gehalten, seit dem Tag, an dem ich sie, einen nach dem anderen, zuerst das Weibchen, dann das Männchen, durch das Loch hineinschlüpfen sah, aus dem sie dann bis zum frühen Morgen nicht mehr herauskamen. Es war das mittlere Loch von den fünf, die auf etwa zwei Meter Höhe in einer Reihe in der Mauer der Terrasse zurückgeblieben sind, als das Gerüst entfernt wurde. Ich wartete einige Tage ab, um sicher zu gehen, dass sie zurückkommen würden. Und sie kamen wieder. Ich erzählte es dem Chino, und wir beide legten uns flach auf den Rücken, um zu beobachten, ob sie immer wieder heimkehren würden. Und das taten sie. Ich wollte es auch den anderen erzählen, Don Rodolfo und Belinda und auch der Großmutter und Doña

Blanca. Aber der Chino meinte, ich sollte noch warten, weil es der Großmutter wahrscheinlich nicht recht wäre, dass sie hier nisteten, weil sie durch ihr Hin und Her, ohne es zu wollen, die Dachziegel verschieben könnten, wie das auch die Tauben tun. Ich sah ein, dass er Recht hatte, und erzählte es nicht weiter, obwohl es mir sehr schwer fiel, den Mund zu halten, ich hatte den ganzen Tag nichts anderes im Kopf. So verging vielleicht ein Monat. Bis ich dann plötzlich eines Nachmittags, zack, als ich auf die Terrasse hinausging, einen Mauersegler mit ausgebreiteten Flügeln auf dem Boden fand. Es war sonst niemand da. Als ich ihn entdeckte, war das das Erste, was ich dachte: Es ist niemand da. Der Zufall wollte es an diesem Nachmittag, dass ich allein zu Hause war. Und damals begriff ich, dass Denken eine Sache ist, und Sehen, Hören und Fühlen – alles, was ich damals fühlte, nämlich dass meine Füße kalt waren und meine Handflächen schwitzten, wie wenn man an die Tafel hinaus muss –, eine ganz andere. Es ist nämlich so, dass Denken wenig mit dem Fühlen oder Sehen oder Riechen oder Berühren der Dinge zu tun hat, die wir wahrnehmen. Denken ist wie Reden, weil es schnell geht. Aber den Mauersegler auf der Terrasse zu sehen, war, wie der Flut zuzuschauen, wenn sie um den Felsen herum ansteigt, auf dem man sitzt. Du siehst es, aber du bist nicht in der Lage, dich zu rühren. Ich sah den Mauersegler und konnte mich nicht bewegen, obwohl die Gedanken in meinem Kopf mit tausend Stundenkilometern dahinrasten. Was ich dachte, war: Und was tue ich jetzt? So nah war ich noch nie an einen herangekommen. Weder ich noch wahrscheinlich sonst irgendjemand zuvor. Ihn so aus der Nähe zu sehen, machte mir Angst. Ein Mauersegler ist ganz anders als ein Spatz, oder als ein Küken aus dem Taubenschlag, oder als Drosseln oder Kuckucke oder die Lerchen mit ihrer spitzen Haube auf dem Kopf. Von denen habe ich schon Millionen auf dem Boden liegen sehen, sie fallen dauernd aus dem Nest, wenn sie fliegen lernen. Das macht mir gar nichts aus. Aber mit den Mauerseglern ist das anders. Die Mauersegler sind Kampfpiloten, genauso wie die japanischen Kamikaze. Und dieser war nicht klein. Mittelgroß, würde ich sagen, so wie der Chino und ich, die wir immer gleich groß gewesen sind, einen Meter und siebenundvierzigeinhalb Zentimeter. Don Rodolfo meint, dass er dem Boxer mittlerer Größe den Vorzug gibt gegenüber einem großen. Das gilt auch für Mauersegler. Er hatte wohl die übliche Größe, die ein junger Mauersegler haben soll. Was mir Angst einjagte, war, ihn da einen halben Meter vor meinen Füßen zu sehen. Ich erstarrte mitten in der Bewegung, ohne ihn aus den Augen zu lassen und ohne ihn zu berühren. Um nichts in der Welt hätte ich ihn berühren können. Und ihn in die Hand nehmen schon gar nicht, nicht einmal, wenn ich ein Tuch gehabt hätte. Zuallererst, weil es so eigenartig war, ihn auf unserer Terrasse zu sehen, mit ausgebreiteten Flügeln, mit einer Spanne von mindestens einem Meter von einer Flügelspitze zur anderen. Er schlug mit den Flügeln statt zu hüpfen. Als er merkte, dass ich ihn gesehen hatte, flüchtete er sich schleunigst in die Ecke, nur durch das Schlagen seiner Flügel. Das Zweite, was mich erschreckte, war, wie seltsam er auf diese Entfernung aussah. Da war zuerst einmal der Schnabel. Weil sie so schnell fliegen, kann man sie normalerweise nicht richtig sehen. Auch ihr Gesicht nicht, das weißlich und gewölbt ist. Aber jetzt sah man vor allem den Schnabel, und der war wie von einem Raubvogel, schwarz und gekrümmt. Dann die graue, ins Schwarze gehende Farbe des

18

Gefieders, das durch die ständige Reibung beim Fliegen wie poliert glänzt. Und dann die Augen, eines auf jeder Seite des weißen Gesichts, das ist wie bei allen anderen Vögeln, alle schauen dich im Profil an. Der Unterschied war seine große Blutrünstigkeit. Er sah mich aus mörderischen Augen an. Augen, die nichts von dem sanft-dümmlichen Blick hatten, den man bei Tauben sieht. Als ich ihn so anstarrte, kam er mir wie geschminkt vor, sogar die Wimpern hatte er getuscht, er hatte die Augen einer Schauspielerin. Aber das dachte ich eher, als dass ich es wirklich sah, denn eigentlich gab es gar keine Ähnlichkeit. Der Vergleich kam von mir. Und vergleichen und die Ähnlichkeit entdecken war eins. Wenn ich jetzt über das nachdenke, was ich gerade gesagt habe, weiß ich eigentlich nicht mehr, ob ich davon rede, was ich sah, oder davon, was ich dachte, als ich den Mauersegler dort sah. Eines der Dinge, die mir durch den Kopf gingen, war, dass es ganz normal ist, dass ein Selbstmörder – ob nun ein Mauersegler, ein Mensch oder ein Japaner – sich schminkt, kurz bevor er in den Tod geht. Mit schwarzer und grauer Schminke, die zusammen das Weiß des Todes ergeben. Und das bilde ich mir nicht nur ein. Das sieht man. Das sieht man und denkt man. Wenn man sie beobachtet, kann man gar nicht vermeiden, das zu sehen und zu denken. Wenn die Hitze sehr drückt, fliegen die Mauersegler wild entschlossen weiter, statt sich im Schutz der Dachrinnen oder Nester zu ducken wie Tauben oder andere Vögel. Koste es, was es wolle. Darauf kommt es nicht an. Es ist besser, im Kampf zu sterben und natürlich unter freiem Himmel. Und noch etwas, was ich damals dachte – was ich, genauer gesagt, fühlte –, war, wenn auch nicht in der Reihenfolge: Schade, dass der Chino das nicht sehen konnte, und andererseits war es auch gut, dass ich ihn vor dem Chino gesehen hatte. Ich hatte beide Gefühle gleichzeitig, obwohl sie widersprüchlich sind. Denn es war mir schon vollkommen klar, dass es dem Chino mindestens genauso gefallen hätte wie mir, wenn er als Erster den Mauersegler auf der Terrasse entdeckt hätte. Aber gleichzeitig wusste ich auch, dass, wenn es nach dem ging, was ich wirklich wollte, nach meinem Willen sozusagen, es mir schon lieber war, der Erste zu sein. Und der war ich ja auch. Ich fühlte also ein Gefühl, das man nicht fühlen soll, und gleichzeitig das genaue Gegenteil. Aber was man fühlt, das fühlt man eben. So geht es mir übrigens fast immer. Das habe ich mir damals auch gedacht: dass ich es niemals schaffen werde, vollkommen gut zu sein. Auf keinen Fall so edel wie der Chino. Und währenddessen – wie wenn du denkst, es regnet, wenn es regnet, und im gleichen Moment denkst du auch an andere Sachen oder lernst sogar – ging mir auf, dass niemand zu Hause war und ich mich um den Mauersegler kümmern musste. Und das gefiel mir einerseits und andererseits gefiel es mir auch nicht. Nie denke ich etwas, ohne zugleich das Gegenteil zu denken. Das Dumme ist, dass es mir im Gegensatz zum Chino mit den Gefühlen da genauso geht wie mit den Gedanken. Und das bedeutet, dass ich kaltherzig bin. Ich werde nie ein Gefühl voll und ganz empfinden können, der Großteil spielt sich bei mir im Kopf ab. Aber sobald ich über meine Gefühle nachdenke, höre ich auf, sie zu empfinden. Man kann ja leicht eine Sache und ihr Gegenteil gleichzeitig denken. Das Schlimmste am Denken ist, dass man aus dem Zweifeln nicht herauskommt. Ich würde ja lieber nicht denken. Ich wäre lieber wie der Chino, der Gefühle hat, ohne sich darüber Gedanken zu machen. Daher ist er auch der geborene Soldat, der Oberkommandierende der drei Streitkräfte. Und ich bin dagegen nur der König, und mir bleibt nur die Macht der Worte und der Gedanken. Ich wäre lieber wie Belinda, eigentlich wäre ich lieber egal wer, nur nicht der König. Dieser Mauersegler zum Beispiel, der sich, obwohl er verletzt war, in einer geraden Linie fortbewegte und eine Sache nach der anderen fühlte und nicht gleichzeitig auch das Gegenteil. Ich glaube, dass es kein gutes Ende nehmen wird, mit dem König nicht und mit mir auch nicht. Das würde mich wundern. Aber jetzt will ich nicht darüber reden. Es ging ja schließlich darum, was man machen soll, wenn man allein ist, wie damals ich mit dem verletzten Mauersegler. Sollte man ihn anfassen? Man hätte das natürlich tun können, aber dann auch wieder nicht, weil er einem ein bisschen Angst machte. Diese Angst kam, glaube ich, mehr vom Denken als vom Fühlen. Denn so wirklich erschreckt hat er mich ja nicht, obwohl, ein bisschen schon. Er flatterte, ohne vorwärts zu kommen, die beiden Flügel, so weit es ging, ausgestreckt. Manchmal hob er den Kopf, aber ohne einen Laut von sich zu geben. Also gepiept, das ist wahr, gepiept hat er nicht. Und dass er nicht piepte, machte mir auch Angst. Man konnte alle möglichen Geräusche hören, nur nicht ihn. Ab und zu schlug er mit den Flügeln. Er wirkte gleichzeitig zerbrechlich und wild. Wie manche arme Leute. Als ich näher an ihn heranrückte, um ihn aus der Nähe zu sehen, richtete er sich fast ganz senkrecht auf, sozusagen von Angesicht zu Angesicht. Er war bereit, seinen Schnabel in meine Hand zu schlagen und mich nicht mehr loszulassen, die Kiefer seines Schnabels fest ineinander verbissen, und mich mit den Krallen seiner Füße zu packen (die er mich übrigens nicht sehen ließ)… Was wäre, wenn der Mauersegler mit seinem Schnabel und seinen Krallen meine

Hand schnappen würde, sobald ich ihn anfasste? Dann müsste ich ihn am Boden zerschmettern oder zulassen, dass er mich tötete. Oder ich würde langsam verbluten, weil er mich einen ganzen Tag lang nicht los ließ, und ich ihn auch nicht, was noch schlimmer wäre als ein schneller Tod. Das alles habe ich damals gedacht, und das beweist, dass Denken das Gegenteil von Fühlen ist. Denn das Mitleid, das ich zum Beispiel mit ihm hatte, war in dem Moment, als ich dachte: „Er tut mir Leid", schon nicht mehr reines Mitleid. Es war eher Neugier, was ich für ihn empfand. Und das ist grausam. Ich fühlte mich überhaupt nicht wohl in meiner Haut. Ehrlich gesagt, ich fühlte mich ziemlich mies, weil ich nicht wusste, was ich tun sollte. Das ist die Wahrheit. Wenn er verletzt war, was gab es da so lange zu überlegen? Aber vielleicht war es ja besser, ihn in Ruhe zu lassen und ihn nicht zu bewegen, wie die Opfer von Unfällen. Da reicht es oft schon, wenn man nur ein bisschen ihren Kopf anhebt, um einen Pullover unterzulegen, und damit hat man sie schon umgebracht. Außerdem sind Mauersegler ja nicht gerade zahme Tiere. Sie sind genauso wild oder sogar noch wilder als Panther. Genauso wie ein Hai. Und als ich ihn so ansah und an Haie dachte, war ich ganz erschlagen davon, wie ähnlich sie sich eigentlich waren. Da ist einmal der spindelförmige Körperbau, wegen der großen Geschwindigkeiten, die beide erreichen, der Hai, der knapp an der Oberfläche schwimmt, weil er sich zwischen Wasser und Luft nicht entscheiden kann, und der Mauersegler, der sich zwischen der Erdoberfläche und der ersten Schicht gasförmiger Luft bewegt, die auch Biosphäre genannt wird. Um nämlich leicht durch das Wasser oder die Luft gleiten zu können, müssen die Köpfe von beiden die Form einer Spindel haben. Das lernt man klar und deutlich in Biologie in der Unterstufe an der Abbildung des Hais. Und das haben sie in der Schule auch immer wieder gesagt: dass die Vögel von den Fischen abstammen und die Fische von den Vögeln. Das hat sich alles im Quartär-Zeitalter abgespielt, in dem es eine große Vielfalt vor allem an Fisch-Vogel-Arten gegeben hat, die alle miteinander Fossile sind. Einige in der Klasse haben gelacht. Aber mich hat das überhaupt nicht gekratzt. Was einen verwundert, ist, sie in der jetzigen Zeit viceversa zu sehen, die einen, die in den Meeren und Ozeanen schwimmen, und die anderen, die darüber hinwegfliegen. Weniger die Möwen und Kormorane und Enten, die je nach Lust und Laune einmal schwimmen und dann wieder tauchen oder fliegen. Denen ist alles gleich recht. Und das weiß ich, weil ich das achtzig Mal gesehen habe, wie sich eine Möwe kopfüber ins Meer stürzt und erst nach mehr als einer Stunde wieder auftaucht. Zu denen sagt man auch Amphibien. Und das waren sie ja am Anfang auch, also Amphibien. Mir ist es egal, was heute ist, was ich sehe, ist die Evolution der Arten. Es mag schon sein, dass niemand sonst denkt, dass ein Mauersegler und ein Hai sich ähnlich sind. Aber ich habe es gedacht, als ich den Mauersegler auf der Terrasse beobachtete. Und wenn ich denke, dann bin ich kalt wie Eis, der mit dem kühlsten Kopf in meinem Jahrgang, denn ich erkenne in jedem Ding, so unterschiedlich es von einem anderen auch sein mag, die Gemeinsamkeiten, die beide ursprünglich einmal gehabt haben. Eigentlich würde es reichen, eine einzige Wissenschaft zu studieren, weil alles einmal eins war, mit einigen spezifischen Unterschieden, hauptsächlich, damit es ein bisschen Abwechslung gibt. Pater Sedano hat das ganz klar im Unterricht gesagt.

In diesem Moment kam der Chino nach Hause, aber ich hörte ihn erst gar nicht. Als er dann zum sechsten Mal wie wild läutete, hätte man es eigentlich sogar in den Steppen der Mongolei hören müssen. Nachher sagte er, dass er beinahe die Tür eingeschlagen hätte, so wütend sei er gewesen. Wenn er wütend wird, ist er dazu und zu noch viel mehr in der Lage. Während ich losrannte, um ihm zu öffnen, läutete er die ganze Zeit, obwohl er mich ja schon zur Tür hätte laufen hören müssen. Und während ich ihm aufmachte, klingelte er weiter und hörte erst auf, als er schon bei der Tür herein war. Er schlug die Tür mit so einem Knall zu, dass der Flügel, der immer geschlossen bleibt, ordentlich schepperte. Und danach herrschte eine Minute völlige Stille, in der man nicht einmal die Pendeluhr im Vorzimmer hörte, so ähnlich, wie wenn man die Niagarafälle nicht mehr hört, weil man schon halbtaub von ihrem Rauschen ist. Als ich merkte, dass er etwas sagen wollte, ließ ich ihn gar nicht erst den Mund aufmachen. Ich schnitt ihm sofort das Wort ab: „Hör mir erst einmal zu, Chino, hör mir erst einmal zu, und dann kannst du herumbrüllen." Und der Chino sagte: „Bist du taub oder was? Ich klingle seit einer halben Stunde." Und ich antwortete ihm, wobei ich ein bisschen einlenkte, um ihn nicht noch mehr zu reizen: „Gehört, also gehört habe ich dich schon, Chino. Überhören konnte man dich ja nicht. Aber ich war so mit einer anderen Sache beschäftigt, die gerade passiert ist und die sehr dringend war…" Und um ihn merken zu lassen, wie ernst diese Angelegenheit war, beendete ich meinen Satz mit einer ganzen Zeile von Gedankenpunkten, was ungefähr drei Sekunden dauerte. Und das, obwohl ich weiß, dass ich den Chino damit zur Weißglut treibe. Aber das mit dem Mauersegler war nicht etwas, mit dem man einfach so herausplatzen konnte. Wenn man mit so etwas gleich zwischen Tür und Angel herausrückt, verdirbt man dem anderen die Überraschung. Außerdem tut es dem Chino gar nicht gut, wenn er etwas so plötzlich erfährt. Dem Chino muss man alles ganz langsam erzählen, weil man nie sagen kann, wie er im ersten Moment reagieren wird. Und das, obwohl ich derjenige bin, der die Reaktionen des Chino bei weitem am besten kennt, viel besser als seine eigene Mutter. Obwohl er immer noch stinksauer war, weil ihm niemand geöffnet hatte, fragte der Chino, was denn los sei. Ich sah ihn nicht direkt von Mann zu Mann an, mehr so seitlich, als ob ich gar nicht mit ihm reden würde. Ich sah ihn indirekt an, ganz gleichgültig. Und die Spannung steigerte sich zur dritten Potenz, also jede Sekunde, die verging, um das Dreifache oder mehr. Bis ich dann nach genau zwei Minuten so ganz nebenbei fallen ließ: „Keine Ahnung, ob du weißt, dass auf der Terrasse ein lebender Mauersegler ist." Aber man merkte gleich, dass er mich nicht verstanden hatte, denn er sagte mit rauer Stimme: „Was heißt hier einer. Es sind doch zwei. Seit Mitte Mai sind sie dort. Und wegen so was hast du mir nicht aufgemacht? Hör mal, Ceporro, bist du vollkommen verblödet oder was?" Ich sah ihn mit einem abwesenden Blick an und zählte so langsam ich konnte bis zwanzig, um ihn so in einem Zermürbungskrieg kleinzukriegen. Das geht so: Man bezieht eine Stellung und wartet einfach ab, bis sich der Gegner selbst aufreibt und einen genau dann angreift, wenn es ihm am meisten schadet und einem selbst am meisten nützt, wo man ja schon tagelang auf der Lauer liegt. Dann sagte ich: „Damit du es weißt, du willst besonders schlau sein, aber du hast ja nicht die geringste Ahnung, worum es geht." Und nachdem ich das gesagt hatte, beobachtete ich ihn sorgfältig, bis seine Fingerknöchel vor Zorn ganz weiß wurden. „Auf der Terrasse ist ein Mauersegler", platzte ich dann heraus. „Sein Fahrwerk hat versagt, und jetzt schleppt er sich über den Boden und kann nicht mehr starten." Der Chino machte ein Gesicht, als ob ihm das alles chinesisch vorkäme. Da er nichts sagte, redete ich weiter: „Als ich wegen dir zur Tür gehen musste, hat er sich gerade versteckt, aber ich weiß wo. Wenn du ihn sehen willst, sag es, dann sage ich dir, wo." „Ist mir egal", sagte der Chino. Aber mir war egal, dass er das sagte, denn von allen Menschen kann der Chino am schlechtesten schwindeln. Das ist, glaube ich, seine beste Eigenschaft, dass er nicht schwindeln kann. Ich stieß einen resignierten Seufzer aus, und ohne noch mehr Worte zu verlieren, führte ich den Chino zu dem bevorzugten Versteck des Mauerseglers hinter einem Sack mit Spänen. Es war fast schon Nacht, aber es gab gerade noch genug Licht, um ihn zu erkennen. In diesem Moment bemerkte ich die tausenden und abertausenden von Mauerseglern, die an diesem Abend schneller als je zuvor den Himmel durchkreuzten, bereit zum Angriff, um den gefangenen Kameraden zu befreien. Ganz leise sagte ich zum Chino, dass er besser nicht sprechen sollte, nur so zur Sicherheit, falls die da oben womöglich dachten, dass wir ihn umbringen wollten.

Sobald der Chino ihn sah, gab er das Signal für Alarmstufe Rot. Das ist eine schnelle Tonfolge, pip-pip, pip-

pip, mit einem Blinken wie bei einem Glühwürmchen. Der Chino ist auch so ein Einzeller, und diese Protozoen sind einfache Lebewesen, die im Allgemeinen sehr an ihre Umwelt angepasst sind und beinahe immer militärische Reflexe haben. Normalerweise verlieren sie nie die Ruhe, bis sie sie schließlich doch einmal verlieren und rot anlaufen, bis sie glühen. Durch die Anspannung wird ihr Hals länger und der Trapezmuskel tritt ganz von selbst stark hervor. Das ist das Alarmsignal für die ganze Front, die in einer geraden Linie über eine Länge von fast zweitausend Kilometern verläuft. In den Pausen haben alle Angst vor dem Chino, vor allem die aus seiner Klasse, weil er mit jedem eine Schlägerei anfängt, wenn bei ihm der Alarm losgeht. Diesmal gingen wir nicht aufeinander los, weil wir Kameraden und außerdem noch Cousins sind. Er meinte nur: „Man muss ihn hochwerfen, damit er fliegen kann." Das ist die typische Reaktion von einem Soldaten. Jeder Generalmajor der Luftstreitkräfte würde das auch so sehen. Aber so geht das nicht. Die erste Reaktion ist immer unüberlegt. Aber der Chino glaubt eben, dass wir Piloten alle miteinander Esel sind und überhaupt nie denken. Aber Gott sei Dank war ja der König da, der denkt. „Jetzt denk doch einmal nach, Chino", war das Erste, was ich zu ihm sagte. „Man muss immer zuerst nachdenken. Ich überlege schon den halben Nachmittag, und jeder Befehlshaber im Generalstab der *Vermakt** gibt mir Recht. Ihn fliegen lassen, ist das, was wir auf keinen Fall tun können: erstens, weil der Mauersegler nichts gefressen hat. Und zweitens wegen seiner Verletzungen, die er sich im Kampf zugezogen hat. Es geht nicht, Chino, dass man eine ganze Stadt einfach nur so evakuiert. Vor allem wegen der Kinder und der Alten und der Frauen und der

Kranken und das alles. Man muss sich alles vorher gut überlegen …" Ich sah den Chino aus den Augenwinkeln an, aber er hatte seine Meinung nicht geändert. Er sah mit starrer Miene geradeaus. Vielleicht hatte er den Bericht, den ich eben mündlich über Fernsprecher und Fernschreiber durchgegeben hatte, gar nicht gehört, wegen des Schlachtenlärms und weil er stur ist. Der Chino war vollkommen ungerührt. Ich hingegen war mir der Gefahr der neuen chemischen Waffen bewusst. Der Mauersegler war inzwischen, statt sich ruhig zu halten, halbtot aus seinem Versteck gekrochen und hatte sich flügelschlagend bis vor die Füße des Chino geschleppt, so blöd muss man einmal sein. So machen es im Krieg diejenigen, die man Zivilbevölkerung nennt: die sind ganz versessen darauf, die Schutzräume zu verlassen und sich mit dem, was sie am Leibe tragen, in endlosen Schlangen langsam dahinzuschleppen, und dabei schieben sie Fahrräder, Wagen und Handkarren, die meistens mit seltsamen Dingen beladen sind, manchmal eine ganze Esszimmereinrichtung mit Anrichte und Stühlen, andere wieder haben Kaninchen dabei und sogar Schweine und Katzen und sogar Stieglitze und Sittiche, alles hat man schon gesehen. Die Zivilbevölkerung denkt einfach nicht. Die wissen nicht, wie schwierig es ist, eine Stadt zu evakuieren, die in Flammen steht. Sie verstopfen die Ausfahrten mit ihrem Gerümpel. Von dem ganzen Gewicht bricht die Brücke ein. Und dann hilft es gar nichts, dass der Generalstab der *Vermakt* alles im vorhinein perfekt geplant und angeordnet hat, dass nur Personen evakuiert werden, eine nach der anderen, und jede mit höchstens einem Bündel von maximal zehn Kilogramm. Alles umsonst. Die Soldaten sind alle gleich. Sie handeln, statt zu denken, eben wie der Chino. Und so geht die Sache dann auch aus. Genau das hat der Chino gemacht, sich einfach hingehockt und den Mauersegler vorsichtig in die Hand genommen, indem er ihm die Flügel gefaltet hat wie ein Stück Papier, obwohl der ununterbrochen gepiept hat, das war ihm egal. Der Chino stand wieder auf und warf den Mauersegler in die Luft, und der Mauersegler floh mit tausend Stundenkilometern. Dann hörte das Gepiepse auf, und der Alarm war vorbei. Ich war vollkommen zu Recht wütend. Der Schaden war angerichtet. Man hörte die Sirenen, die Entwarnung gaben für das Verlassen der Luftschutzkeller. Das Schlimmste war vorbei. Aber nicht meine Wut, die fing jetzt erst so richtig an. „Warum hast du dich einmischen müssen? Das war mein Mauersegler. Wer hat ihn gefunden, sag schon? Ich habe ihn gefunden. Also habe ich auch die Verantwortung. Warum musst du dich einmischen? Wenn ich das gewusst hätte, hätte ich dir gar nichts gesagt. Und außerdem war er verletzt." „Er war nicht verletzt", sagte der Chino. „Das stimmt nicht, er war verletzt. Und der Beweis dafür ist, dass Don Rodolfo es gesagt hat." „Ist mir egal, was Don Rodolfo sagt. Ich habe selbst Augen im Kopf. Mir braucht keiner was zu sagen. Außerdem hat Don Rodolfo ihn gar nicht gesehen." „Ach, hat er nicht? Da sieht man, dass du keine Ahnung hast. Er hat ihn gesehen", log ich. Ich habe absichtlich gelogen, weil ich der König bin, also derjenige, der das Sagen hat, und in gewissen Fällen darf ich lügen. Aber eine Lüge allein steht auf schwachen Beinen. Um sie zu abzustützen, muss man sie mit allen Einzelheiten ausschmücken. „Du hättest es erfahren, wenn du dich nicht immer gleich so aufregen würdest. Aber du wirst ja immer gleich wütend. Deshalb bekommst du auch nichts mit. Es ist aber zufällig so, dass ich dir nicht aufgemacht habe, weil Don Rodolfo hier war.

Deshalb habe ich dir nicht aufgemacht. Und als du dann wie ein Verrückter gegen die Tür getrommelt und geklingelt hast, nur damit du es weißt, habe ich nicht zur Tür kommen können, weil ich die Flügel vom Mauersegler in voller Länge auf dem Boden ausgebreitet halten musste, und der Mauersegler hat wie wild gestrampelt mit dem Bauch nach oben, damit Don Rodolfo mit eigenen Augen sehen konnte, ob die Krallen an den Füßen vom Mauersegler den Finger von Don Rodolfo fest umklammern können oder nicht. Das Fahrwerk ist die schwächste Stelle bei einem Mauersegler. Und so sehr Don Rodolfo auch den Daumen und den Zeigefinger gemeinsam hingestreckt hat, und dann auch noch den Mittelfinger, damit es wie eine Stromleitung aussieht, hat der Mauersegler nur gepiept und gepiept und gepiept und hat die Finger nicht einmal ganz schwach umklammern können. Und was heißt das? Was heißt das, Chino, sag schon? Das heißt, dass er verletzt war!" Aber der Chino wich geschickt aus, ohne die schönen Einzelheiten überhaupt zu würdigen, von denen die meisten im Grunde wahr waren, nur dass es eben nicht bei diesem einen Mauersegler dieses eine Mal so gewesen war. „Und wo ist Don Rodolfo jetzt? Du hast doch gesagt, dass er da war. Wo ist er?", fragte der Chino. „Dich interessieren immer nur die unwichtigen Dinge, nicht die Hauptsache, wie den König. Wieso ist es wichtig, wo Don Rodolfo jetzt ist?" Damit konnte ich ihn für einen Moment bremsen. Ich sah ihn blinzeln, und gleichzeitig kam er etwas durcheinander. Es begann mir Leid zu tun, dass ich ihn angelogen hatte, als ich ihn so sah. Aber es hatte keinen anderen Ausweg gegeben. Denn der Chino stürzt sich Kopf voran in den Kampf, ohne sich vorher auch nur eine Sekunde zu überlegen, warum er es tut. Den Chino kümmert es nicht, ob alles nur eine Lüge ist. Es macht ihm nichts aus. Ganz im Gegenteil, würde ich sagen. Na ja, ausmachen würde es ihm schon was. Aber da er selbst nicht lügt, glaubt er, dass niemand lügt. Und wer zu allem Übel am meisten lügt, ist der König. Er lügt zum Wohle unseres Vaterlandes. Der Chino stürzt sich ins Gefecht, aber niemals auf die Einzelheiten, die einer Schlacht vorausgehen. Jetzt wollte er Don Rodolfo sehen – was nicht so schlimm war, weil der ja gar nicht da war –, während es eigentlich darum ging, die Ruhe zu bewahren und festzustellen, ob der König womöglich gelogen hatte. Wie in diesem Fall, in dem ja das mit Don Rodolfo eine Lüge war. Und alles, was mit einer Lüge beginnt, nimmt ein schlechtes Ende, weil es eben aus einer Lüge kommt, auch wenn man alles zum Wohle von Volk und Vaterland tut. Auch wenn am Anfang alles gut geht. Und auch, wenn man es gut gemeint hat. Denn was man nicht kann, ist aufhören, wenn man einmal gelogen hat. Also musste ich weitermachen: „Don Rodolfo ist nicht hier, weil er ganz schnell durch die Hintertür hinaus ist, zur Apotheke. Weil jemand den Aufzug gerufen hat, musste er den Lastenaufzug nehmen, der doppelt so lang hinunter braucht wie der normale Aufzug, oder noch länger. Und da die Apotheken jetzt schon geschlossen haben, kommt er womöglich erst morgen wieder …" Der Chino sah mich mit seinen großen Soldatenaugen an. Ich konnte nicht weiterreden, als ich seine Augen sah. Und die ganze Front schwieg ebenfalls, sogar die Artillerie. Ich trat vor die versammelten Truppen, denen ich gerade den Befehl „Habt Acht" erteilt hatte. Auf dem ganzen offenen Feld hörte man mitten in der Nacht nur das trockene Krachen der Salutschüsse. Wir waren dort angetreten, um ihm die Ehre zu bezeugen. Denn obwohl er unterlegen war, obwohl er in den Hinterhalt geraten war, blieb der Chino dem König haushoch überlegen. Seinesgleichen steht weit, weit über dem, der das Wort hat, wer auch immer das ist. Deshalb starrte ich auf den Boden, der vom Mündungsfeuer rot erleuchtet war. Manchmal ist es besser, zu verlieren als zu siegen. Der Himmel möchte einstürzen vor lauter Scham, wenn er den König sieht, der immer gewinnt und lügt. Mir tat alles so Leid, dass ich vor lauter Rührung beim Staatsbegräbnis für den Chino fast geweint hätte. Aber dann sah ich ihn an und merkte, dass er gar nicht darauf hereingefallen war. Von Anfang an hatte er kapiert, dass die Geschichte mit Don Rodolfo und alles andere ein ausgemachter Schwindel war. Er wartete einfach nur etwas ab, bevor er den Mund aufmachte, das tut er immer, damit er dann das, was er sagt, nicht wieder zurücknehmen muss. Er ließ eineinhalb Minuten vergehen. Und dann sagte er: „Erzähl mir keine Märchen, das mit Don Rodolfo ist ein Märchen. Ceporro*, der Name passt zu dir, du bist ja wirklich der größte Dummkopf von allen." Ich war froh, dass er mich angriff, weil ich jetzt kämpfen konnte. In einem Kampf muss einem der Chino sicher nicht Leid tun. „Gut, und was soll's? Wenn er nicht hier war, war er eben nicht hier. Auf was willst du hinaus?" „Nun, dass du lügst, sobald du den Mund aufmachst, nur das will ich dir einmal gesagt haben." „Das heißt, du nennst mich noch dazu einen Lügner? Noch dazu beleidigst du mich? Und was ist mit dem Mauersegler? Wer hat den Mauersegler gefunden, sag schon? Ich habe ihn gefunden. Ist das die Wahrheit oder eine Lüge? Und wenn ich ihn gefunden habe, dann gehört er auch mir, denn was man findet, das gehört dem, der es gefunden hat!" „Bei einem Vogel ist das etwas anderes!", meinte der Chino, aber man hörte einen leichten Zweifel in seiner Stimme, weil er merkte, wie sehr ich im Recht war, nämlich völlig. „Warum soll das bei einem Vogel etwas anderes sein? Gefunden ist gefunden, ganz egal, was. Es gehört immer dem, der es gefunden hat, das weiß ein jeder. Ja oder nein?" Mit jedem Wort hatte ich den Chino noch weiter in die Ecke getrieben. Ich war eben völlig im Recht. Aber da sagte der Chino: „Ein Mauersegler ist ein Lebewesen, Ceporro. Eine Sache ist nicht dasselbe wie ein Lebewesen." Das war schon richtig, dass es nicht dasselbe ist. Aber wenn ich das zugab, wäre ich derjenige gewesen, der aus seiner Ecke nicht mehr herauskam. Ich musste schnell zu einer Finte greifen, um ihn abzulenken, während ich mir meine nächsten Worte überlegte, und um ihn inzwischen zu beschäftigen, sagte ich etwas, was Belinda immer sagt, wenn jemand stirbt, den sie kennt, was so etwa einmal im Monat vorkommt. „Chino, das Leben muss weitergehen. Das ist das Gesetz des Lebens." Den Chino verunsichern solche Sätze völlig. Er macht dann ein Gesicht, wie wenn er nicht sicher wäre, ob man wirklich mit ihm redet oder nicht doch mit jemand anderem. Ich gebe zu, dass ich ihm damit ein Bein stellte. Es war ein Schlag unter die Gürtellinie, wie Don Rodolfo immer sagt, ein Schlag, den man nur einsetzt, wenn man in größter Bedrängnis ist, etwa, wenn man in die Ecke gedrängt wird, oder bei Prügeleien auf der Straße. „Ja, das ist das Gesetz des Lebens, Chino!", wiederholte ich mit Grabesstimme. Das sagt Belinda immer, während sie sauber macht und verrotzt und mit einem vor lauter Schmerz ganz zusammengeknüllten Taschentuch von einem Zimmer ins andere läuft. Und so ging es noch eine Weile. Und dann war es Zeit für das Abendessen. Und Belinda kam nach Hause. Und wir ließen es gut sein, ohne dass es einen Sieger oder einen Verlierer bei unserem Streit gegeben hätte.

Die Großmutter und Doña Blanca waren an diesem Nachmittag, als wir zur Jause hineingingen, bereits beim zweiten Briochegebäck. Der Chino und ich, wir sahen uns an und setzten uns, ohne ein Wort zu sagen. Sie bemerkten uns gar nicht, als ob wir Luft wären, weil sie schon seit vier Uhr, also seit Doña Blanca gekommen war, auf Teufel komm raus schnatterten. Und die Jause gibt es um sechs! Ich und der Chino sahen uns noch einmal an, während er nach der Butter griff und ich nach der Zuckerdose, um mein Butterbrot zu bestreuen. So wie die Dinge stehen, merken sie es vielleicht nicht einmal, dachte ich mir. Und ich hatte Recht. „Worüber reden sie?", fragte ich den Chino, und der Chino sagte: „Was weiß ich!" Aber das sagten wir ganz leise und hielten uns zur Tarnung die Serviette vor den Mund, die jedes Geräusch erstickt, obwohl wir diesmal lauter redeten als sonst. Es machte nichts. Die Sätze der beiden kreuzten sich mit einer Geschwindigkeit von hundert Sätzen pro Person und Stunde in der Luft, nur dass die Sätze der Großmutter ein bisschen länger waren. Es war unmöglich zu verstehen, worüber sie sprachen, nicht einmal ich bekam etwas mit, obwohl ich ziemlich gut dabei bin, auch bei voller Geschwindigkeit etwas aufzuschnappen, weil ich sie nachmachen kann, wenn sie so loslegen. Und wenn nicht ich, wer sonst! Also nahmen wir uns die Gebäcksstücke, die noch übrig waren, ich eins und der Chino eins. Mehr waren nicht mehr übrig von den sechs, die Belinda gebracht hatte. Das machte uns zwar nichts aus, weil Brioche das Gebäck ist, das wir am wenigsten mögen. Aber es war trotzdem ungerecht. Und dann verstand ich plötzlich, worum es ging, weil der Großmutter ein Bissen in die falsche Kehle gekommen war. Sie fing an zu husten, und Schluckauf bekam sie auch, und da meinte Doña Blanca, sie solle sich doch die Nase zuhalten und ein Credo beten. Ich weiß nicht, ob sie das ganze Glaubensbekenntnis geschafft hat, aber es verging einige Zeit, und der Schluckauf verging auch, und nachdem sich der Erstickungsanfall etwas gelegt hatte, machten sie einfach dort weiter, wo sie aufgehört hatten, nur langsamer. Doña Blanca meinte: „Ich sage ja nur, dass es mich wundert, nichts weiter. Das sage ich, und ich wiederhole es: es wundert mich, vor allem bei Lola. Ich sage ja nur, dass es mich wundert." Und die Großmutter, die bereits ungeduldig wurde, sagte, um nicht zurückzustehen: „Also, mich wundert das noch mehr, viel mehr. Das musst du verstehen, Blanca, schließlich ist eine Schwester nun mal eine Schwester." Und das stimmt, Lola ist eine Schwester, genauer gesagt ihre Schwester, die der Großmutter. Tante Lola und Onkel Gabriel wohnen zwei Stockwerke tiefer, im dritten. Und Doña Blanca sagte, nachdem sie einige Zeit nachgedacht hatte: „Und gerade deshalb wundert es mich ja so, schließlich seid ihr beide aus derselben Familie …" Und die Großmutter: „Die Familie hat damit nichts zu tun." Und Doña Blanca: „Aber du hast ja davon angefangen!" Und die Großmutter: „Ich?" Und Doña Blanca, die auch auf stur geschaltet hatte, rutschte bis ganz auf die Kante vor und wippte auf zwei Stuhlbeinen: „Ja, du! Und ich sage ja nichts weiter, als dass es mich wundert. Und jetzt noch mehr. Ich wundere mich, dass du damit einverstanden bist. Du wirst mir doch nicht erzählen wollen, dass es in Spanien nach drei Jahren Krieg keine Waisen gibt." Das war ein Gegenangriff nach allen Regeln der Kunst. Die Großmutter bereitete sich auf einen Kampf auf Leben und Tod vor. Um erst einmal Zeit zu schinden, schmierte sie Butter auf ein Keks und tat noch einen großen Tropfen Honig darauf, der ihr dann wie immer über das Kinn hinunter rann. Dann nahm sie die Serviette, um so zu tun, als ob sie sich den Mund abwischte, während sie überlegte, ob sie den Angriff mit Kriegsgeheul einleiten sollte. Aber Doña Blanca setzte sich wieder ordentlich auf ihren Stuhl und sagte so sanft, wie sie nur konnte: „Wenn du mit deiner Schwester reden würdest, wenn du mit Lola reden würdest, also ich meine, sie würde es sich vielleicht noch einmal überlegen, auf dich hört sie doch." Und die Großmutter antwortete: „Das hat keinen Sinn mehr, das Mädchen kommt ja schon bald. Als sie mir erzählt hat, dass sie es adoptiert, hatte sie den Antrag schon Monate zuvor abgeschickt, sie hatte ja sogar schon die Zusage auf Deutsch mit allen Angaben und allem. Selbst wenn sie wollte – und sie will ja gar nicht –, ist es nicht mehr möglich, die ganze Angelegenheit rückgängig zu machen." Bereits seit einer Weile, seit die Großmutter „Mädchen" gesagt hatte, hatten ich und der Chino das Periskop eingezogen und alles vorbereitet, um auf Tauchstation zu gehen. Diese Flotte kannten wir zur Genüge. Wir steuerten also das U-Boot in schräger Linie nach unten, bis wir den Boden des Hafenbeckens berührten, und stellten die Maschinen ab, damit uns die Küstenwache nicht entdecken konnte. Sie redeten wieder einmal über die Deutsche, die Kriegswaise, die Tante Lola und Onkel Gabriel aufnehmen wollten. Das hatten wir schon vor Monaten von Belinda erfahren, die es sogar noch vor der Großmutter gewusst hatte. Ich und der Chino waren dabei, als sie es dann zu allererst Don Rodolfo weitererzählte. Don Rodolfo sagte damals eigentlich genau dasselbe, was Doña Blanca jetzt schon seit einem Monat sagt: „Also wirklich, als ob es hier in Spanien nicht genug Waisen gäbe!"

Als wir uns wieder damit beschäftigen hätten können, war es Sommer, und im Sommer vergisst man alles. Also haben ich und der Chino auch Elke vergessen, zusammen mit allem anderen. Der Chino hat es sogar noch mehr vergessen als ich, denn er lebt immer in den Tag hinein, wie Don Rodolfo, wenn man Belinda glauben darf. Ich bin nicht so für den Sommer wie die anderen in meiner Klasse. Im Sommer muss man Siesta halten. Da ich nie müde bin, kann ich nicht schlafen, im Gegensatz zum Chino, der sofort wegkippt. Während der Siesta ist einem immer heiß, als ob es nicht auch so warm genug wäre. Die Jahrmärkte sind schon in Ordnung, aber die Schule ist mir lieber. Von Oktober bis Juni läuft alles in geregelten Bahnen, und es gibt keinen Grund, daran etwas zu ändern. Aber weil man im Sommer nichts zu tun hat, ändert sich alles, und wenn es nur der Ort ist, etwa wenn man Ausflüge macht oder ins Kino geht oder zu den Jahrmärkten, wo man doch am liebsten einfach auf der Terrasse bleiben würde. Mir zumindest ist das am liebsten: mit dem Chino auf der Terrasse herumhängen. Die Ausflüge können mir gestohlen bleiben. Der Chino ist mit allem zufrieden, außer wenn Belinda ihn aufhetzt, weil sie vom Zirkus und sonstigen Blödheiten anfängt. Obwohl ich zugeben muss, dass der Zirkus wirklich ziemlich gut ist. In jenem Sommer war da dieser Illusionist, der Freiwillige suchte, um sie zu hypnotisieren. Da sich niemand meldete, holte er sich den Chino, der wie versteinert war, als er merkte, dass der Illusionist sich ausgerechnet ihn ausgesucht hatte. Er stand auf und machte ein paar Schritte. Seine Sandalen schienen schwer wie Blei zu sein, und die Knie und die Arme waren ganz steif. In der Manege empfing ihn die Blondine – ein Flittchen, dachte ich, es war dieselbe wie in den letzten Jahren, anscheinend hatten sie schließlich doch geheiratet, nachdem sie diese Tricks solange miteinander geübt hatten – und je mehr sie ihn anlächelte und je mehr sie sich bemühte, damit sich der Chino auf einen Stuhl ohne Lehne setzte, desto steifer wirkte der Chino. Der Illusionist ging ein paar Mal um den Chino herum, wobei er ständig sagte: „Du brauchst keine Angst zu haben, dir geschieht nichts. Ich werde dich hier vor all deinen kleinen Freunden und Freundinnen hypnotisieren." Wenn er das zum Chino auf der Straße gesagt hätte, hätte der ihn zuerst einmal verprügelt, und dann hätte er weitergesehen. Aber dort in der Manege konnte er sich nicht einmal bewegen. Der Chino mag es gar nicht, wenn man davon redet, teilweise auch, weil er sich nicht an das erinnert, was er gemacht hat. Der Chino behauptet, dass er nur mitgespielt hat, und dass er in Wirklichkeit gar nicht hypnotisiert worden ist. Aber das mit der Hypnose hat ganz sicher funktioniert. Man konnte ja sehen, wie bleich er während des ganzen Experiments war, und noch bleicher war er, als er nachher die Stufen zur Manege heruntersprang! Da machte der Chino, obwohl es nur drei Stufen waren, ohne auch nur zu zögern, einen Satz von mindestens einneinhalb Metern Tiefe und drei Metern Weite. Ich sah, wie er taumelte, und Belinda auch, die sogar schrie, er fällt noch hin, er fällt hin. Ich stand auf und half ihm, sich wieder in unsere

Reihe zu setzen. Der Chino kann sagen, was er will, so war es. Und dass er nicht hingefallen ist, verdankt er nur dem Stehvermögen, das er und ich vom Training mit Don Rodolfo haben. Aber dass er hypnotisiert wurde, ist eine Tatsache. Der Chino ist nämlich sehr leicht zu hypnotisieren, weil er so wenig redet. Der Beweis dafür ist, dass ich zwei Tage später den Versuch bei uns zu Hause wiederholte, und er fiel genauso in Trance wie im Zirkus. Und das, obwohl bei mir der Trick nur hausgemacht war. Die einzelnen Schritte, die hatte ich mir schon abgeschaut, und diese Bewegungen mit dem Schlüsselanhänger. Und obwohl ich kein Fachmann bin, verwendete ich fast dieselben Sätze wie der im Zirkus, so wie: „Du fühlst dich wohl, Chino, nicht wahr, du wirst langsam schläfrig, wie heißt du?", „Sag mir's, auch wenn ich es schon weiß, einfach so, du machst jetzt eine kleine Siesta, du konzentrierst dich jetzt nur auf dich, alles andere ist dir egal, ich zwicke dich in den Arm, und du merkst es nicht einmal", und noch mehr so Sätze, und auf einmal, plopp, trat der Chino vor meinen Augen plötzlich weg, die Lippen waren leicht geöffnet, als ob er sich an einen Witz erinnere, und die Augen waren rot wie bei einem Beschwipsten. Ich machte eine halbe Drehung, um mich dem Publikum zuzuwenden. Als ich mich wieder zum Chino umdrehte, erschrak ich. So richtig erschrocken bin ich natürlich nicht, weil der Chino bei mir schließlich in guten Händen und bei diesem Experiment alles unter Kontrolle war. Aber ich dachte schon: „Was ist, wenn ich das alles nicht mehr rückgängig machen kann?" Denn bei diesem Teil, das muss ich zugeben, hatte ich im Zirkus am wenigsten aufgepasst. Ich erinnerte mich nur mehr, dass der Illusionist dem Chino einen Klaps auf eine Hand gegeben hatte. Aber etwas mehr musste er wohl gemacht haben. Denn den Klaps gab ich ihm auch, sogar mehrmals, und zum Schluss sogar ziemlich kräftig, aber der Chino war immer noch wie vorher. Mit demselben komischen Lächeln und mit denselben Augen, nur dass sie jetzt etwas mehr zugekniffen waren. Mir fiel auf, dass er immer steifer wurde und die Lippen sich verzogen. Und ich dachte, mein Gott, was mach ich jetzt, soll ich Belinda holen, oder wen hole ich jetzt? Wie war noch mal die Nummer vom Arzt? Sie fiel mir nicht mehr ein, und dem Chino ging es von Minute zu Minute schlechter, sein Gesicht war schon starr wie eine Totenmaske, und das ist das schlechteste Zeichen von allen. Ich fing von vorne an, alles noch einmal, aber in verkehrter Reihenfolge. Mit beiden Händen gleichzeitig im Uhrzeigersinn. Aber nichts. Mir brach der kalte Schweiß aus, und entlang der Wirbelsäule rann mir ein eisiger Tropfen hinunter vor lauter Angst und Schrecken. Ich dachte, dass er vielleicht an einer Hirnembolie gestorben war, denn das ist die häufigste Todesursache unter Hypnose. Ich konnte mich nicht länger mit einzelnen Schritten aufhalten, dazu war es zu spät. Aber ich konnte ihm auch keinen ordentlichen Rempler geben. Denn wenn ich ihm einen richtigen Stoß verpasst hätte, wäre er, wenn er vorher noch nicht ganz tot war, vor lauter Schreck daran gestorben. Ich dachte nur, mein Gott, was habe ich da angerichtet, ich hab den armen Chino umgebracht. Gott sei Dank fiel mir in diesem Moment ein, was die alten Ägypter machten, wenn ein Pharao gerade gestorben war, nämlich an ihm zu riechen. Wenn man an ihm roch und er stank, konnten sie ihn sofort ordentlich als Mumie verpacken, und ab in den Sarkophag. Und das habe ich dann auch gemacht: Ich habe am Chino gerochen, und sein Geruch war wie immer, ein bisschen gestunken hat er schon, aber nicht nach Verwesung. Wenigstens lebt er noch – das habe ich damals gedacht –, und während ich das dachte, machte ich ganz unbewusst eine kleine Bewegung mit der linken Hand, wie einen kleinen Kreis, nur so, für alle Fälle, und auf einmal macht der Chino die Augen auf und fragt, wo bin ich. Der Rest war dann einfach, aber ich erinnere mich, dass der Schweiß mir in Bächen von meiner Stirn tropfte. Der Chino stand auf, als ob nichts geschehen wäre, und dann behauptete er, dass er mir das alles nur vorgespielt hätte, um zu sehen, was ich tun würde. Aber darauf darf man nichts geben. Der Chino ist ein Soldat, und Schwindeln liegt ihm nicht. Das muss es ja auch nicht.

Seit der Chino bei uns eingezogen ist, findet die Vorführung gewöhnlich gegen Ende September statt. Wenn das Wetter schön ist, wird ein richtiger Ring auf der Terrasse aufgebaut, wenn es regnet, in unserem Zimmer. Don Rodolfo holt die Seile und vier gerade Pfosten zum Anbinden aus dem Turnsaal der Falange*. Außerdem bringt er immer zwei kleine Bänke mit, alles ist ganz genau so, wie es nach den Boxregeln sein soll. Die Plane für den Boden leiht uns der Portier für diesen Tag. Und dieser Tag ist der große Tag oder, wie Don Rodolfo sagt, der große Abend des Sports für uns beide und für ihn. Dagegen ist er für Belinda eine Plage, und das ist die Schuld der Großmutter, die sie immer dazu abkommandiert, Tabletts hereinzutragen und die Uniform anzuziehen, die jedes Jahr noch ein bisschen enger sitzt. „In Uniform", sage ich immer, „bist du doppelt so hübsch, als wie wenn du Zivil trägst." Aber auch das kann sie nicht trösten. Das einzig Gute an diesem Tag ist für sie, dass Don Rodolfo sofort nach dem Mittagessen ins Haus kommt, drei oder sogar noch mehr Stunden vor seiner üblichen Zeit. An diesem Tag glänzt er vor Brillantine und trägt seinen guten Anzug und auch das gute Hemd, das braune aus Seide, und die dazu passende Krawatte mit den aufgedruckten roten und gelben Blumen, von der die Großmutter meint, dass sie etwas zu schreiend ist. Wegen der Nerven isst Belinda fast gar nichts. Der Chino und ich essen dafür doppelt so viel, und nach dem Essen legen wir uns hin und versuchen, tief zu atmen und alles gut zu verdauen. So nervös, wie sie ist, könnte man glauben, dass es Belinda ist, die in den Ring steigen soll, und nicht wir. Jedes Mal, wenn sie jemanden die Treppen heraufsteigen hört oder der Aufzug anfährt, selbst wenn er gar nicht in unserem Stock hält, rennt Belinda los, um die Tür zu öffnen, weil sie glaubt, Don Rodolfo ist schon da. Wenn er dann endlich kommt, ist das Erste, was er tut, sich ohne ein Wort zu verlieren ins Badezimmer zu verziehen, um sich umzukleiden, denn das ist nicht der Moment zum Reden. Und dann öffnet er die Tür einen Spalt weit, gerade so viel, dass sein Arm durchpasst, genauer gesagt, der Unterarm, der linke, mit seinem Gewand mit Ausnahme der Unterhose und der Socken, Belinda nennt das die Überkleider, um sie von der Unterwäsche zu unterscheiden. Und Belinda wartet bereits mit Kleiderbügeln und hängt den Anzug und das Hemd auf getrennte Kleiderbügel, die sie immer aus ihrem Schrank holt, als ob es die Reliquien des Heiligen Joseph von Calasanz wären. Das ist alles, was Belinda von der ganzen Vorführung hat. Der Rest besteht dann nur mehr darin, Tabletts durch die Gegend zu schleppen und sich zu fürchten, wenn wir aufeinander einschlagen. Das muss man der Großmutter lassen, sie ist mehr Manns als Belinda. Nicht nur, dass sie nicht leidet, sie springt sogar auf, wenn wir so richtig aneinander geraten. Sie sieht immer nur Fouls, aber sie irrt sich fast jedes Mal, weil sie die Boxregeln nicht kennt. Wenn Don Rodolfo dann endlich aus dem Badezimmer kommt, trägt er die regelkonforme Hose, dieselbe, die er für das Training mit Paulino anzieht. Mit nacktem Oberkörper wirkt er doppelt so groß, und Belinda sieht ihn nicht an, wenn sie mit ihm spricht. Auch wir sind schon eine Stunde früher fertig angezogen. Meine Boxhose ist aus blauer Seide, die vom Chino ist rot. Und an den Außenseiten hat jede Hose zwei weiße Streifen, wie es die Regeln vorschreiben, aus einem anderen Stoff. Auch unsere Oberkörper sind nackt. Die Hosen reichen bis zu den Knien, die Hände sind mit Faschen um-wickelt, damit wir im letzten Moment nur mehr die Box-handschuhe überzuziehen brauchen. Belinda bindet sie uns fest, während sich Don Rodolfo mit ein bisschen Schatten-boxen aufwärmt. Ich erinnere mich daran, wie Belinda einmal nicht konnte und die Großmutter an ihrer Stelle die Handschuhe zuband und darauf bestand, Maschen statt Knoten zu machen. Mein linker Handschuh hat dann nicht gehalten, und ich musste die zwölf Runden mit einem Handschuh durch-stehen, der um mein Handgelenk tanzte. Am meisten machte es mich wütend, dass ich es ihr mindestens zwanzig Mal gesagt hatte, aber genützt hat es mir gar nichts, weil immer alles so sein muss, wie sie sagt, ob nun beim Zubinden oder beim Kochen oder wo auch sonst immer. Ein bisschen kann man sie schon verstehen – auch wenn ich das erst sehr viel später gedacht habe –, weil sie keine Übung darin hat, Handschuhe zuzubinden, und nicht weiß, was man in den Garderoben machen muss. Die Großmutter brächte es fertig zu sagen, dass die guten Handtücher nicht für die Füße sind, oder dass die Kämpfer sich die Haare und die Ohren gut abtrocknen sollen. Als ob das etwas mit dem Antreten bei einem Boxkampf zu tun hätte! An diesen Tagen werden die Armsessel für die Großmutter und Doña Blanca dorthin gebracht, wo der Ring aufgebaut worden ist. Zum Sesseltragen kommen Gerardo, der Chauffeur, und der Hausmeister herauf, das ist das einzige Mal im Jahr, dass der heraufkommt, und er kommt in seiner Portiersuniform direkt aus seiner Loge, ohne sich vorher umzuziehen. Bis er oben ist und die beiden die Sessel einen nach dem anderen nehmen, sie zur Tür hinaus und durch den Gang tragen, wobei sie sehr aufpassen, nirgends anzustoßen, vergeht eine gute halbe Stunde, während der Doña Blanca und die Großmutter sich nicht hinsetzen können. Daher fangen die beiden an, Runden zu drehen, jede in eine andere Richtung, als ob sie böse aufeinander wären. Irgendwann landen dann beide in unserem Zimmer, um nachzusehen, ob die Ausgaben von „Schatz der Jugend"* und die Sammlung von „Der Kreuz-zug"*, von der wir alle Bände haben, bis auf den über die Schlacht von Belchite*, richtig geordnet sind. Wenn sie sich dann endlich setzen, wirkt die Großmutter mindestens so beeindruckend wie Nero in der Hauptloge des Zirkus, und Doña Blanca lutscht Bonbons mit einem Ausdruck, der ein bisschen an Poppäa erinnert. Ich habe das zum Chino gesagt, aber er sieht da gar keine Ähnlichkeit. Aber sie gleichen ihnen trotzdem, vor allem die Großmutter dem Nero, wenn man sie vom Ring aus sieht. Und da sie normalerweise kaum einen Schritt tut, nimmt sie am Tag der Vorführung außerdem einen

Stock, der wie ein Zepter aussieht. Der gehörte dem Vater ihres Vaters, der Knauf ist ein goldener Leopardenkopf, und rundherum stehen in schräger Schrift die ineinander verschlungenen Anfangsbuchstaben des Vornamens und des Nachnamens. Die Großmutter hat nur die Kappe aus schwarzem Gummi draufmachen lassen, damit sie, wenn sie sich aufstützt, sich nicht anhört wie eine arme Blinde, meint sie. Obwohl sie es gar nicht nötig hat, sich auf einen Stock zu stützen, denn wenn sie will, kann sie ganz schön rennen. Aber meistens ist ihr langweilig und sie hat zu gar nichts anderem Lust, außer über ihr Rheuma zu klagen, ihres ist nämlich das schlimmste, das es gibt, das Gelenksrheuma. Immer, wenn sie keine Lust hat zu gehen und es vor Langeweile nicht mehr aushält, sagt sie, dass ihre linke Hüfte irgendwann einmal plötzlich an einer Fuge brechen wird. Das sagt sie nur, um Mitleid zu schinden, und zwar, seit Doña Blanca einmal erzählt hat, dass eine Verwandte von ihr nach dem Aufstehen einfach hingefallen ist, als sie den ersten Schritt machen wollte. Die Großmutter kennt diese Verwandte, und als Doña Blanca die Geschichte vor mir und dem Chino erzählt hat, haben wir bemerkt, dass sie ganz bleich vor Angst geworden ist. Belinda meint, dass sie furchtbar übertreibt. Das kommt daher, dass sie und die Großmutter nicht gut miteinander auskommen, sie haben sich noch nie vertragen. Und jetzt noch weniger, wo Belinda die beiden miteinander tuscheln gehört hat, dass sie jetzt eigentlich gar nicht mehr gebraucht würde, wo wir beide ja schon groß sind. Es ist nicht so, dass ich mich nicht konzentriere. Ich konzentriere mich mehr als viele andere in meiner Klasse. Ich kann nur nichts in einer geraden Linie erzählen. Welchen Vorteil hat es schon, dass die Gerade die kürzeste Verbindung zwischen zwei Punkten ist?

Ich meine, na gut, und was soll's? Manchmal ist der kürzeste Weg der schlechteste, und man braucht am Ende sogar noch länger. Bei den Schulausflügen gibt es immer welche, die sich einbilden, den Berg in gerader Linie hinaufgehen zu müssen, und dann kommen sie später oben an als man selbst und haben noch dazu nichts gesehen. Don Rodolfo betritt den Ring als Erster. Dort war ich ja vor kurzem stehen geblieben. Don Rodolfo hat es heraußen, wie man einlaufen muss, das merkt man gleich. Den Blick geradeaus gerichtet, ohne nach links oder rechts zu sehen, immer nur auf den Boden, und das von den Garderoben bis zum Ring, um den Hals ein Handtuch und mit einem schwarzgrau karierten Bademantel, der ihm bis zu den Füßen reicht. Den bringt er an diesen Tagen immer frisch gebügelt aus seiner Pension mit. Und wir kommen hinter ihm, genauso wie er, nur dass unsere Bademäntel die umgekehrten Farben wie unsere Hosen haben, meiner ist rot und der vom Chino blau. Um den Hals haben wir jeder ein weißes Handtuch von den mittelgroßen, die wir täglich verwenden, um uns am Waschbecken Hände, Gesicht und Hals abzutrocknen. Wenn wir einlaufen, sitzen die anderen schon längst da. Die Großmutter lutscht ein Toffi, weil das angeblich ihre Nerven beruhigt, aber das ist eine Ausrede: Toffis sind überhaupt das Schlechteste für sie, noch schlechter als Kaugummi für mich und den Chino. Die Großmutter sieht immer die Fehler bei den anderen, aber vom Balken im eigenen Auge keine Rede: Die Toffis kleben an ihren Schneide- und Backenzähnen fest und reißen ihr die Plomben und sogar das Gold der Brücken und der Kronen heraus, aber das ist ihr alles egal. Und das, obwohl sie dann nachher womöglich einen ganzen Monat grummelnd vor ihrem Brei sitzt, weil sie ihr das Kauen ganz verbieten, sogar von ganz weichen Sachen. Zu unserer Vorführung kommen alle. Und in manchen Jahren sogar die Eltern vom Chino, dazu die Besucher, die gerade da sind, wenn welche da sind, was meistens der Fall ist, und die lassen sich die gute Gelegenheit nicht entgehen, bei der Jause ordentlich zuzuschlagen. Das Kranzgebäck meiner Großmutter ist berühmt, es ist sogar noch besser als ihr Gebäck aus Blätterteig. Wenn sie es macht, kommt sie immer als Letzte ins Esszimmer, der Kopf knallrot, weil sie ihn fast ganz in den Herd hineinsteckt, um zu sehen, wann es genau richtig ist. Dafür halten die Besucher zwölf Runden durch, selbst wenn sie stehen müssen. Es sind immer genau zwölf, weil Don Rodolfo kein Unentschieden zulässt, und wenn es Zweifel gibt und wir beide gleichauf sind, ernennt er den zum Sieger, den er will, sogar den Verlierer nach Punkten, wenn er in gutem Stil gekämpft hat. Jede Runde wird vom Chauffeur mit einem Schlag auf den Gong von Tante Lola und Onkel Gabriel eingeläutet, den sie uns für diesen Tag leihen. Im Ring klingt er immer ganz anders als sonst, wenn er zum Mittagessen oder Abendessen ruft. Von allen in der Familie ist Onkel Gabriel der Einzige, der noch nie heraufkommen wollte, weil er was gegen Boxkämpfe hat. Nicht einmal ein Sport ist das, sagt er. Dabei ist er nur zu feig dafür und traut es sich nicht einmal zuzugeben, das ist es nämlich. Also bleibt er unten in seinem Büro und liest Campoamor* und die englischen Zeitungen und ABC*, und wenn ihm das bald einmal zu langweilig wird, weil er es gerne hat, wenn man ihm zusieht, wie er liest, sitzt er da und starrt an die Decke und trommelt mit den Fingerkuppen der einen Hand auf die Fingerkuppen der anderen Hand. Ich kann ihn fast perfekt nachmachen. Ich kann genau so ein Gesicht machen wie er, mit seinem Schädel, der bis in den Nacken hinunter völlig kahl ist, und auf der Glatze hat er haufenweise braune Flecken, die von oben aussehen wie ein Archipel im Pazifischen Ozean. Ich kann auch gleichzeitig beide Augenbrauen hochziehen, um damit auszudrücken, dass mich das alles sehr schockiert und ich meinen Augen nicht traue und dass ich lieber gar nicht über all das sprechen möchte, was heutzutage so passiert. Er ist so alt wie die Großmutter. Aber er schaut viel mehr auf sich als die Großmutter, der Onkel Gabriel. So viel ich weiß, hat ihn noch niemand in Hemdsärmeln gesehen, oder im Schlafrock oder im Pyjama. Die Großmutter sagt, dass er schon als Junger immer wie aus dem Ei gepellt dahergekommen ist, egal wohin er ging, das heißt, mit einer Weste aus einem anderen Stoff als die Hose und das Sakko, im Winter mit einem grauen Pullover unter der Weste und einem vergoldeten Füllhalter für alle Fälle und einem Feuerzeug auch aus Gold, obwohl er gar nicht raucht, mit eingravierten Initialen am Rand des Deckels. Wir drei laufen also im Gänsemarsch ein, in der Reihenfolge, die ich bereits erwähnt habe: zuerst Don Rodolfo, dann der Chino und dann ich, ich bin die Nachhut und verantwortlich für den Proviant. In den Ring kann man nicht richtig steigen, da er ja auf derselben Ebene ist, aber um zu beweisen, dass wir in guter Form sind, springen wir hinein, auch wenn ich mich dabei ein bisschen anhalten muss. Jeder Kämpfer zieht sich sofort in seine Ecke zurück, und in der Mitte steht der Schiedsrichter, der uns nacheinander einzeln begutachtet. Zuerst wird das ehrenwerte Publikum begrüßt. Don Rodolfo steht in der Mitte und hält unsere Arme in die Höhe, je nachdem, wie wir stehen, den linken oder den rechten, natürlich mit den richtig gebundenen Handschuhen, die mit besonders zähem Fett und Nivea und sogar mit Talg eingerieben sind, damit die größte Wucht des Hiebs abgleitet, vor allem, wenn er gegen den Kopf geht. An diesem Tag gehen ich und der Chino immer zum Friseur, damit er uns die Haare schön kurz schert, obwohl wir sie eigentlich immer kurz tragen, und zwar, um dem Gegner, wer immer das auch ist, keinen Angriffspunkt zu bieten. An diesem Tag rasiert uns der Friseur, der bereits vorher von Belinda und auch Don Rodolfo und von uns, die wir gleich nach dem Mittagessen als Erste in der Schlange warten, erfahren hat, worum es geht, mit dem Apparat, der fast auf Null gestellt ist, und man sieht, wie die Strähnen über den weißen Mantel herunterrutschen und dann in einem Kreis um uns auf den Boden fallen, jede mindestens drei Finger breit, wie eben der Apparat eingestellt ist. Bevor wir gehen, stäubt uns der Friseur noch extra mit Puder ein, so dass wir mit weißen Schädeln nach Hause kommen, aber dafür juckt es nicht, und wir ersparen uns eine weitere Kopfwäsche. Kein Boxer, meint Don Rodolfo, hat es jeweils mit übermäßigem Waschen übertrieben, höchstens eine Dusche pro Woche, das ist mehr als genug, damit der Schweiß, wenn er kalt wird, die Haut härter macht. Nicht, dass wir Schweine wären! Das ist eben das Gesetz des Rings. Nachdem wir drei gegrüßt haben, machen wir alle drei gemeinsam auswendig eine Reihe von Übungen aus der schwedischen Gymnastik, das ist die Gymnastik ohne Gewichte oder Apparate, die der Schwede Linz* erfunden hat, und die Methode, die Don Rodolfo immer anwendet, weil es die beste ist, die es gibt. Dann machen wir eine Pause, damit sich das ehrenwerte Publikum erholen, unterhalten, rauchen oder ein Gläschen trinken kann und diejenigen, die mal wohin müssen, dazu Gelegenheit haben, vor allem Doña Blanca, die an Harninkontinenz leidet und keine Flüssigkeit halten kann, weil alles, auch die feste Nahrung, sogar ein Schnitzel, anscheinend gleich zu Urin wird. Also geht Doña Blanca während eines einzigen Kampfes mindestens zwölf Mal aufs Klo, einmal in jeder Pause. Das ist ein Leiden, das laut Belinda bei Doña Blanca achronisch und von der väterlichen Seite vererbt ist. Belinda kennt sich mit Medizin ziemlich gut aus, bei dem, was sie schon in ihrer Kindheit alles durchgemacht hat, als einziges Mädchen mit zehn Brüdern, und der Vater und die Mutter lungenkrank. Ständig waren die auf Kur, aber geholfen hat es anscheinend nichts. So schlimm war es, dass die Arme nicht einmal Zeit hatte zu heiraten! Dann hört man den Gong. Ich und der Chino springen beide gleichzeitig auf. Wir sehen uns von Mann zu Mann in die Augen. Mit perfekter Deckung stehen wir uns direkt gegenüber. Wenn in diesem Moment eine Fliege oder eine Mücke vorbeifliegen würde, könnte man sie hören, so still wird es. Das ist der große Augenblick. Und nicht nur, weil ich es sage. Wer will, kann den Chino fragen, der wird das auch sagen, genau dasselbe. Darauf wette ich mit jedem, um was er will, dass er genau das Gleiche sagen wird wie ich, ohne dass wir uns vorher abgesprochen haben. Jetzt weiß ich nicht, ob ich erzählen soll, was einmal passiert ist, oder ob ich es besser doch nicht erzähle. Ich erzähle es, damit ich nicht lüge. Sicher, etwas für sich behalten ist nicht dasselbe wie lügen, na ja, ein bisschen schon, denn den, der einem zuhört, führt man damit schon hinters Licht, wenn man ihm über eine Sache alles erzählt bis auf eine Sache, auch wenn sie nicht wichtig ist, etwas ist schließlich etwas und nicht nichts, auch wenn es noch so wenig ist. Ich erzähle es also, um nicht zu lügen. Es ist schon einige Zeit her. Aber obwohl so viel Zeit vergangen ist und seither andere Vorführungen waren, habe ich es nie wirklich vergessen. Ich vergesse nie etwas, das einmal passiert ist. Deshalb bin ich der König, weil ich der bin, der das beste Gedächtnis hat, und wenn ich will, kann ich mich Tag für Tag daran erinnern, was mir so alles passiert ist, wie wenn man zurückspult, bis zu dem Tag, an dem ich zum ersten Mal meinen Verstand gebraucht habe. Das sind eine ganze Menge Erinnerungen. Ich kann mich an alles erinnern, wenn ich Lust dazu habe. Wenn nicht, dann nicht. Also, dieses eine Mal lief alles gleich ab wie immer. Wir begannen mit der schwedischen Gymnastik, zehn Minuten lang. Den Teil beendeten wir mit einem Sprung und einer kleinen Verbeugung. Wir bekamen Applaus, aber nur wenig. Das Publikum im Madison ist schwer zu begeistern. Es kommt nur in Fahrt, wenn Blut fließt. Dann der erste Gong, die erste Runde. Das ist im Allgemeinen die Runde, in der man sich gegenseitig abschätzt. Man versucht, die Schwächen des Gegners zu erkennen und gut aufzupassen, wie er seine Schläge führt, das ist auch wichtig. Man tänzelt ein bisschen herum, um zu sehen, wie die Beinarbeit des anderen ist. Bei Preiskämpfen, meint Don Rodolfo, ist das sogar fast noch wichtiger, als auf die Fäuste zu achten. Bei unseren Kämpfen, nachdem ich und der Chino uns auswendig kennen und uns oft genug gegenseitig beobachtet haben, ist dieser Teil eigentlich Schiebung, da wir ja kaum mehr etwas Neues über den anderen herausbekommen können. Gongschlag. Wir spuckten die Zitronenscheibe aus und gingen zurück in die Mitte. Ich erinnere mich, dass wir damals Gleichstand hatten. Reines Schattenboxen und alles sehr freundschaftlich. Man merkte die Unruhe des ehrenwerten Publikums, das protestierte: „Wir wollen unser Eintrittsgeld zurück!", hörte ich, man muss sich das einmal vorstellen. Und die Großmutter, brutal wie sie nun einmal ist, rief laut: „Schiebung!". Da sieht man es: Was die Großmutter eigentlich will, ist Blut sehen. In der dritten Runde verpasste mir der Chino aus Versehen einen Tritt gegen das Schienbein, dass ich Sterne sah. Das war ein Foul. Auch wenn es unabsichtlich war, Foul bleibt Foul. Der Chino behauptet, dass er „Entschuldige" gesagt hätte. Aber vor lauter Schmerz hatte ich ihn wohl nicht gehört, außerdem sagt man beim Boxen nicht Entschuldigung. Das Gesetz des Rings, sagt Don Rodolfo, lautet, dass man nicht zimperlich sein darf. Und ich halte mich an das Gesetz. Trotzdem tat es weh. Ich hinkte sogar. So war das eben. Also katapultierte ich eine Gerade gegen die Nase vom Chino – eine Abfolge Faust-Schulter-Arm-Unterarm plus die ganze Wucht des Schwungs, den man bei der Drehung mitnimmt, den ich in den Haken legte, plus Rücken-Trapezmuskel und dazu die Brust, all das zusammen, zack, wie ein Stahlhammer. Ich traf ihn am Ohr und in die linke Gesichtshälfte, weil ich die Geraden kreuze, das ist mein Stil. Danach entschuldigte ich mich auch. Aber umsonst, außerdem hat er es gar nicht gehört. Der Unterschied ist, dass sein Fußtritt ein Foul war und meine Gerade regelkonform – das ist der Unterschied. Und obwohl Don Rodolfo gesagt hatte, bis zur sechsten Runde nur Schattenboxen, war uns das egal. Der Chino antwortete mit einer vernichtenden Geraden, der ich dank meiner Beinarbeit auswich und weil ich immer eine gute Deckung habe, die ich nie aufgebe, indem ich mit der freien Faust die Brust, die Magengrube, das Gesicht, den Hals und den Kopf schütze. Der Kopf ist das Allerwichtigste. Denn unterhalb der Magengrube, wo der Unterleib beginnt, gelten alle Hiebe als unter der Gürtellinie und sind daher Fouls, wie wenn man jemandem einen Fußtritt verpasst. Genauso. Außer wenn es ein Ringkampf im Freistil oder im griechisch-römischen Stil ist. Don Rodolfo brach die dritte Runde mit einem lauten Pfiff ab. Und das war eine Fehlentscheidung. Denn wir hatten uns ja nicht verprügelt. Dass er uns trennte und jeden mit einem Arm auf Abstand hielt, war das Schlimmste, da sahen wir erst recht rot vor lauter Wut. Abgesehen davon, dass es uns nur noch nervöser machte. In der Pause fing der Chino an, aus der Nase zu bluten, kaum dass er sich hingesetzt hatte. Daran war aber nicht meine Gerade schuld – das hat der Chino später zugegeben, weil der Chino niemals lügt. Er hat einfach nur so geblutet, weil seine Nasenschleimhaut so schwach ist, das ist angeboren. Das merkt man auch daran, dass er sogar im Sommer Schnupfen bekommt. Belinda kommt gar nicht mehr damit nach, seine Taschentücher zu waschen. Er hat also einfach nur so geblutet, das hatte nichts mit mir zu tun. Aber bei Blut ist das so eine Sache, es erschreckt einen immer. Und am meisten erschrickt der, der blutet. Das ist ja auch logisch und normal, denke ich. Das Nasenblut aus den Schleimhäuten rinnt entlang der Oberlippe und teilt sich wie ein Schnurrbart, fließt direkt weiter in die Mundwinkel und macht den ganzen Mund blutig, zwischen dem Zahnfleisch und den Zähnen und unter der Zunge und sogar bis zum Gaumen bildet sich eine Blutlache. Und das ist es, was einen am meisten verrückt macht. Mehr noch den Chino, der, obwohl er daran gewöhnt ist, kein Blut sehen kann, sein eigenes noch am wenigsten. Das muss man sich einmal vorstellen, der sticht sich mit einer Sicherheitsnadel und wird gleich totenblass! Mir dagegen macht Blut gar nichts aus, weil ich die Abgebrühtheit der Könige, der Nonnen in den Feldlazaretten und der Kriegsberichterstatter geerbt habe: Wir müssen unseren Bericht durchgeben, während neben uns die Schlacht tobt. Zuallererst kommt der Bericht, er muss am nächsten Tag erscheinen, auch wenn ringsherum ganze Kompanien beider Seiten links und rechts wie die Fliegen sterben, telefoniere ich mit einer Stimme, als ob nichts wäre, mit meiner Zeitung, völlig unbewegt, während ich mir gleichzeitig so eilig Notizen mache, dass ich immer nur die Vorderseite der Blätter meines Blocks verwende. Ich bin darauf gefasst, alles zu sehen. Nicht nur Blut, sondern auch Aussatz und abgerissene Beine und Köpfe, die überall im Schützengraben verstreut liegen, nach einem Angriff mit Mörsern, Bajonetten und Granaten. Wir mussten unterbrechen, damit uns der Chino nicht verblutete. Sonst hätte er womöglich in weniger als einer Minute nur durch den Blutstrahl aus seiner Nase die ganzen fünf Liter Blut verloren, die ein Mensch so hat. Und genau da kam Belinda herein mit dem Tablett mit Scherri und Wiski und Mandeln und einer gut zugedeckten und ordentlich heißen Schüssel mit Kroketten, mit denen, die kleiner sind als die, die man zum Mittagessen oder Abendessen bekommt. Das ist wirklich das Letzte, kann ich nur sagen. Das ehrenwerte Publikum stürzte sich darauf, um sich den Bauch voll zu schlagen. Sie taten zwar so, als ob die Erfrischungen sie gar nicht interessieren würden, aber in Wirklichkeit ging es ihnen nur darum, sich die Bäuche vollzuschlagen! Es ist gar nicht so, dass das Publikum im Madison besonders schwer zu begeistern wäre. Es ist einfach überall dasselbe. Was ich nicht verstehe, ist, warum man vom ehrenwerten Publikum spricht. Aasgeier würde es viel besser treffen. Das sagt sogar Belinda, obwohl sie vom Boxen überhaupt nichts versteht. Das Publikum ist das Publikum, und es ist ihm vollkommen egal, ob der Boxer in der vierten Runde tot zu Boden geht. Die wollen ja nur Blut sehen. Und wenn es dann Blut zu sehen gibt, wie damals, laufen sie auch noch weg und schauen nicht einmal hin! Wie damals, als der Chino, der Arme, vor den Augen aller fast verblutete, aber sie hatten nichts im Kopf als da eine Krokette und dort eine Mandel, und jeder quatscht mit jedem, einige drehten uns sogar den Rücken zu. Blutrünstig, das ist es, was sie sind, und das sage ich, obwohl sie zu meiner Familie gehören. Ich ging in die Ecke vom Chino, um zu sehen, wie es um ihn stand, was soll ich sagen, schlimmer hätten die Dinge nicht stehen können. Don Rodolfo winkte mich in meine Ecke zurück, seine Miene war angespannt im Angesicht der Gefahr. Das Wenige, was ich sehen konnte, reichte mir vollends. Ich hatte den Chino in einem Zustand gesehen, der schlimmer als schlimm war. Das Blut hörte überhaupt nicht mehr auf zu fließen, es strömte geradezu heraus wie bei einem Kaltwasserhahn, den man bis zum Anschlag aufdreht, so groß war die Kraft, mit der es herausspritzte. Die Nase war ganz geschwollen und nahm die Hälfte des rot verschmierten Gesichts ein. Belinda rannte ins Schlafzimmer der Großmutter, um die Verbandswatte zu holen, die in einer Glasdose aufbewahrt wird, die oben im Deckel eine Öffnung hat, durch die, wenn man anzieht, die Watte in Streifen herauskommt, damit man sie nicht unnötig vergeudet. Belinda brachte die Dose zum Ring, aber in ihrer Aufregung hatte sie vergessen, sie zu öffnen. Mir fiel auf, dass sie noch mehr als halb voll war. Ich weiß nicht, warum, aber ich bemerke solche Sachen immer. Jedenfalls ging Belinda hastig daran, die Blutung zu stillen. Aber sie machte alles nur noch schlimmer, denn Watte zerfranst völlig, wenn man sie einfach so auflegt, wie sie herauskommt, entweder macht man ordentliche Kompressen, indem man sie zusammenrollt, oder die Watte zerfällt umso mehr, je stärker sie sich ansaugt. Aber bei Belinda ist es so wie beim Chino, sie kann einfach kein Blut sehen, also hat sie es mit den zerfransten Wattestreifen einfach zugedeckt, die sie der Reihe nach herauszog, und dadurch saugte die Watte immer weniger und weniger auf, eigentlich gar nichts mehr. Dafür war das Gesicht des Chino bis zu den Augenbrauen mit blutiger Watte zugedeckt! Aber da noch sehr viel übrig war – zusammengepresste Watte braucht ja nicht viel Platz, und in der Dose war fast noch eine ganze Rolle –, hörte die Nase vom Chino schließlich doch auf zu bluten. Die Nase hatte er mit Watte so zugestopft, dass sie ihm schon wieder beim Mund herauskam. Der Chauffeur, der zuvor hinausgegangen war, um zu telefonieren und aufs Klosett zu gehen, kam gerade in dem Moment wieder zurück und schlug, ohne den Ernst der Lage zu erkennen, den Gong. Und was machte der Chino, als er das hörte? Er sprang von neuem in den Ring. Fünfte Runde. Aber es war nicht mehr der alte Chino. So wie er aussah, konnte er einem schon Angst einjagen, er kam mir sogar noch größer als Don Rodolfo vor und schien bereit, bis zum Tod zu kämpfen und sein Leben für seinen *Fihrer* zu geben, in seiner zerrissenen Uniform mit dem Eisernen Kreuz, das nur mehr an einem Faden vom Kragen hing. Entstellt und verunstaltet, glich der Chino jetzt einem von diesen geborenen schwarzen Kämpfern, in deren Adern das Gift des Boxens fließt. So einer fegt am Anfang seiner Karriere die Boxhallen und stiehlt und ist bereit, alles zu tun, um in seiner Gewichtsklasse Weltmeister zu werden, das ist zufällig dieselbe wie meine, also Federgewicht. Das fängt ja gut an, dachte ich. Denn der Chino tat mir zwar Leid, aber gleichzeitig machte er mir auch Angst. Am Anfang verteidigte ich mich gar nicht und vergaß auf meine Deckung. Und die Verteidigung ist der beste Angriff bei einem Kampf wie dem unseren, also einer Weltmeisterschaft. Und manchmal ist es sogar besser, zu Boden zu gehen, so dass der andere schon glaubt, er hätte dich bereits k.o. geschlagen. Wenn man es bis zum Ende der sechsten Runde schafft, den Kopf zu schützen, hat man schon fast gewonnen. Und vielleicht noch die Magengrube. Der Gegner soll ruhig so viel attackieren, wie er will. Das hat Don Rodolfo bei den meisten Kämpfen gemacht. Und wenn sich dann das Publikum zu erheben beginnt und die Mäntel überzieht und die Herren den Hut und die Damen das Kopftuch aufsetzen, um sich wenigstens das Begräbnis zu ersparen, was macht das schon. Denn dann schlägst du zu, zack, gewaltige Linke in die Magengrube, so dass der Gegner wenn möglich kotzt. Und so habe ich es gemacht. Der Chino wusste nicht, was er tun sollte, ob er die Deckung rauf- oder runternehmen oder aus dem Ring springen sollte, oder was. Er taumelte nur und wartete auf meine niederschmetternde Gerade. Und die war wirklich niederschmetternd. Der blutverschmierte Chino sah mehr wie ein Mörder aus, vom echten Chino war so gut wie gar nichts mehr übrig. Ich dachte gar nicht daran, mich in Sicherheit zu wiegen, weder damals noch heute, und auch in Zukunft nicht. Aber schon gar nicht dieses eine Mal. Und dann fing der Chino ernsthaft zu bluten an, aus der Nase und aus den Ohren und aus dem Mund und aus den Augen, und diesmal nicht wegen seiner schwachen Schleimhäute, sondern wegen des Bombenschlags, den ich ihm verpasst hatte. Aber das Schlimmste sollte erst noch kommen. Nämlich das wirklich Schreckliche: Als ich sah, wie er wegen mir blutete, merkte ich, dass ich mich geirrt hatte und dass der arme Chino immer nur der Chino gewesen war, mein bester Kamerad, was noch mehr bedeutet als Cousin ersten Grades, ja sogar mehr als ein Bruder. Da fing ich vor lauter Reue zu weinen an, und ohne weiter zu überlegen, gab ich meine Deckung auf. Aber da der Chino auch damals schon der Chino war, es immer schon gewesen ist und immer sein wird, reagierte er, wie es seine Natur ist, also wie eine Bestie. Was er jetzt wollte, war mich umbringen, und das kann man ja verstehen. „Was soll ich jetzt machen, um Himmels willen? Was mache ich jetzt?" – das ging mir zuallererst durch den Kopf. Und das war, wenn ich im nachhinein daran zurückdenke, auch der letzte bewusste Gedanke, den ich hatte, als sich der Chino mit seinen blutgetränkten Wattefetzen so wild auf mich stürzte, dass Don Rodolfo sofort sah, dass er mich umbringen würde, wenn er ihn machen ließe. Und als die anderen, also das ehrenwerte Publikum, das auch bemerkten, hörten sie auf zu essen und zu trinken und sprangen auf, einige noch mit vollem Mund, mitten unterm Kauen, wenn auch leider zu spät. Belinda, die gerade eine Flasche in einer Hand und ein bereits halb mit Eis gefülltes Glas in der anderen Hand hielt, stieß einen Schrei aus, von dem sogar die Fledermäuse taub geworden sein müssen, obwohl das die Tiere mit dem stärksten Trommelfell sind, ihr Radar setzte sozusagen aus. Und gleichzeitig ließ sie Flasche und Glas los, die fast eine Viertelsekunde in der Luft schwebten, bevor dann beide gleichzeitig am Boden zerbrachen, mit einem übernatürlichen Geräusch, als ob alles Glas auf der Welt gleichzeitig zersplittert wäre. Sie brachte nur ein Wort heraus: „Rodolfo!" Entgegen allen Vorhersagen, meiner eigenen eingeschlossen, nahm mich der Chino in dem Augenblick, in dem er mich eigentlich umbringen wollte, in die Arme und drückte mich so fest, dass ich merkte, wie mir die Luft ausging. Vor meinen Augen flimmerte es in allen möglichen Farben, vor allem in Blau. Glücklicherweise dauerte es nicht lang! Und mitten in die Grabesstille des Madison, in das leicht siebzigtausend Leute passen, sagte der Chino: „Du nicht und ich nicht, Ceporro, ein deutlicheres Unentschieden hat es nie gegeben!" Und ich: „Wie du willst. Zuerst sind wir Kameraden, dann kommt alles andere." Und Don Rodolfo meinte darauf: „Kameraden, das ist es, Kameraden ist das Erste und das Letzte, was wir sind … Halb Mönche und halb Soldaten … Es lebe Spanien – Arriba España!" Und Belinda rief – sie musste immer alles furchtbar übertreiben – „Es lebe Franco!" und der Chino und ich schrien: „Es lebe Belinda, es lebe Don Rodolfo!" Und da wir schon dabei waren, setzte ich noch eins drauf und rief: „Sie sollen heiraten!" Und schließlich brach auch das ehrenwerte Publikum in Hochrufe aus: „Es lebe Spanien!" „Sie sollen heiraten!" „Sie sollen heiraten!", obwohl manche gar nicht wussten, wer da wen heiraten sollte. Und zum Schluss sangen wir alle mit Ausnahme der Großmutter und Doña Blanca, die beide königstreu und rot sind, mit erhobenem Arm „Cara al sol"*. Don Rodolfo, ich und der Chino schoben dann noch für Belinda die Strophe „Es herrscht der Geist von Isabella und Ferdinand"* ein, was ja mehr oder weniger – das merkte ich in dem Moment – auf Belinda und Don Rodolfo zutraf, falls sie heiraten und ihre beiden Dynastien vereinigen sollten.

Als wir uns also wieder damit beschäftigen hätten können, war es schon Oktober, der Marienfeiertag* war schon vorüber, ebenso der Schulanfang, und der Chino und ich hatten genug damit zu tun, von zu Hause in die Schule und von der Schule nach Hause zu gehen. Der Sommer schien so weit zurückzuliegen wie der Tag unserer Geburt. Es hatte sich eingebürgert, dass der Chino und ich zumindest einmal oder zweimal im Monat immer donnerstags hinuntergingen, um bei Tante Lola und Onkel Gabriel zu Mittag zu essen oder zu jausnen. Das war schon so, seit ich alt genug war, mit den Erwachsenen am Tisch zu essen und nicht mehr in meinem Zimmer mit Belinda oder, mit ein bisschen Glück, in der Küche, wo ich sogar selbst Speckscheiben anbraten durfte. Es muss etwa Mitte Oktober gewesen sein, fast schon gegen das Monatsende. Tante Lola hatte anscheinend zu Belinda oder zur Großmutter oder zu beiden, was weiß ich, gesagt, was denn mit uns los sei, dass sie uns gar nicht mehr zu Gesicht bekäme. Ich dachte mir, wenn schon, müsste eher mit ihr etwas los sein, denn uns fehlte sicher nichts. Im Gegenteil, wir waren in diesem Schuljahr kräftiger als alle anderen, dem Chino, um nur ein Beispiel zu nennen, passte keines seiner Schulhemden mehr um die Schultern, und die Hemdkrägen hatte er auch gesprengt. Ein Zeichen dafür, dass er ordentlich gewachsen war, meine ich. Und ich war so aufgeschossen, dass ich jetzt um zwei Zentimeter größer war als er, und zwar ohne alle Tricks. Don Rodolfo könnte es bezeugen. Und der Chino meinte: „Soll sie doch raufkommen, wenn sie uns unbedingt sehen will! Hier heroben ist es besser als unten." Das nahm die Großmutter übel – völlig grundlos, schließlich ist sie die Erste, die es vermeidet, auch nur einen Fuß ins Stiegenhaus zu setzen, geschweige denn, hinunterzugehen. Sie legte gleich los und beschuldigte den Chino und gleichzeitig auch mich, dass wir uns wie die Barbaren benehmen und keine Manieren haben, schließlich gehört es sich, die Leute zu besuchen, vor allem, wenn sie zur Familie gehören. Ich sagte ganz leise: „Da redet die Richtige!", was sie gar nicht gehört haben konnte, weil sie schon ziemlich taub ist, aber trotzdem sagte sie: „Du gehorchst und hältst den Mund, dummes Kind!" Und da es für mich besser war, den Mund zu halten, hielt ich ihn auch. Aus den gleichen Gründen hielt auch der Chino den Mund. Wir hielten beide den Mund. Wir wuschen uns und gingen hinunter. Warum sollten wir der armen Tante Lola nicht diesen Gefallen tun? Und was das Essen anbelangt, bei ihnen isst man ziemlich gut. So kam es also, dass wir in der unteren Wohnung landeten. Da ist zuerst das Vorzimmer. Und dann ist da der Gang mit diesem Teppich, der rutscht, weil sie den Boden darunter wachsen. Diesmal war es der Chino, der ausrutschte und fast den Schirmständer kaputt gemacht hätte, den Tante Lola von ihrer Schwiegermutter geerbt hat. Wir klopften an und gingen hinein. Und da war sie. Nicht, dass es eine Überraschung für mich gewesen wäre, obwohl, irgendwie dann doch. Ziemlich sogar. Aber nicht so sehr wie für den Chino, der ein viel schlechteres Gedächtnis hat. Der blieb stehen, als ob er einen Geist gesehen hätte. Und wenn ich ihn nicht geschubst hätte, wäre er womöglich zwei Stunden in der Tür gestanden, ohne sich zu entscheiden, ob er jetzt hineingehen oder wieder hinausgehen sollte, oder sonst was. Ich musste es ihm ins Ohr sagen, dass die, die bei Tante Lola saß, die Kriegswaise war. Da erinnerte er sich und sah noch verwirrter aus als zuvor. Dass sie eine Waise war, sah man aus einer Meile Entfernung.

Albino, albinoblond. Ich habe viele Fälle von Albinos gesehen, bei denen man die Augenbrauen nicht von der Haut unterscheiden kann, so weiß sind sie! Elke war aber noch weißer. Und Tante Lola, die immer gleich sagt, was sie denkt, auch wenn es eigentlich beleidigend ist, sagte auch noch: „Meine Güte, wie braungebrannt ihr seid, wie gut ihr ausseht! Elke, die arme Kleine, ist ja so weiß, genauso wie ich." Tante Lola hat eine Art zu sprechen, die der Chino überhaupt nicht versteht. Er behauptet, dass er nie weiß, ob sie redet oder kreischt. Dabei haben wir doch den Vokativ in Morphologie und in Latein durchgenommen, in beiden Fächern. Tante Lola ist der geborene Vokativ. Was ihr überhaupt nicht liegt, sind die Gliedsätze oder auch die einfachen Sätze mit Subjekt, Verb und Objekt. Ihre Spezialität sind mehr die Halbsätze, die sie mit verdrehten oder geschlossenen Augen oder hinter Brillen versteckten Augen oder runden, weit aufgerissenen Augen von sich gibt. So wie sie einen ansieht, so redet sie auch. Man muss sie echt gesehen haben, damit man es glauben kann. „Wie wäre es denn, ihr zwei, wie wäre es denn, wenn ihr zwei Hübschen Elke mitnehmt, damit ihr drei einmal an die Luft kommt! Warum nicht? Nicht wahr, Spanisch verstehst du ja, nicht wahr?" Sogar der Chino hatte begriffen, dass dieser letzte Satz weder für ihn noch für mich bestimmt war. „Ein wenig." Weil sie das auf Deutsch gesagt hatte, sah der Chino mich an, weil er wissen wollte, was sie gesagt hatte. Und ich übersetzte es ihm so ungefähr: „Sie meint, dass sie hier und da etwas aufschnappt." Man konnte wirklich auf eine Meile sehen, dass sie eine Waise war. Das dachte ich noch einmal, so wie schon vorher, aber mit noch mehr Gewissheit, als ich auf ihre Füße und Knie schaute, die etwas unter dem Rock hervorstanden, nichts als durchsichtige Knochen unter der Haut. Ich schaute zum Chino hinüber, um seine Reaktion zu sehen. Und mir war klar, dass ihm das alles chinesisch vorkam. Gott sei Dank redete Tante Lola weiter, mit uns und mit Elke, mit dem Besuch, der bei ihr war und gerade gehen wollte, zwei Schwestern, Cousinen von ihr – beide mit Haarnetzen in der Farbe ihrer Haare, damit man nicht sieht, dass sie blonde Perücken tragen, was wir aber von Belinda wissen. Wir beide setzten uns zu der Runde auf unsere Stühle und starrten geradeaus, vor allem der Chino, der in diese Richtung am besten starren kann, wenn ihm etwas peinlich ist. Ich hingegen kann – ohne falsche Bescheidenheit – nach vorn schauen und gleichzeitig, ohne dass man sieht, wie ich es mache, fast alles sehen, was hinter meinem Rücken abläuft. Man nennt das auch Schielen, das ist ein angeborener Sehfehler, der aber auch ein Vorteil sein kann. „Mal sehen, du, Jorge, du kleiner Charmeur, du Plaudertasche, sprich doch ein bisschen Deutsch mit Elke, das kannst du doch!" Und um Tante Lola nicht dumm aussehen zu lassen, sagte ich das Erste, das mir in der Sprache einfiel: „Guttenmorgen". Und sie sagte darauf: „Tag". Zu allem Überfluss musste sie mich auch noch ausbessern! Also wurde ich noch ein bisschen mutiger und sagte: „Wigets?" Und sie darauf: „Es geht!" Danach sagten wir beide kein Wort mehr. Ich, weil mir nichts einfiel, und sie, weil es ihr vielleicht genauso ging. So verging eine Stunde. Die Jause wurde auf einem Servierwagen hereingeschoben. Die Cousinen, die eigentlich gehen wollten, gingen nun doch nicht. Sie stopften sich mit Früchtekuchen voll, während sie ständig wiederholten: „Wir müssen jetzt gehen, wir müssen jetzt aber gehen", und doch sitzen blieben. Tante Lola redete ohne Unterlass, der

Chino rührte kaum etwas an. Um nichts verkommen zu lassen, aß ich meinen Teil und seinen Teil, und Elke nahm ein Butterkeks. Sie biss ab, tunkte es in ein Glas mit gezuckerter Milch ein und ließ es dann auf ihrem Teller liegen, als ob es vergiftet wäre. Das war ja eine Schlaftablette. Als wir nach Hause gingen, gähnte ich den ganzen Weg die Stiegen hinauf. Als wir vor unserer Tür standen, sah ich den Chino von Mann zu Mann an und fragte: „Also, was hältst du von ihr?" Schweigen. Belinda öffnete uns, und ich sagte: „Bist du taub, oder was? Ich hab dich was gefragt. Soll ich dich noch einmal fragen, oder was?" Und der Chino antwortete wütend: „Was hast du mich denn gefragt, was denn? Manchmal versteht man bei dir nur die Hälfte." Das war kein Moment zum Streiten, also kam ich gleich zur Sache: „Was hältst du denn von der deutschen Waise?" Der Chino ging in sein Zimmer, und ich hinterher. Er setzte sich auf den Bettrand und ich auf den Stuhl bei seinem Tisch, weil es der einzige im Zimmer ist. Ich setzte mich verkehrt darauf, wie ich es immer tue, das Kinn auf die Lehne gestützt. „Die Deutsche, von der rede ich, Chino. Schaut sie nicht schwindsüchtig aus?" Daraufhin stand der Chino auf und statt zu antworten, kratzte er sich am Kopf, während er sich im Spiegel über dem Waschbecken betrachtete – sein Zimmer ist das einzige im ganzen Haus, das eines hat. Die Großmutter ließ es anbringen, als der Chino endgültig zu uns zog. Außerdem ließ sie ein holzfarbenes Wachstuch von je eineinhalb Meter Breite und Länge darunter verlegen, damit der Boden nicht immer unter Wasser steht. Er hörte auf, sich selbst zu mustern, und sah stattdessen mich an. Jetzt kratzte er sich nicht mehr am Kopf, sondern am Hintern, und zwar mit beiden Händen gleichzeitig, was er immer tut, wenn ihn etwas aufregt.

Ich wartete ab, bis er sich von selbst wieder beruhigte. Und als ich wieder davon anfangen wollte, sprang er mir fast ins Gesicht: „Du, Ceporro, du bist ein echter Schafskopf, und außerdem manchmal ein richtiges Ungeheuer. Warum glaubst du denn, dass sie so dünn ist? Warum wohl? Weil sie gelitten hat, du Idiot, deshalb ist sie so dünn!" Und danach sperrte er sich bis fast eine Stunde vor dem Schlafengehen im Badezimmer ein und ließ mich nicht einmal pissen. Ich weiß nicht, wer von uns das größere Ungeheuer ist, er oder ich, das weiß ich wirklich nicht.

Wie Doña Blanca es immer schon vorausgesagt hatte, hatte das mit Elke Folgen, und zwar schon vom ersten Tag an. Vor allem, weil sie ein Mädchen war. Das konnte man von Anfang an kommen sehen. Da konnte der Chino sagen, was er wollte, das mit Elke würde Folgen haben, mehr, weil sie ein Mädchen war, als aus irgendeinem anderen Grund. Jedenfalls ließ Tante Lola den Freitag vorbeigehen, damit es nicht so aussah, als ob sie es nicht erwarten könnte, und auch noch den Samstag, aber am Sonntag um zehn Uhr läutete es an der Tür, Belinda meinte noch, wer kann denn das sein, um diese Zeit, und der Chino und ich frühstückten weiter, als ob nichts wäre. Das heißt, wir blieben ganz ungerührt sitzen, jeder mit seinem Bildgeschichten-Heft vor sich. Und da kam Belinda wieder herein, und in der Tür blieb sie stehen und sagte mit ganz spitzem Mund, um besonders geheimnisvoll zu tun: „Ihr erratet es nie, wer gerade gekommen ist." Und wir beide sagten, ohne auch nur einen Muskel zu bewegen: „Nein, wer denn?" Und darauf Belinda: „Dreht euch um, dann wisst ihr es. Aber die würden ja dafür zahlen, dass sie sich nicht bewegen müssen…!" Da drehte ich mich um, um zu sehen, mit wem sie eigentlich redete. Und es war Elke, die gerade gekommen war. „Morgen!", sagte ich und setzte mich wieder hin, um fertig zu frühstücken. Aber da war schon alles schief gelaufen. Ich löffelte den Rest vom Eingetunkten aus meiner Tasse und schaute zur Decke, um zu entscheiden, was zu tun war. Dann sah ich zum Chino hinüber, um zu sehen, was er tat. Aber er tat gar nichts. Er starrte sie nur an. Da waren also die beiden hinter meinem Rücken und vor mir im Profil der Chino, der wie gelähmt war. Und ich schwieg auch, bis dann schließlich Donner und Blitz und gleichzeitig eine ätzende Stille zu hören waren, die nichts Gutes erwarten ließ. Also sagte ich: „Gut, gut", nur um etwas zu sagen, und Belinda sagte: „Elke bleibt zum Spielen hier. Doña Lola hat mir am Telefon gesagt, dass ihr sie eingeladen habt, zu euch heraufzukommen." „Dass wir sie eingeladen haben? Wer?" – das fragte ich vor allem, weil ich es wirklich wissen wollte. Belinda spitzte wieder die Lippen und verzog den Mund, wie wenn sie mit Don Rodolfo spricht, genau so: „Ihr." Und Elke sagte – und soweit ich mich erinnere, war es das erste Mal, dass sie überhaupt so viel sagte–: „Tante Lola klauben eingeladen von ihrr". Dieses Kauderwelsch konnte niemand verstehen. Und der Chino erst recht nicht. Da meinte Elke in ihrem furchtbaren Spanisch: „Aberr gehen, rrunterr." Und dann noch auf Deutsch: „Ist egal. Auf Wiedersehen." „Einen Moment", sagte ich, weil ich langsam richtig wütend wurde, „alles stillgestanden. Niemand verlässt den Raum, solange ich es nicht sage. Das müssen wir zuerst klären. Ich werde jeden einzeln befragen." Und ich fragte den

Chino, der ja der Einzige war, der da war: „Chino, hast du zu der Waise gesagt, dass sie heraufkommen soll, oder was?" Und der Chino, der ein echter Kavalier ist, log wie gedruckt, um die Ehre der Fremden zu retten. „Ja, ich habe sie eingeladen heraufzukommen, gestern am Nachmittag. Stört dich was?" „Nein, gar nichts", sagte ich so trocken, wie ich nur konnte. Und da der Chino nichts weiter sagte, musste ich eben für ihn sprechen. Deshalb sagte ich zu der Dolmetscherin Belinda, falls sie Lust hatte, es zu übersetzen: „Dann soll sie eben hereinkommen und sich hinsetzen, oder frag sie, ob sie schon gefrühstückt hat." Und Belinda: „Ich soll dich fragen, ob du auch etwas magst." Darauf antwortete Elke auf Deutsch: „Ich verstehe nicht." Schließlich landeten wir alle drei auf der Terrasse. Ohne dass einer von uns ein Wort gesprochen hätte. Der Chino sah sie nur dauernd an, und Elke schaute dauernd mich an. Also übernahm ich das Kommando, wer weiß, was sonst passiert wäre! „Ich glaube, dass du eine Deutsche bist, nicht wahr? Also dann, willkommen an Bord dieses Flaggschiffs, das sich auf dem Weg nach Kairo befindet, um die Nachhut von diesem Scheißkerl von Montgomery zu bombardieren und außerdem Rommel Treibstoff zu bringen!" Klarer ist nur mehr Wasser, dachte ich. Aber Elke sagte weder ja noch nein, sie nahm auch nicht Haltung an, salutierte nicht vor mir, und hörte vor allem nicht auf, mich anzustarren. Wenn die Kriegswaisen alle so sind, dachte ich, dann haben die Deutschen es ja lustig! Aber ich fragte nur nach: „Schauen wir einmal, den Feldmarschall Rommel kennst du doch, ja oder nein?" „Nein", sagte Elke völlig unerwartet. Das schockierte mich so sehr, dass ich eine ganze Minute kein Wort herausbrachte. Das roch ziemlich nach Verrat. „Du weißt nicht, wer

Rommel ist? Und du bist Deutsche?" Das verstand sie dann doch, denn sie nickte zustimmend mit dem Kopf. Wenigstens hat sie Achtung vor ihrem Vaterland, dachte ich. Ich sagte: „In ungefähr einer Stunde wird der Feldmarschall Rommel das Deck dieses Flaggschiffs betreten. Bis das Motorboot in Sichtweite kommt, gilt der Befehl ‚Rührt euch'. Sobald es anlegt, nehmen wir Haltung an. Tu einfach das, was ich mache. Solange du dich an mich hältst, kannst du gar keinen Fehler machen. Der Feldmarschall Rommel wird, immer zwei Stufen auf einmal nehmend, die Treppe hoch kommen, beinahe, ohne den Handlauf zu berühren. Wenn er an Deck kommt, werden er und ich salutieren, und du stehst Habt Acht. Währenddessen wird die ganze Zeit die Sirene ertönen, ein lang anhaltender Ton, den alle Schiffe des Geschwaders ganz deutlich hören können. Die Sirene verstummt, wenn ich Rommel Bericht erstatte. Dann wird man nur die Möwen hören und die Wellen, die gegen den Schiffsrumpf schlagen. Und den Wind wird man hören, und beide Fahnen werden nebeneinander wehen, die spanische und die deutsche, weil wir Verbündete sind…" Alles, was ich hier erzähle, habe ich damals in einem Atemzug gesagt. Das alles zu beschreiben und es vor mir zu sehen, war eins. Es war eine bewegende Szene. Die frische Brise, und alles auf Hochglanz poliert, das Lederzeug, die Flak-Kanonen, das Messing der Beschläge der Treppen und Luken. Alles, was glänzen kann, glänzte, sobald ich daran dachte, als ob mein Wort Befehl wäre. Ich war tief bewegt. Und mir war klar, dass es dem Chino genauso ging. Dann schaute ich Elke an, um zu sehen, ob sie auch bewegt war, aber sie ließ das alles völlig kalt, sie reagierte gar nicht. Das ist schon äußerst seltsam! – dachte ich. „Chino, komm einen Moment her, bitte." Und ich zog ihn am Arm auf den Gang hinaus. Elke drehte sich blitzschnell um und folgte uns mit dem Blick, um zu sehen, was wir vorhatten. Das allein schon war höchst verdächtig. „Was ist los?", wollte der Chino natürlich sofort wissen. Und ich sagte: „Ich befürchte das Schlimmste. Hast du etwas bemerkt, ja oder nein?" Der Chino schaute so verschlafen drein, wie er es immer tut, wenn er nichts versteht. Vorsichtshalber senkte ich meine Stimme, damit Elke uns nicht hören konnte, auch wenn sie uns belauschte. Und zur besonderen Vorsicht hielt ich mir auch noch die Hand vor den Mund und sprach mit halb geöffneten Lippen, wie ich es auch in der Schule mache. „Weißt du, wen uns Tante Lola, ohne es zu wissen, an Bord gebracht hat?" Wie ich es erwartet hatte, verneinte der Chino. „Ich befürchte, dass diese Elke gar keine Waise ist. So wie ich das sehe, wirkt sie eher wie eine junge bolschewikische Spionin. Ich werde sie verhören müssen, Chino, ich habe keine andere Wahl. Wir werden sie erst einmal vierundzwanzig Stunden verhören, ohne dass wir sie essen, trinken, schlafen oder auch nur eine Zigarette rauchen lassen. Wenn sich dann herausstellt, dass sie keine Spionin ist, umso besser. Und wenn sie eine ist, wird sie erschossen und damit Schluss. Wir haben keine andere Wahl." Der Chino sagte: „Wie du meinst", oder „wie du glaubst", oder „wenn es sein muss, dann muss es eben sein", oder „Ceporro, ich vertraue dir", oder irgendeinen ähnlichen Satz oder etwas, das sich genauso anhörte. Da wir sowieso keine andere Wahl hatten, galt es auch, keine Zeit mit Besprechungen zu verlieren, oder mit einer Niederschrift von dem, was der Chino gesagt hatte. Ich war überzeugt, dass er einverstanden war. Ich zog beide Augenbrauen hoch und seufzte. Dann betrat ich, gefolgt vom Chino, wieder den Bunker, wir stiegen gemeinsam die Stufen bis zum dritten Keller hinab, der vollkommen mit Kork isoliert ist, alle Wände und sogar der Boden und die Decke sind gepolstert. Elke hatte sich kaum von der Stelle gerührt. Ich fing ohne Umschweife an und kam gleich zur Sache: „Ich warne dich, du bist in Schwierigkeiten. Ich sage es dir gleich, es ist besser für dich, wenn du uns sofort die Wahrheit sagst. Auf den ersten Blick habe ich dein doppeltes Spiel durchschaut. Du weißt schon, was dich erwartet, nämlich der Galgen, so verfährt man im Allgemeinen mit Spionen, auch wenn es Frauen sind. Aber wenn du gleich mit der Wahrheit herausrückst, kannst du vielleicht der Todesstrafe entgehen, und wir verurteilen dich nur zu lebenslangem Kerker in einer Burg. Also, wer sagst du, dass du bist, eine Deutsche oder was?" Schweigen. Elke starrte mich aus ihren runden, hell-blauen Augen an, die vor lauter Hass und Rachsucht ganz schwarz wurden. Der Chino stand hinter mir. Plötzlich stellte er sich zwischen mich und die Spionin und packte mich mit der Hand an der Uniformjacke. „Lass mich los, du Idiot. Oder weißt du nicht, wer ich bin?" „Lass sie in Ruhe, Ceporro, lass sie! Halt hier keine Reden! Siehst du denn nicht, dass sie dich nicht versteht?" Und ich darauf: „Ist gut. Ist schon gut, aber lass zuerst meinen Pullover los…!" Der Chino ließ mich los. „Einverstanden. Ich verhöre sie in ihrer eigenen Sprache, wenn ihr das lieber ist. *Doitschlanddoitschlandliberales*. Das weißt du doch, was das heißt, oder etwa nicht?" Und während ich es sagte, sah ich ihr fest in die Augen. Jetzt gab es keinen Zweifel mehr. Sie war eine. Das Blitzen ihrer kalten Augen ließ mich zu Eis erstarren. Sie war eine. Ich drehte mich zum Chino um. Ich wagte es nicht, ihm die ganze Wahrheit auf einmal zu sagen. „Tu mir den Gefallen und geh einige Minuten hinaus,

Chino. Ich muss sie noch weiter verhören. Und es gibt Dinge, gewisse Dinge, die man besser ohne Zeugen fragt. Nur einen Augenblick, nicht länger." Und ich stieß ihn ohne weitere Erklärungen auf den Gang hinaus. Dann stellte ich mich vor sie. Sie war eine Spionin, wie sie im Buche steht. Es war so unglaublich, dass ich mir für alle Fälle die Augen rieb. „Vielleicht ist es nur ein böser Traum", das habe ich damals gedacht. Aber leider war es kein Traum. Man sah es auf den ersten Blick, man brauchte sich nur das spitze bolschewikische Gesicht oder diese grausamen stählernen Augen ansehen. Gott sei Dank hatte es einer von uns rechtzeitig erkannt! Ich nahm Haltung vor ihr an und rief mit ausgestrecktem Arm einige Male: „*Hailhitler*!" Elke hielt weiterhin still und rührte sich nicht von der Stelle, nur ihre Augen wurden noch ein bisschen größer. Das war alles. Das war der Beweis, der noch gefehlt hatte. Wenn sie auch nur, sagen wir, ein Drittel deutsches Blut in ihren Adern gehabt hätte, wäre sie aufgestanden, um zu grüßen. Oder sie hätte zumindest ein bisschen Gefühl gezeigt. Aber Elke zeigte keine Gefühle, nicht einmal eine Spur. Der Chino kam in dem Moment zurück, als ich ihr vorwarf, ehrlos zu sein und nicht einmal ihren *Fihrer* zu lieben. „Du bist keine Deutsche, du bist gar nichts!", hatte ich gerade gesagt, als der Chino sich wie ein Raubtier von hinten anschlich und mir mit der Handkante einen Schlag in den Nacken verpasste. Wenn ich nicht instinktiv ausgewichen wäre, hätte er mich bewusstlos geschlagen! Um mich gegen den Chino zu verteidigen, machte ich eine Drehung um hundertachtzig Grad. Für den *Fihrer* würde ich bis zum Tod kämpfen. Aber statt mit mir zu kämpfen, packte er mein Gesicht so mit beiden Händen, dass er mir ein Auge herausgerissen hätte, wenn ich mich bewegt hätte, und meinte ganz ruhig: „Lass die Arme in Frieden, siehst du nicht, dass sie dich nicht versteht. Schlimm genug, dass sie Vater und Mutter verloren hat und hier kaum jemanden kennt…!" Ich musste nachgeben, denn wenn der Chino eines nicht ist, dann falsch, also würde er schon einen guten Grund haben, das zu sagen. Außerdem waren wir in den Schützengräben Kameraden gewesen, die bis zum letzten Atemzug gekämpft hatten, ohne sich zu ergeben. Und das ist viel. Für mich reicht das, es ist mehr als genug. „Wie du willst, aber ich bestehe darauf, dass sie eine Spionin ist", denn es war schließlich meine Pflicht, ihn zumindest zu warnen. „Aber woher denn, Mann, aber woher denn." Ich war stinksauer, dass er das in dem Ton sagte, in dem man mit Idioten spricht. Währenddessen hatte sich Elke auf den Boden gesetzt, um sich auszuruhen, dieses unverschämte Balg. Sie beobachtete uns seelenruhig vom Boden aus, hingelümmelt in der zweiten Reihe des Parketts. „Und woher willst du wissen, dass sie keine ist? Sag schon, sag!" „Das weiß ich, denn wenn sie eine Spionin wäre, dann käme sie nicht nach Spanien, um hier zu leben, und schon gar nicht in die Wohnung von Tante Lola." „Ach nein, und wo glaubst du, dass die Spioninnen wohnen? Wahrscheinlich glaubst du, dass sie in Hotels absteigen. Die Russinnen mit Spezialausbildung gehen niemals in ein Hotel! Oder glaubst du, dass Stalin blöd ist?" Der Chino meinte, dass Stalin nichts mit der ganzen Sache zu tun habe. Für den Chino hat nie etwas mit etwas anderem zu tun, außer wenn es direkt vor seiner Nase liegt. Ich wollte gerade anfangen, die Sache mit Elke mit ihm zu diskutieren. Aber der Chino hörte mir gar nicht zu. Ich glaubte, meinen Augen nicht trauen zu können, als ich sah, was er tat, und das war, Elke zu fragen, ob sie nicht mit auf die Terrasse kommen wolle, um mit ihm und mir Fronton* zu spielen. Und das, ohne mich vorher zu fragen, ob ich Lust hätte oder nicht, das war ihm ganz egal. Fronton spielen wir oft nach der Jause mit einem alten, eingedellten Ping-Pong-Ball, der weniger aufspringt als die neuen. Und Elke sagte auf Deutsch: „Dankeschön." Und schließlich spielte ich dann doch mit gegen die beiden, weil mir langweilig war und ich nicht abseits stehen wollte. Das Leben muss weitergehen, das ist klar!

Ich bin einer, der über alles nachgrübelt. Dazu gehört auch, dass ich fast immer reden muss. Und natürlich heißt das, ziemlich viel denken. Ich habe schon viel mehr nachgedacht als der Rest meiner Klasse, und, da kann man sagen, was man will, sogar mehr als die Großmutter und Doña Blanca zusammen. Und das, obwohl die beiden es fertig bringen, ein und dieselbe Sache monatelang immer wieder durchzukauen! Aber ich glaube nicht, dass sie wirklich nachdenken, was man eben unter nachdenken versteht, egal worüber sie reden, oder was ihnen durch den Kopf geht. Bei ihnen ist das wie bei den Perlen des Rosenkranzes, sie lassen einfach eine nach der anderen durch die Finger gleiten zum Geleier der Vaterunser und Gegrüßet seist Du, Maria, und je öfter sie sie vor sich herbeten, desto mehr wird es eine Art Singsang. Was sie am Denken und Sprechen und Beten mögen, ist, wie Katzen zu schnurren. Ich gebe ja zu, dass mir das auch gefällt. Und da ich manchmal nichts habe, worüber ich reden kann – oder noch weniger, worüber ich nachdenken kann –, mache ich einfach

Geräusche, als ob ich ein langes Lied ein bisschen falsch vor mich hinsummen würde, das sich manchmal mit einem anderen Lied vermischt, das ähnlich klingt oder mir ähnlich vorkommt, obwohl es gar nicht so ist. Wenn Pater Constantino auch noch so oft behauptet, dass es unsinnig ist, Vergleiche zwischen Dingen anzustellen, die sich so wenig ähneln wie ein Ei einer Kastanie, gibt ihm das lange noch kein Recht, einen Aufsatz deshalb schlechter zu benoten. Es ist ja nicht die Ähnlichkeit, die interessant ist. Wenn zwei Dinge sich von vornherein kaum unterscheiden, gibt es meiner Meinung nach gar keinen Grund, warum man sie noch vergleichen sollte. Viel mehr Spaß macht es doch, Gemeinsamkeiten zwischen Dingen zu finden, die auf den ersten Blick nichts miteinander gemein haben. Und das erzähle ich jetzt, weil ich durch viel Nachdenken schließlich die Ähnlichkeit zwischen Belinda und Don Rodolfo und zwischen Elke und dem Chino sehen konnte. Wenn man genau hinschaute, waren beide Fälle eigentlich gleich, aber sozusagen umgekehrt. Don Rodolfo kam damals ja schon seit vielen Jahren zu uns. Am Anfang kam er nur wegen mir, und wir verbrachten etwa ein Jahr immer nur zu zweit, bis der Chino bei uns einzog. Als er das erste Mal unser Haus betrat, war Belinda sofort wie geblendet. Belinda ähnelte manchmal sehr einer Kuh, vor allem wenn Don Rodolfo da war. Die Kühe erstarren auch, wenn sie in der Nacht eine Straße überqueren. Mehr als tausend Mal habe ich das beobachtet. Du rast mit Vollgas daher, und dann, plötzlich, womöglich noch hinter einer Kurve, steht eine Kuh mitten auf der Straße. Und was macht die Kuh? Statt zu tun, was ich tun würde, also sofort die Straße so schnell wie möglich zu verlassen, starrt die Kuh nach vorn, direkt in die Scheinwerfer, und dadurch trüben sich ihr die Augen – das nennt man geblendet werden –, und sie bleibt wie angewurzelt mitten auf der Straße stehen, eine Minute genauso gut wie zehn Stunden. Das ist so etwas wie Hypnose, also wie das, was damals dem Chino passiert ist, aber bei Kühen. Und so ging es eben auch Belinda, als Don Rodolfo das erste Mal zu uns kam. Und das war dann auch so geblieben. Und meiner Meinung nach langweilte das Don Rodolfo mehr, als es ihn freute, auch wenn er etwas dabei gewann. Denn er hatte sehr wohl etwas davon, Vorteile nämlich, die er nicht gehabt hätte, wenn Belinda nicht so geblendet gewesen wäre, wie sie es damals immer war. Die Vorschüsse, zum Beispiel – Gott sei Dank bekam die Großmutter davon nichts mit! Bei Don Rodolfo reichte das Geld, das er bei uns verdiente, normalerweise nie sehr viel länger als bis zum Sechzehnten des Monats, höchstens bis zum Achtzehnten. Dann wickelte er Belinda ein, das habe ich selbst gesehen. Er sagte dann Sachen wie: „Was mich am meisten schmerzen würde, wäre der Verlust der Erinnerungen an mein ganzes Leben. Die Pokale und die Photos und auch die Autogramme, wenn sie mich pfänden, weil ich die Miete in der Pension nicht zahlen kann." Oder: „Von einer Frau hat meine Wirtin kaum etwas. Ich habe erste Offiziere und Sergeanten und Brigadiere und sogar Oberstleutnante kennen gelernt, denen sie um nichts nachsteht." „Meine Wirtin, Belinda, ist eben nicht so wie Sie, sie hat kein gutes Herz." „Sie ist bösartig, das ist sie." „Und der Beweis dafür ist, dass ihr Mann ein Säufer ist, den haben sie jetzt als Portier hinausgeworfen, weil er trinkt, so ist das, Belinda, Sie können sich sicher vorstellen, welche Sorte Mensch die beiden sind… Wenn Sie mir nur ein bisschen vorschießen könnten, nur ein bisschen, und wenn es nicht mehr ist als …" Und Belinda schmolz regelmäßig wie Butter in der Sonne. Wenn es nach ihr gegangen wäre, hätte sie ihm das Geld für das ganze Jahr vorgeschossen. So schoss sie ihm meistens eine Woche vor, und dieses Geld kam bei Don Rodolfo, weil er es ja nie zurückzahlen konnte, zu dem Vorschuss von der Vorwoche hinzu, aber nicht im Plus, sondern im Minus, so dass zwar ein Loch zugedeckt wurde, aber das andere immer größer wurde. Wenn die Großmutter das herausgefunden hätte, dann hätte sich Belinda auf etwas gefasst machen können! Was Belinda tat, damit es nicht auffiel, war, aus lauter Liebe die Vorschüsse aus ihrem eigenen Geld zu zahlen, denn Belinda ist sehr sparsam, und wenn es darauf ankommt, wird sie mit allem fertig, wie sie sagt, so oder so, mit dem, was sie verdient, und sogar mit dem Dreifachen „glaube ich nicht, dass wir jemals reich werden, weder er noch ich, egal, wie viel wir sparen." Und das ist auch wieder wahr. Aber nachdem er sie so richtig weich gekocht hatte, ließ Don Rodolfo sie bis zur nächsten Woche wieder völlig links liegen und verbrachte seine Zeit in der Falange* und war mit den Frauen vom Auxilio Social* unterwegs. Als Belinda das herausfand, hätte sie fast der Schlag getroffen. Elke machte dasselbe mit dem Chino. Und zwar genauso wie Don Rodolfo, fast ohne es zu merken und ohne es zu wollen. Aber das muss ich später erzählen, weil ich das damals noch nicht gedacht habe, sondern erst jetzt – was ja viel später ist. Was ich damals gedacht habe, war nicht eigentlich denken, eher so, als würde ich einen Vorfall nach dem anderen durch ein Sieb gießen, wie wenn man den Reis wäscht: Die Schalen und der Staub aus den Säcken werden weggeschwemmt, und übrig bleibt nur der Reis, das Eigentliche. Vorfälle seihen ist nicht dasselbe wie denken, man lässt nur das Eigentliche nicht durchrinnen. Und das Eigentliche war, dass der Chino bei Elke ungefähr genauso viel erreichte wie Belinda bei Don Rodolfo, nämlich gar nichts. Denn so richtig kam es zwischen ihnen ja nie zu etwas. Das Schlimme war ja, dass sie eigentlich nichts taten, im Gegenteil, sie waren beide wie gelähmt. Elke kam nach dem Verhör dritten Grades und dem Ping-Pong weiterhin zu uns. Spionin war sie möglicherweise keine. Aber dickköpfig war sie. Das ist sicher. Ich konnte nur nicht verstehen, warum sie überhaupt kam. Sie kam einfach so, ohne etwas Bestimmtes zu wollen, sie kam um des Kommens willen, sobald wir nach der Siesta aufgestanden waren. Da war man gerade erst aufgestanden und hatte sich das Gesicht und den Hals gewaschen, sich gekämmt und die Zähne geputzt, das aber nicht jeden Tag. Und sobald man auf die Terrasse hinausging, war da Elke, die schon seit einer halben Stunde gewartet hatte. Elke kam immer zur gleichen Zeit, als ob es verpflichtend wäre, zu uns heraufzukommen, selbst in den Ferien. „Du brauchst nicht zu kommen, wenn du nicht willst, uns ist das gleich", habe einmal ich zu ihr gesagt. Aber der Chino platzte heraus, statt mir Recht zu geben, wo ich doch völlig Recht hatte: „Dir ist es vielleicht gleich, aber mir ist lieber, wenn sie heraufkommt, wenn sie will." Und ich antwortete: „Vielleicht glaubt sie ja, dass wir es sind, die wollen, dass sie heraufkommt, und für sie ist es in Wirklichkeit ein Opfer." „Das ist dann ein Grund mehr für sie heraufzukommen", gab der Chino blindlings zurück, ohne sich in dem Moment zu überlegen, was er da sagte, glaube ich. Aber mit der Zeit, man sagt auch allmählich dazu, fügte ich Stück für Stück die einzelnen Teilchen zusammen, bis ich schließlich im Bilde war. Je öfter Elke heraufkam, desto weniger redete

der Chino, denn was ihm am meisten gefiel, war, sie anzusehen, ohne etwas sagen zu müssen. Und das, wo es bei Elke
nicht wirklich etwas zu sehen gab, eigentlich gar nichts, auch
wenn sie zwangsläufig ganz schön zunahm bei all den
Frühstücken und Mittagessen und Jausen und Abendessen, wo
sie bei Tisch kein Wort sagte und keinen Bissen übrigließ! Sie
aß, wie man so sagt, mit vollen Backen, wobei sie, stelle ich
mir vor, alles sehr gründlich kaute, und zwar gleichzeitig mit
beiden Seiten des Kiefers, wie es die Wiederkäuer tun, die eine
Art Kammer in ihrem Bauch haben, in der sie alles, was sie
fressen, aufbewahren, um es später ein zweites Mal zu essen.
Aber wirklich dick wurde sie nicht dabei. Und so verging die
Zeit.

Eines Nachts lagen der Chino und ich schon im Bett,
jeder in seinem Zimmer. Ich dachte, der Chino würde schon
längst tief schlafen, weil ich ihn nicht schnarchen, ja nicht einmal atmen hörte. Aber da ging plötzlich die Tür zu meinem
Zimmer auf, und der Chino kam herein. „Ist was?", fragte ich
ziemlich ungehalten und blätterte eine Seite des *Kurier des
Zaren* um, nur damit er gleich begriff, dass ich nicht dazu aufgelegt war, mich mit ihm zu unterhalten. Michael Strogoff war
gerade allein und blind in der sibirischen Steppe zurückgelas-
sen worden, und zu allem Unglück war er auch noch entwaffnet, und ich wollte unbedingt wissen, was er jetzt tun würde,
ob er aufgeben würde oder nicht. Also blätterte ich um, damit
der Chino gleich sehen konnte, dass ich überhaupt keine Lust
hatte, mit ihm zu reden. Aber da der Chino keine Anspielungen

versteht, half das leider gar nichts. Egal worum es geht, du musst es ihm entweder geradewegs ins Gesicht sagen, oder er kapiert es nicht. Und nun setzte er sich auf den Rand meines Betts, als ob ich schwer krank wäre. Aber statt endlich etwas zu sagen, nahm er mir das Buch weg, als ich gerade nicht aufpasste. Sofort ging ich mit der Masse meiner Streitkräfte zum Gegenangriff über, auch wenn es so aussah, als ob ich mich kaum bewegte, weil meine Matratze in der Mitte völlig eingesackt ist, seit ich darauf den dreifachen Todessalto auf dem Trampolin geübt hatte. Ich musste mühsam aus meinem Bett steigen, wegen des Gewichts der Waffen und des Rucksacks. Meine Füße wurden kalt, so eisig war der Boden in meinem Zimmer, so um die null Grad. An den Füßen beginnen die Erkältungen, sagt Belinda. „Chino, gib mir das Buch, ich sag es dir nur einmal im Guten." Der Chino ließ das Buch auf den Boden fallen, als ob es aus Blei wäre, und dann stieß er es mit dem Fuß ein bisschen weg. Und dabei zog er ein Gesicht, und das ist etwas, was er ganz selten tut, nur, wenn er sich nicht entscheiden kann und nicht weiß, wie ihm zumute ist. Ich verzieh ihm und bückte mich nach meinem Buch, nicht, weil ich feig bin, sondern weil er mir ein bisschen Leid tat. Der Chino hält es ganz schlecht aus, wenn er zwei Gefühle gleichzeitig empfindet und nicht weiß, welches er zuerst fühlen soll und welches als zweites. Der Chino tut immer eines nach dem anderen, das ist eine seiner guten Eigenschaften. Mich überschwemmen die verschiedensten Gefühle gleich mehrmals am Tag und sogar in einer Stunde. Ich fühle sie, wie sie gerade daherkommen, ohne noch viel darauf zu achten, ob es zwei oder mehr als zwei oder wie viele auch immer sind, weil ich so daran gewöhnt bin und genug Übung habe. Schließlich sagte der Chino: „Weißt du, was mir am liebsten wäre, Ceporro?" „Nein, was?", antwortete ich, weil einem bald einmal was am liebsten sein kann und man oft nur schwer entscheiden kann, was gerade in diesem Moment dran ist. Der Chino schwieg eine Weile, so als ob es ihm am liebsten gewesen wäre, dass ich es erriete. Es ist wohl besser, dachte ich, auf der sicheren Seite zu bleiben und mit Nein zu antworten, und das stimmte ja auch. Also sagte ich noch einmal: „Ich komm nicht drauf, Chino, sag schon." „Mir wäre es lieber, wenn alles gleich geblieben wäre …" „Gleich wie was?", fragte ich. „Gleich wie früher", platzte der Chino heraus. „Erinnerst du dich an den Boxkampf? Fast hätten wir uns gegenseitig umgebracht …" Ich sagte, dass ich mich sehr wohl daran erinnerte, und was das jetzt solle, auf was er denn hinauswolle. Denn erinnern tat ich mich schon daran, auch wenn ich nicht ständig daran dachte. Ich erinnerte mich immer wieder einmal daran. Das habe ich auch dem Chino gesagt, denn der ist aus einem Guss und denkt vielleicht, dass sich Erinnern bedeutet, dass man ständig daran denkt, also sechzig Minuten lang alle vierundzwanzig Stunden an jedem einzelnen Tag. Aber sich Erinnern funktioniert nicht so. Was das wäre, weiß ich gar nicht. Erinnern hat mehr mit dem Vergessen zu tun als mit dem Erinnern, zumindest bei mir. Während der Chino mir zuhörte, runzelte er ziemlich verärgert die Stirn. Schließlich unterbrach er mich, und noch dazu sehr unhöflich: „Red doch keinen Blödsinn, Ceporro, ist schon gut! Das habe ich damit nicht gemeint …" „Und was hast du gemeint? Sag es doch, wenn du es weißt, was ich bezweifle …" Das mit dem Zweifel sagte ich hauptsächlich, um ihn ein bisschen durcheinander zu bringen … Und auch, weil ich vergessen hatte, worum es am Anfang eigentlich gegangen war. „Wir schlagen uns nicht mehr wie früher …", sagte der Chino und verfiel wieder ins Grübeln. Ich wurde schön langsam schläfrig, also gähnte ich und übertrieb es ein bisschen, um zu sehen, ob er sich nicht endlich verziehen oder Klartext reden würde, irgendetwas eben. Da fing der Chino wieder an: „Was ich meine, ist, dass jetzt alles ganz anders ist als vorher …" „Welches vorher?", blieb mir nichts anderes übrig, als ihn zu fragen, weil es massenhaft „Vorhers" gibt, außer dem Jetzt ist alles vorher. „Vor Elke …", sagte der Chino, als ob er Porzellan zerschlagen hätte, weil er zu grob und unvorsichtig gewesen war. In diesem Moment hat wirklich die Welt den Atem angehalten, wie Doña Blanca immer sagt. Wenn eine da gewesen wäre, hätte man sogar eine Fliege hören können. Ich wollte schon fragen, was Elke denn damit zu tun habe, aber Gott sei Dank bremste ich mich gerade noch rechtzeitig ein. Meine Kehle war ganz trocken, und meine Zunge klebte am Gaumen. Im Geiste sagte ich mehrmals Elke, und Elke veränderte ihre Farbe und schien sich zu drehen, wie wenn man Ora pro nobis bei der Litanei des Rosenkranzes antwortet. Endlich schaffte ich es, genug Spucke zu sammeln, um meine Zunge zu bewegen und zu sagen: „Es geht also um Elke." Ich sah den Chino verstohlen an, der sich immer noch nicht rührte. Es war ja nicht so, dass wir Zeit zu verlieren hatten, jede Minute war kostbar. „Wir müssen etwas unternehmen, Chino", sagte ich schließlich. Und der Chino antwortete: „Ich kann gar nichts machen. Ich weiß nicht, was ich tun soll. Ich weiß es einfach nicht." Das Eis war gebrochen, und ich sagte: „Ich verstehe dich, Chino." Und als ich das sagte, begriff ich, dass davon, dass ich ihn verstand, nicht die Rede sein konnte. Die Wahrheit ist, dass ich überhaupt nichts verstand. „Überlass das mir,

Chino, ich kümmere mich um alles. Und jetzt ist es besser, wenn du schlafen gehst. Du hast ja schon tagelang nicht mehr geschlafen." Und tatsächlich sah er aus, als ob er gleich einschlafen würde. Der Chino öffnete seine Augen, die er vorher geschlossen hatte, wieder ein bisschen und sah mich an, als ob er ihnen nicht trauen könnte. Und der Beweis dafür ist, dass er sagte: „Wer? Ich? Aber wenn ich diese Woche doch nie weniger als neun Stunden geschlafen habe, zwischen neun und zehn, und das, ohne die Siesta zu rechnen!" „Das ist ein Zeichen dafür, dass du Fieber hast. Lass mich deinen Puls fühlen, Chino." Ich fühlte also seinen Puls und stellte fest, dass er keinen hatte. Das konnte ich ganz deutlich fühlen. Schlimmer kann es gar nicht sein. Mir fehlten die Worte, ganz blass muss ich geworden sein, und ich presste schweigend die Lippen zusammen. Um den Chino stand es wirklich schlecht. Sein Herz stand fast still. Vielleicht dauerte sein Zustand schon mehrere Stunden, ohne dass Blut durch seinen Körper gepumpt wurde. Ich begann, die Symptome durchzugehen, und alles deutete schließlich auf Typhusfieber hin. Da sagte auf einmal der Chino: „Jetzt ist alles ganz anders, und außerdem redet sie nicht mit mir, das auch noch! Und nicht nur, dass sie nicht mit mir redet, sie schaut mich ja nicht einmal an! Und weil ich ja nicht gerade viel rede, hört sie mich die meiste Zeit auch nicht!" Da er fiebrig und abgehackt sprach – ganz klar eine Folge vom hohen Fieber –, wollte ich ihm ein Zäpfchen verordnen, damit die Infektion zurückginge. Ein Glück, dass ich bis zehn zählte, bevor ich das Rezept ausstellte. Zwischen sechs und sieben begann ich, einiges zu begreifen, und als ich bei zehn war, sah ich auf einmal völlig klar: Was auch immer mit dem Chino los war, es hatte mit Elke zu tun. Ich sagte es ihm ganz offen ins Gesicht, weil es für einen Kranken am schlimmsten ist, wenn er nicht weiß, wie es wirklich um ihn steht. Also wiederholte ich es noch einmal: „Gib zu, dass es wegen Elke ist, Chino, sei nicht so verstockt. Das gibst du doch zu, oder etwa nicht?" „Ich geb es ja zu", antwortete der arme Chino, dem es so schlecht ging, dass er nicht einmal mehr die Kraft hatte, es zu leugnen. Dass er es so schnell eingestand, brachte mich etwas aus dem Gleichgewicht. Jetzt war ich es, der nicht wusste, was er sagen sollte. „Was willst du tun, Chino?", fragte ich, um Zeit zu gewinnen. Und der Chino meinte darauf, dass er es nicht wisse. Also wiederholte ich, um weiter Zeit zu gewinnen: „Überlass das mir, Chino! Leg dich jetzt lieber hin." Wie schlecht musste es ihm gehen, dass er gleich beim ersten Mal auf mich hörte. Als er aufstand, waren seine Augen fast weiß, als ob er plötzlich einen Geist gesehen hätte. Ich begleitete ihn bis zur Tür seines Zimmers, falls er taumeln und stolpern und fallen sollte. Er war nur mehr Haut und Knochen, das merkte ich, als ich ihn mit einer freundschaftlichen Geste vorsichtig an der Schulter fasste. Dann sagte ich: „Morgen gleich in der Früh, Chino, werde ich dir die Lösung des Problems sagen. Vertrau mir und schlaf ruhig." Das tat er auch: Er schlüpfte ins Bett wie ein Maulwurf, ohne nach links oder rechts zu schauen. Ich kehrte langsamen Schritts in mein Zelt zurück. Ich blieb nur kurz stehen, um meine Pfeife anzuzünden und den Vollmond zu betrachten, während ich meine Ellbogen auf die Brüstung der Festungsmauer stützte. Ich legte mich ins Bett, ohne mir auch nur die Mühe zu machen, mich auszuziehen, und dachte, dass Doña Blanca unglücklicherweise wieder einmal Recht behalten würde: „Das mit der Deutschen wird Folgen haben." Und die reine Wahrheit war, dass es Folgen hatte.

Ich hatte wohl kaum mehr als ein, zwei Stunden geschlafen. Ich kann einfach nicht ruhig schlafen, wenn ich eine Lösung finden muss, höchstens ein bisschen dösen, damit sich die Ideen von selbst auffrischen können. Erst bei Tagesanbruch schlief ich endlich ein, als mir die Sonne ins Gesicht schien und der Wind laut tosend über die Steppen und die Tundra fegte. Der Wind, der eine Geschwindigkeit von etwa hundert Stundenkilometern erreicht hatte, drückte mich mit dem Gesicht nach unten auf den Boden, genauso wie die Büsche und Wegedisteln und den Weizen, bis mich ein fernes Galoppieren weckte, das an mein gegen den Boden gepresstes Ohr drang. Es war der Chino, der gerade mordend und brandschatzend eingefallen war, um nach der Lösung zu fragen. „Also, was ist mit der Lösung?" So legte er los, ohne auch nur Guten Morgen zu wünschen. Ich brauchte eine halbe Minute, um mich zu erholen, und während ich meine Uniformjacke zuknöpfte, fragte ich: „Die Lösung? Welche Lösung?" „Die Lösung für die Sache mit Elke", antwortete der Chino mit rauer Stimme. Da erkannte ich die Gefahr, in die wir geraten waren. In solchen Fällen muss man improvisieren. Ich durfte keine Zeit damit verschwenden, die Karte zu studieren. Auf den ersten Blick konnte man erkennen, dass diese gnadenlosen Eindringlinge seit Tagen nichts gegessen hatten. Ausflüchte halfen da nicht mehr. Eine Meuterei wäre jetzt das Schlimmste! Ich sah den Chino an und erkannte, dass er kurz davor war zu meutern. Jetzt hieß es, keine Zeit zu verlieren. „Chino, ich erteile dir jetzt einen Befehl. Vergiss Elke, das ist ein Befehl!" „Das kann ich nicht!", rief der Chino. „Dann tu, was du kannst, um es zu können, verflixt noch einmal. Einem Befehl muss ohne Widerrede Folge geleistet werden!" Ich schaute ihn wieder an, um sein Gesicht zu sehen. Und was ich da sah, ließ mich nichts Gutes vermuten. Schlimmer hätte die Lage nicht sein können, um die Wahrheit zu sagen. Er würde sterben, aber er würde sie nicht vergessen. Das konnte ich im Blick des unglückseligen Chino lesen. Ich beschloss, dass es besser war, einen neuen Befehl auszugeben, als seinen Ungehorsam zu riskieren. Also sagte ich: „Wenn du sie nicht vergessen kannst, Chino, dann vergiss sie eben nicht. Aber von heute an schaust du sie nicht mehr an und redest nicht mehr mit ihr." „Fällt dir keine andere Lösung ein?", fragte der Chino. „Es sind mir mehrere eingefallen, aber das ist die beste." „Ein Befehl, der nicht ausgeführt werden kann, Ceporro, ist zwangsläufig ein schlechter Befehl. Dass es ein schlechter Befehl ist, sieht man daran, dass er zu nichts taugt, weil man ihn nicht ausführen kann, weil man nicht einmal versuchen kann, ihn auszuführen, es sich nicht einmal vorstellen kann, dass man ihn befolgt. Egal was ich tue, ich kann Elke nicht vergessen oder sie nicht mehr anschauen, ich könnte höchstens …" So weit ich mich erinnere, war das die längste zusammenhängende Rede, die der Chino je von sich gegeben hat. Den ganzen restlichen Tag dachte ich dann darüber nach, warum der Chino wollte, dass alles so wie vor Elke sein sollte, wenn er sich gleichzeitig weigerte, den klaren Befehl zu befolgen, nicht mehr an sie zu denken und sie nicht mehr anzuschauen? Sie nicht mehr anzuschauen, war schließlich nicht so schwer, unter anderem, weil wir sie jetzt während des Schuljahres viel seltener sahen, nur kurz einmal an Sonntagen und Feiertagen,

85

oder im Treppenhaus, und das war ja nicht so viel. Je länger ich darüber nachdachte, desto weniger verstand ich es. Ich versetzte mich sogar an seine Stelle: Wenn der Chino mir den Befehl erteilt hätte, sie nicht mehr zu sehen, was würde ich tun? Darüber habe ich ziemlich lange nachgedacht, aber ohne Ergebnis. Mir war es gleich, ob ich sie sah oder nicht sah, obwohl es mir auch nichts ausmachte, sie zu sehen. Am Nachmittag ging es dem Chino immer noch gleich. Beim Gehen sah er auf den Boden statt nach vorne, und ich glaube sogar, dass er wegen seiner Sorgen leicht hinkte. Am meisten aber beeindruckte mich, dass der Chino das Essen fast nicht anrührte, und gegessen hat der Chino immer, selbst mit Grippe und vierzig Fieber. Das machte dem Chino normalerweise alles nichts aus. Er sagte sogar, dass er die Nachspeise nicht wollte, obwohl es Milchreis gab. Als ich sah, dass der kalt wurde, fragte ich ihn, ob ich nicht seine Portion haben könnte, wenn es ihm nichts ausmachte, wenn er sie nicht wollte, damit man sie nicht wegwerfen musste. Er meinte „In Ordnung" und aß nur einen Löffel, um zu kosten. Der Milchreis war jetzt kalt und außerdem pampig und zermatscht. Aber noch pampiger und noch zermatschter war offensichtlich der Chino. Auf einmal fing er ohne vorherige Ankündigung zu reden an: „Hör mal, Ceporro, damit ich Elke nicht anschauen kann und nicht mit ihr reden kann, muss ich sie ja sehen. Wie kann ich sie nicht anschauen, wenn sie nicht da ist?" Solange ich mich erinnern kann, ist dem Chino das Reden nie so gelegen wie Belinda oder mir. Da ich nicht wusste, was ich antworten sollte, sagte ich aufs Geratewohl, dass es ihm mit Elke wohl so gehe wie Belinda mit Don Rodolfo. „Vielleicht bist du in Elke verliebt", sagte ich aufs Geratewohl. Und da lief der Chino schlagartig knallrot an! Sogar das Weiße in seinen Augen begann, rosa zu schimmern. Da hatte ich durch Zufall einen Volltreffer gelandet! Am besten sofort nachstoßen, dachte ich, damit gleich alle Zweifel beseitigt sind. „Du bist verliebt, das kannst du nicht abstreiten!" Und der Chino sagte „ja", was in solchen Fällen ausreichend zu sein pflegt. Und jetzt, was sollte ich jetzt tun? Der letzte Ausweg, der mir blieb, war, Don Rodolfo zu fragen, der von sich selbst immer behauptet, dass er dem ewig Weiblichen verfallen ist. Der Zufall wollte es, dass die ganze Klasse des Chino zur Strafe bis neun Uhr in der Schule nachsitzen musste. Als Don Rodolfo kam und den Chino nicht sah, fragte er: „Was ist mit dem Chino los, ist er nicht hier oder was?" Und ich sagte: „Don Rodolfo, es ist besser, dass der Chino nicht da ist, weil ich Sie nämlich etwas fragen muss, was der Chino besser nicht hören sollte." Und Don Rodolfo sagte: „Also los, das möchte ich jetzt genau wissen!" Ohne Vorbereitung platzte ich dann damit heraus, dass der Chino in Elke verliebt sei, und was man in solchen Fällen tun könne. „Aber die ist ja noch ein Kind!", war das Erste, was Don Rodolfo sagte. Darauf konnte ich nichts sagen, nicht, weil ich keine Antwort gewusst hätte, sondern weil das Alter von Elke ziemlich rätselhaft ist. Wenn es darum ging, das Alter von uns allen zu schätzen, war das von Elke bei weitem am schwierigsten zu erraten. Zuerst einmal war zusammen mit den ganzen Möbeln und dem Gewand in ihrem Haus auch ihre Geburtsurkunde verbrannt. Man musste sich also entweder auf das Alter verlassen, das Elke angab, oder auf das Alter, das sie zu haben schien. Sie behauptete, gleich alt wie der Chino und ich zu sein. Aber das konnte ich Don Rodolfo jetzt nicht antworten, denn an manchen Tagen wirkte Elke viel, viel älter als wir, und an anderen wieder viel jünger, und noch dazu vollkommen naiv. Das kam darauf an. Und wenn die Urkunde verloren gegangen ist, ich meine die von der Geburt, wie bei Elke nach dem Bombenangriff, wie stellt man dann das Alter fest? Außerdem kommt der Gedächtnisschwund, den im Allgemeinen vor allem die Frauen und Kinder nach einem Bombenangriff erleiden, noch erschwerend hinzu – und in Elkes Fall war es klar, dass der Gedächtnisschwund ganz besonders schwer war. Und zusätzlich erschwerend war, dass ich Elke nicht ständig hier bei uns hatte wie alle anderen. Elke kam und ging zwischen ihrer Wohnung und unserer hin und her, sie lief die Treppen etwa genau so oft hinauf und hinunter, wie Doña Blanca zu uns heraufkam und wieder ging. Außerdem trug Elke immer Kleiderschürzen, eine für die Feiertage und eine für unter der Woche. Auch darin war sie Doña Blanca gleich. Aber im Gegensatz zu ihr hätte sich Doña Blanca nie verändert, auch nicht im Angesicht des Todes – sie selbst sagte das ja immer: „In meinem Alter ändert man sich nicht mehr, und wenn man es tut, dann nicht zum Guten. Ändern tun sich immer nur diese Flatterhaften…" Und da Doña Blanca alles andere als flatterhaft war, ist sie anscheinend so geblieben, wie sie schon in ihrer Jugend gewesen ist, und das bis zum heutigen Tag. Aber Elke war auch nicht gerade flatterhaft. Im Gegenteil, sie war sturer als ein Maultier und ließ sich nie von etwas abbringen. In jede Sache verbiss sie sich, als ob es um Leben und Tod ginge. Elke änderte sich, ohne sich zu ändern, und am meisten änderte sich ihr Alter. Wenn sie mit uns zusammen war, wirkte sie fast immer mit Abstand am jüngsten, aber nur, bis wir uns dann jeder mit seinem Bildgeschichten-Heft oder dem Roman, den jeder gerade las, hinsetzten. Wenn man einmal aufschaute, um eine kleine Pause zu machen, durchzuatmen oder es sich bequemer zu machen wenn man zum Beispiel aufstand und ihre Haare und ihren Nacken von oben betrachtete, wirkte Elke vielleicht gerade wie eine Lehrerin, mit ihren blonden Haaren und dem langen, weißen Hals. Und dann wieder, wenn man den Blick hob, sah man, wie sie an einem Nagel kaute, mit gerunzelter Stirn und gerümpfter Nase, ganz vertieft in die Bildgeschichte, die sie gerade las. Und dann sah sie sogar aus wie eine alte Frau. Sie wirkte auch älter als ich und der Chino, wenn sie uns beide von oben bis unten abschätzig musterte, als ob sie sagen wollte, euch stecke ich locker in die Tasche. Und sie hätte uns vielleicht in die Tasche gesteckt, wenn wir einen Moment nicht aufgepasst hätten, denn Elke konnte sich manchmal ganz schön durchsetzen, wenn auch nicht immer. Und so bekam ich nie heraus, wie alt Elke wirklich war, so richtig sicher war ich mir nie. Auch nicht darüber, wer sie eigentlich wirklich war, obwohl ich sie fast so gut kannte wie den Chino. Als also Don Rodolfo in einem Tonfall, als ob er es nicht glauben könne, sagte, dass sie noch ein Kind sei, hielt ich den Mund, weil das, was ich hier erzählt habe, viel zu lang ist, um es in einer Unterhaltung zu erklären. Ich sagte also nur, dass sie wohl nicht mehr so sehr ein Kind sein konnte, wenn der Chino, der schließlich nichts mehr von einem Kind hatte, sich dermaßen in sie verliebt hatte. Und darin gab mir Don Rodolfo völlig Recht: „Im Allgemeinen werden die Frauen mit den Jahren immer besser. Eine reife Frau ist mir immer lieber, da können mir die jungen Dinger gestohlen bleiben, so scharf sie auch aussehen mögen!" Und dann bin ich, ohne es zu wollen, anscheinend in ein Fettnäpfchen getreten, ja, eigentlich bin ich mir da sicher: „Aber Don Rodolfo, Belinda ist doch sehr reif, und Sie heiraten sie trotzdem nicht!" „Was hat das damit zu tun?", war alles, was Don Rodolfo darauf sagte. Und ich, der ich schon alles verloren sah, machte es noch schlimmer: „Das hat deshalb damit zu tun, weil Sie doch gesagt haben, dass Elke noch nicht richtig reif ist, aber Sie beide, Don Rodolfo, sind ja schon überreif, und trotzdem heiraten Sie nicht, Sie sind ja nicht einmal verlobt. Ich habe Belinda oft an den Sonntagnachmittagen weinen gesehen, weil Sie sie nicht ins Kino ausführen oder zu einem Spaziergang einladen. Und Kind ist Belinda sicher keines mehr. Sie ist alles Mögliche, aber sicher kein Kind…" Don Rodolfo war das, was ich gesagt hatte, ganz offensichtlich immer unangenehmer geworden, und als ich zum Schluss kam, ließ er mich fast nicht mehr ausreden, um zwischen den Zähnen hervorzustoßen: „Im Leben, Ceporro, gibt es Dinge, in die man sich besser nicht einmischt, weil man sie nicht richtig versteht, ja, meistens versteht man sie falsch, und eines dieser Dinge ist die Freundschaft zwischen Belinda und mir, ohne dass wir verlobt sind, wir verstehen uns gut, und das ist alles. Und dass sie an den Sonntagen weint, da willst du mir wohl einen Bären aufbinden…" Wenn das so weiterging, würden wir nie zum Chino und zu Elke kommen! Und da sagte Don Rodolfo, als ob es ihm plötzlich wieder eingefallen wäre: „Für mich sind sie beide Kinder, der Chino und Elke, und du auch, ihr alle drei. Und Elke ist so etwas wie eure Cousine, nachdem Doña Lola sie adoptiert hat. Ich werde einmal mit dem Chino reden. Wenn er wirklich verliebt ist, dann muss er sich beherrschen. Das Wichtigste ist, dass er sich wie ein Kavalier verhält. Elke ist eure Cousine, und damit Schluss. Außerdem ist sie minderjährig, Ceporro, also muss er sich, wenn er wirklich in sie verliebt ist, zusammenreißen, und falls es notwendig ist, dürfen sie sich eben nicht mehr sehen …"

„Das habe ich auch gesagt, Don Rodolfo, genau das, aber er meint, dass er das nicht kann!" „Wer kann nicht?" „Der Chino. Ich habe ihm gesagt, dass er sie vergessen muss, und er meint, dass er sie unmöglich vergessen kann oder nicht mehr sehen … Was ich wissen will, Don Rodolfo, ist, ob man sich absichtlich oder unabsichtlich verliebt, denn wenn es unabsichtlich ist, welche Schuld hat dann der arme Chino? Und wenn es absichtlich ist, dann ist er verliebt, weil er verliebt sein will, und wenn er es will, kann er es ja nicht nicht wollen. Beides gleichzeitig geht doch nicht. Und Sie kennen den Chino genauso gut wie ich. Der Chino weiß, was er will, und dabei bleibt er auch!"

Don Rodolfo war jetzt mindestens so verwirrt wie ich – was ja schon nicht wenig war –, wenn nicht sogar noch mehr. Das freute mich, weil es zeigte, dass er die Schwierigkeit der Lage erkannte. Aber lange dauerte die Verwirrung bei Don Rodolfo nicht an. Don Rodolfo und der Chino sind in dieser Hinsicht ganz gleich: Von der Verwirrung wird ihnen ganz schwindlig, weil sie beide heißblütig sind, und der Blick trübt sich ihnen. „Wenn er so viel Willen hat, wie du sagst, dann gilt das, was ich gesagt habe, umso mehr. Denn der Chino darf sich jetzt auf keinen Fall etwas mit einer Frau anfangen, schon gar nicht, wo ihr drei verwandt seid, wenn auch nur durch Adoption. Das muss der Chino einsehen." Die Lösung von Don Rodolfo löste gar nichts. Daher war es besser, den Rückzug anzutreten und uns in unseren früheren Positionen zu verschanzen. Das Letzte, was ich sagte – und so verblieben Don Rodolfo und ich –, war, dass es besser wäre, dem Chino nichts von dem zu erzählen, worüber Don Rodolfo und ich geredet hatten. Don Rodolfo schwor mir oder versprach mir zumindest, dass es von ihm niemand erfahren würde. Und der Beweis dafür sind all die Dinge, die er immer im Geheimen über Paulino gewusst und doch niemandem sonst erzählt hat, obwohl er damals von den Reportern, den einheimischen wie den ausländischen, die dauernd etwas aus ihm herauslocken wollten, wie von Fliegen umschwärmt wurde. Bis zu Belinda muss dann doch etwas durchgesickert sein. Vielleicht ist ihm auch nur etwas herausgerutscht. Aber das erzähle ich dann später und nicht jetzt, bis zum Ende der Geschichte fehlt ja noch weit mehr als die Hälfte.

Wie damals mit dem Mauersegler war ich auch jetzt wieder ganz allein auf mich gestellt. Das Gefühl war ganz ähnlich, einerseits machte es mir Angst, aber gleichzeitig gefiel es mir auch. Nachdem ich Don Rodolfo gefragt hatte und dadurch auch nicht klüger geworden war, erkannte ich, dass die Sache mit dem Mauersegler und die mit dem Chino und Elke, vor allem wegen dem Chino, ganz ähnlich lagen, weil nämlich, egal was früher oder später unternommen würde, ich derjenige war, der es tun musste. Nicht einmal Don Rodolfo, der doch der Sparringpartner von Paulino Uzcudun gewesen war, wusste eine Lösung. Aber der König zu sein, heißt eben genau das: Man steht allein auf der Terrasse des königlichen Palasts, die nach Westen hinausgeht, und kann nicht aus. Man muss etwas tun, ohne dass irgendwer aus dem Hofstaat dabei helfen könnte. Ich ging eine Weile hinaus auf die Terrasse und setzte mich, damit das, was ich mir vorstellte, dasselbe war wie das, was ich tat. Da stand ich, gebeugt und mit Haaren, die über Nacht weiß geworden waren, erdrückt von der Last des Schicksals. Es ging mir nicht schlecht, aber gut auch nicht. Obwohl, um die Wahrheit zu sagen, eher gut. Kann sein, dass mein Herz plötzlich zu schlagen aufhört, dachte ich, aber es war mir vollkommen egal. Ich hätte mich sogar gefreut, wenn mein Herz stillgestanden wäre. Dann hätte der Chino sehen können, dass mich nicht einmal der Tod aufhalten konnte, weil wir eben Kameraden sind. Da kam Belinda und fragte, was ich denn da mache, dass ich nicht in der Zugluft herumsitzen sollte, weil man davon womöglich zu schielen beginnt oder sich gar eine Lungenentzündung holt. Und ich sagte, ohne mich auch nur zu ihr umzudrehen, um sie anzusehen: „Das ist mir egal, Belinda. Lenk mich nicht ab, siehst du nicht, dass ich nachdenke?" Da meinte Belinda: „Je mehr du darüber nachdenkst, desto schlimmer wird es." Ich merkte, dass sie das in einem sonderbaren Tonfall und mit viel Nachdruck sagte, ein Zeichen dafür, dass sie genau wusste, worum es ging. Dann meinte sie noch: „Schau, wenn du über das nachdenkst, was ich vermute, und darüber denkst du ganz sicher nach, ist es besser, wenn du aufhörst, dir den Kopf zu zerbrechen, mit der Zeit wird sich alles von selbst regeln. Wenn du mich gefragt hättest, die mehr vom Leben versteht als mancher andere, hätte ich dir gesagt, dass du zuerst einmal abwarten solltest, ob mit der Zeit nicht alles von selbst in Ordnung kommt. Es würde mich überraschen, wenn es nicht so wäre, weil ich viel schlimmere Fälle kenne, und egal, was die einen und die anderen gesagt haben, die Zeit heilt alle Wunden … " Ich antwortete: „Belinda, ich weiß nicht, wovon du überhaupt redest." „Ich glaube schon, dass du mich verstehst, und zwar sehr gut, aber wenn du willst, kann ich dir auch sagen, worüber du nachgedacht hast – hast du etwa nicht an deinen Cousin und die Deutsche gedacht? Wetten wir, dass du darüber nachgedacht hast?" „Schon", gab ich zu, um nicht zu lügen, und auch, um zu erfahren, was Belinda wusste oder zu wissen glaubte, weil es manchmal so aussieht, als ob sie etwas weiß, aber dann weiß sie es doch nicht. „Es war gar nicht notwendig, dass du mir das sagst, solche Dinge wissen wir Frauen einfach." Um irgendetwas zu sagen, knurrte ich: „Das würde mich wundern." Und Belinda fuhr fort: „Das braucht dich nicht zu wundern, weil ich es schon längst bemerkt habe ..." „Das kannst du jemand anderem erzählen! In Wirklichkeit hast du die ganze Geschichte von Don Rodolfo." Aber statt darauf einzugehen, sagte Belinda etwas, was mich sehr überraschte, nämlich, dass ich dümmer sei, als es die Polizei erlaubt, und gar nichts von Frauen verstünde. „Der Chino kann die Deutsche noch so gern haben, das ändert auch nichts, denn wen die Deutsche mag, das ist doch klar, wetten, du weißt nicht, wer es ist?" Aber darüber wollte ich mit Belinda nicht reden. Die Würde zu bewahren, ist das Wichtigste, und der König kann nicht einfach mit dieser oder jener schwatzen. Also sagte ich: „Belinda, zu deinem Besten, misch dich da nicht ein, denn das kann dich teuer zu stehen kommen." Und Belinda seufzte und sagte, wobei sie offensichtlich an Don Rodolfo dachte: „Herrgott, schließlich sind die Männer alle gleich!" Und da es schon Zeit für das Abendessen war, hörte ich auf, der König zu sein.

Was Belinda wortwörtlich gesagt hatte, daran konnte ich

mich nicht erinnern, aber gleichzeitig konnte ich nicht vergessen, was ich fühlte, als sie es sagte, nämlich dass ich keine Ahnung hatte, wo ich in der ganzen Sache stand. Und auch nicht, was mit jedem Einzelnen bei uns zuhause los war. Aber ich musste an dem Tag wieder an das denken, was Belinda gesagt hatte, als Elke drei kandierte Früchte mitbrachte, die vom Plumkeik übrig geblieben waren, den Tante Lola immer macht. Wir setzten uns auf den Boden, die Früchte lagen in der Mitte auf einer Serviette, sozusagen die Beute, die wir aufteilen mussten. Keiner wusste, wer zuerst zugreifen sollte. Da meinte Elke: „Sie aufessen, kommt schon, warrum habe ich sie sonst gestehlen!", worauf der Chino sagte: „Gut, wir sind drei, und es gibt drei Stück, also eine Frucht pro Person." Ich hielt den Mund, aber ich dachte mir, dass es nicht wirklich half, dass es drei waren, denn obwohl es tatsächlich drei Stück gab, waren es zwei Birnen und eine Orange. Elke sagte: „Ich nicht wollen, weil ich zu viel gegessen habe, ich bin vollerr als voll, mehr will ich nicht. Vom sie sehen wirrd mirr so schlecht, dass ich brrechen mag, ich hab sie nurr fürr ihnen gebrracht. Essen, los!" Ich hatte schon zuerst gefragt, ob ich die Orange haben könnte, weil ich mir dachte, dass den anderen beiden Birne womöglich sowieso lieber wäre. Aber da Elke ja nichts wollte, mussten wir nur unter zweien aufteilen. Also wäre es das Gerechteste gewesen, dass ich eine Birne bekam und eine der Chino, und jeder von uns je eine Hälfte von der Orange. Ich wollte sie schon mit dem Taschenmesser, das ich immer bei mir habe, in zwei gleiche Teile auseinander schneiden, aber da sagte Elke: „Halt, nicht auseinanderr schneiden, wenn du sie schneidest, bleibt nichts überr, besserr du lasst sie dir gut schmecken!" Ich schaute den Chino an, und was ich sah, war, dass er einen Laut von sich gab, als ob er seinen Speichel nicht schlucken könnte, und dann sagte er, wobei er vor Zorn rot anlief: „Das ist Scheiße! Das ist eine Ungerechtigkeit, wir losen es aus!" Aber Elke lässt es sich nicht gefallen, dass jemand das Gegenteil von dem sagt, was sie gerade gesagt hat. Sie richtete sich auf und ging in die Hocke. Da sagte ich: „Auslosen ist wirklich gerechter, Elke." Und sie sagte: „Die Teufel! Die errste, wem gehörren die Frrüchte, sag?" Und dem Chino blieb nichts anderes übrig als zuzugeben: „Dir." Und mir auch nicht, weil sie ja wirklich ihr gehörten, zumindest, solange wir sie nicht aufgeteilt hatten. Elke sagte: „Wenn das so ist, macht man, was die Besitzerrin sagt, ja oder nein?" Damit wollte sie sagen, dass es nur dann gerecht ist, das Los entscheiden zu lassen, wenn man nicht weiß, wem der Schatz eigentlich gehört, oder wenn es sich um Beute aus einem Raub oder einer Plünderung handelt, solche Sachen werden schon ausgelost. Darauf sagte der Chino: „Wie du willst." Ich sagte gar nichts, aber ich dachte mir, dass es schon richtig ist, wenn der seinen Willen bekommt, dem etwas gehört. Also nahm ich mir eine Birne. Die Orange wollte ich mir auch nehmen, aber Elke schnappte sie selbst und steckte sie mir praktisch in den Mund, so wütend war sie, und das ohne Grund. Ich dachte darüber nach, was das zu bedeuten hatte, und ehrlich gesagt, es deutete nicht allzu sehr darauf hin, dass sie den Chino mochte.

Zu denken, ohne zu reden, ist gar nicht leicht. Aber so wie die Dinge standen, hatte ich niemanden mehr, mit dem ich darüber hätte reden können. Mit wem sollte ich denn reden, wenn man mit der Großmutter und Doña Blanca einfach nicht reden kann, und bei Don Rodolfo und Belinda hatte ich schon den Großteil meines Pulvers verschossen, aber das waren alles Blindgänger gewesen. Obwohl das, was Belinda gesagt hatte, schon zu etwas gut gewesen sein dürfte, wenn ich mich auch nicht erinnern konnte, was sie eigentlich gemeint hatte und wie es mir helfen sollte. Dieses Gefühl habe ich manchmal, vor allem bei den Aufsätzen, die uns Pater Constantino aufgibt. Es ist, wie wenn man am Vortag ein Gesicht gesehen hat, aber nicht mehr sagen kann, wie es ausgesehen hat oder wer es gewesen ist. Mit dem, was Belinda gesagt hatte, ging es mir genauso. Aber so ist Belinda eben manchmal: Sie redet in einem fort, aber immer in Anspielungen, über die Bande wie beim Fronton*, wenn der Ball indirekt über die Wand gespielt wird und man nicht weiß, welche Hand man nehmen soll. Das ist für mich viel eher denken, als wenn man eine Mathematikaufgabe löst. Eine Aufgabe lösen ist mehr wie einen Wasserhahn reparieren. Man muss sich merken, wie die Schraube und das Gewinde und die sonstigen Teile aussehen, damit man nachher erkennen kann, was kaputt gegangen ist. Und da man aufpassen muss, muss man sich Zeit lassen. Denken ist dagegen wie laufen und beschleunigen, wie wenn man einen Schatz ohne Kompass oder Karte sucht und jedes Mal, wenn sich der Weg in zwei oder drei weitere Wege aufteilt, eine Münze wirft. Obwohl man eigentlich nicht nur das Los entscheiden lässt. Ein bisschen schaut man sich auch um, oder es ist einem mindestens vorher etwas aufgefallen. Einmal hat Pater Constantino uns, kaum dass er in die Klasse gekommen war, einen Aufsatz schreiben lassen. Das war in der ersten Stunde, die wir bei ihm hatten. Das Thema, das er uns vorgab, war, einen Herbsttag zu beschreiben. Eine halbe Stunde lang hatte die ganze Klasse schon eifrig geschrieben, aber ich beobachtete statt zu schreiben die Sonne, deren Licht viel klarer als im Sommer durch die Fenster der Klasse schien. Und ich bemerkte, dass alles glitzerte, sogar der Staub, der in der Luft schwebte und den man ja normalerweise gar nicht sieht. Wenn ich den Kopf ein wenig hob, konnte ich die Dächer der Häuser sehen, und die Dachziegel leuchteten so rot, als ob jemand sie mit Wachs oder Lack eingelassen hätte. Und ich sah auch, dass trotz der besonderen Klarheit, von der es so viel gab, wie man sich nur wünschen konnte, jedes Ding für sich wie eine mit dem Wischer verwischte Zeichnung wirkte. Nachdem ich das alles beobachtet hatte – wofür ich weniger als eine Minute brauchte, auch wenn ich jetzt viel länger dafür gebraucht habe, um es zu erzählen –, machte ich mich daran und beschrieb in meinem Aufsatz, was ich an einem Herbstmorgen um zehn Uhr durch das Fenster der Klasse sah. Als Pater Constantino später die Aufsätze einsammelte und sich den Anfang von jedem durchlas, hörte er auf, als er zu meinem kam, und holte mich an die Tafel. Ich musste auf dem Podest stehen und meinen Aufsatz von Anfang bis Ende vorlesen. Pater Constantino sagte, dass mein Aufsatz eine Neun verdiene – das ist die höchste Note, die er uns je gibt –, schon allein dafür, dass es der originellste und außerdem noch der zutreffendste war. „Alle beschreiben den Herbst mit Regen, Wind und schlechtem Wetter, aber der Herbst ist nicht immer so. Dieses Jahr haben wir zum Beispiel einen herrlichen Herbst." Das hat er gesagt, und was er damit sagen wollte, war, dass ich aufmerksam gewesen war und den Herbsttag so beschrieben hatte, wie er war, zumindest an diesem Tag. Das erzähle ich jetzt, weil ich es nie vergessen habe, und weil das, was ich damals gemacht habe, denken ist, das heißt, beobachten, ohne lange an etwas hängen zu bleiben. Alles läuft gut, wenn du einfach dem Faden folgst, den sie dir geben. Und das ist es eben, was ich denken nenne. Mit dem Chino war das jetzt anders, denn da musste ich nicht nur darauf achten, wie es ihm ging, sondern auch wissen, was ich ihm sagen sollte, ihm ein für alle Mal die Lösung geben, und die Wahrheit ist, dass ich umso weiter von einer Lösung entfernt war, je länger ich darüber nachdachte.

Es war ja nicht so, dass sich gar nichts tat. Es war nur so, dass es passierte, ohne dass jemand im Haus – außer dem König – es bemerkte. Die Großmutter und Doña Blanca und Don Rodolfo und Belinda waren wie immer, und die Terrasse war noch dieselbe, und die Schule mehr oder weniger wie sonst auch. Das Einzige, was sich verändert hatte, war, dass wir, ich und der Chino, die Zeit auf der Terrasse nicht mehr so verbrachten, wie wir es getan hatten, als Elke noch nicht hier war und noch niemand wusste, dass es sie überhaupt gab. Jetzt war es egal, ob sie tatsächlich da war oder nicht, weil man immer mit ihr rechnen musste. Aber es kam noch dazu, dass, wenn sie da war, wir beide uns noch mehr veränderten. Zum einen musste man mit ihr immer extrem dick auftragen, als ob Elke kurzsichtig oder taub gewesen wäre und uns nicht richtig sehen oder hören konnte. Und dabei trug Elke selbst schon dick auf, und wie! Wenn wir alle drei gleichzeitig da waren, hatte man das Gefühl, dass nur ein Wunder verhinderte, dass die Terrasse und das Stück Himmel, das genau darüber liegt –

und das mehr oder weniger einen Hektar misst – explodierten. Alles, was passierte und was wir taten, alles, was wir dachten und worüber wir sprachen, heizte sich jeden Tag noch mehr auf, als ob wir uns nur deshalb, weil Elke täglich zu uns heraufkam, in alles doppelt so sehr hineinsteigerten. Eine Sache, über die wir wochenlang fast ausschließlich redeten, war, wozu wir eine hölzerne Leiter, die die Maler vergessen hatten, am besten verwenden könnten. Und da zufällig gerade damals die Matratze von Belindas Bett durch eine neue ersetzt wurde, schlug ich zu und schob die alte Matratze unter mein Bett, bevor es der Portier merken und heraufkommen konnte, um sie sich zu holen, wie er es mit vielen Sachen macht, die wir wegwerfen und die er dann verkauft. Wir redeten darüber, die Matratze und die Leiter zu verwenden, um den Mount Everest zu besteigen, das war die höchste Stelle am Dach, wo der Blitzableiter ist. Wir hatten alles geplant, Tag für Tag, Etappe für Etappe, und die Matratze wollten wir verwenden, um sie in zwei Unterlagen zu zerschneiden, eine große für den Chino und mich und eine kleinere für Elke, weil sie eine Frau ist. Und das passte Elke überhaupt nicht, schon allein deswegen gab es von Anfang an Streit, weil Elke behauptete, dass alle, die den Everest besteigen, gleich sind, egal ob Mann oder Frau, und sie seien ja auch gleich angezogen, alle in Hosen und Stiefeln, um besser klettern zu können. Und der Chino schaltete auch von Anfang an auf stur und meinte, dass es da wohl doch einen Unterschied gäbe, denn wenn an einer Expedition Frauen teilnahmen, hörten sie deshalb doch nicht auf, Frauen zu sein und gemeinsam in einem anderen Zelt zu schlafen und zu kochen und das Lager in Ordnung zu halten. Und teilweise hatte der Chino da ja Recht, falls es Frauen gab, die sich tatsächlich trauten, den Everest zu besteigen – und es würde mich sehr wundern, dass sie sich das jemals trauen sollten. Aber Elke hatte auch Recht in einer Sache, nämlich darin, dass sie, wenn wir alle anderen Männer waren und sie die einzige Frau, es nicht gerade lustig haben würde, wenn sie ständig abwaschen und in der Nacht allein in ihrem Zelt schlafen müsste. Glücklicherweise konnte ich die Situation ein bisschen beruhigen, indem ich sagte, dass wir nur ein Zelt mitnehmen und in der Nacht zur Trennung zwischen uns eine Decke unter dem Dach aufhängen würden. Über die Bekleidung, die wir tragen würden, redeten wir ebenfalls viel, fast am meisten, weil auf dem Everest über dreitausend Metern ewiger Schnee liegt, der eine gelbliche Farbe hat, weil er schon seit Jahrtausenden nicht mehr aufgetaut ist. Über alle diese Dinge redeten wir, während wir, zahlreiche Friedenspfeifen rauchend, um das Feuer saßen, das einen halben Meter von unseren Füßen weg brannte und durch einen kleinen Steinkreis geschützt war. Es war der Chino, der immer am meisten von den Gefahren redete, wobei er jedes Mal, wenn er damit anfing, Elke aus dem Augenwinkel ansah, bis Elke schließlich sagte: „Der Gefahren können mirr!" Ich musste lachen, wegen ihres Akzents, aber der Chino sah ziemlich finster drein, weil er es nicht mag, wenn Mädchen Schimpfwörter verwenden, und weil Elke, so weit ich weiß, von allen Frauen auf der Welt am hässlichsten redet. Dem Chino sah man es an, dass ihm die ganze Sache gar nicht gefiel, obwohl er es nicht sagte, eher hätte er sich umbringen lassen, als etwas Schlechtes über Elke zu sagen! Wie man sieht, war die Lage mehr als angespannt. Und das wurde noch schlimmer an dem Tag, an dem wir schließlich unseren Plan in die Tat umsetzen wollten. Das war ein Samstag.

Als wir mittags nach Hause kamen, sagte uns Belinda gleich, als sie uns die Tür öffnete, dass Elke schon seit mehr als einer Stunde auf der Terrasse auf uns wartete. Als wir sie sahen, erstarrten wir zu Stein. Der Chino sah sie von Kopf bis Fuß an, also von oben bis unten, und war wie gelähmt von dem Anblick, und ich genauso. Sie war als Eskimo verkleidet: Ihr ganzer Körper war in Felle gewickelt, bis auf den Kopf, um den sie eine weiße Binde mit einem schwarzen Punkt in der Mitte trug, wie die Selbstmordkamikaze. Da keiner von uns den Mund aufbrachte, sagte Elke schließlich: „Was schaust du! Vielleicht habe ich Drecke im Gesicht…?" Und ich antwortete: „Nein, Elke, im Gegenteil, du siehst gut aus", obwohl ich einige Zeit brauchte, bis ich es herausbrachte, und währenddessen konnte man sehen, dass Elke sich nicht sicher war, ob sie uns in diesem Aufzug gefiel. Das merkte man daran, dass sie den linken Fuß hinter den rechten hakte und dabei das linke Bein wie ein Schlangenmensch um das rechte wickelte. Mit hängendem Kopf blickte sie stur auf den Boden und hielt die Hände hinter dem Rücken verschränkt. Ich kann sie ziemlich gut nachmachen, obwohl ganz auch wieder nicht, weil dann dürften meine Muskeln an den Waden und am Oberschenkel nicht so sehr hervortreten, und das geht schwer, weil meine Muskeln die von einem Mann sind. Aber so blieb sie höchstens eine Minute, weil sie, bevor wir noch reagieren konnten, einen Satz machte und eine Haltung einnahm, die beim Turnen nach Stillgestanden kommt, mit breiten Beinen, die Arme entweder nach vor oder nach oben oder vor der Brust gekreuzt, oder, wie

Elke es machte, indem man die Hände in die Hüfte stützt, wobei man den Daumen jeder Hand in den Gürtel einhakt und die anderen Finger steif lässt. In Japan ist das die vorgeschriebene Haltung der Piloten, die sich von Hirohito verabschieden. Aber als sie sah, dass wir uns noch immer nicht rührten und sie nur weiter anstarrten, machte Elke noch einen Satz, nahm Haltung an und schrie: „Was die Teufel schaust du blöd!" Und das war ehrlich gesagt gut so, weil ich jetzt ihren Fehler nachmachen und sagen konnte: „Was heißt hier die Teufel oder das Teufel, wann lernst du denn endlich richtig reden!" Damit war das Eis gebrochen. Wir machten es uns alle drei bequem, und Elke sah den Chino unverwandt an und meinte: „Seit diese Momente ich bin chica nicht!", was ich simultan übersetzte, weil der Chino das, was Elke aus beiden Sprachen zusammenmischt, nie kapiert: dass Elke gesagt hatte, sie würde von dieser Minute an nie mehr ein Mädchen sein. Der arme Chino meinte nur: „Das tut mir Leid." Aber es blieb ihm gar keine Zeit zu leiden, weil Elke jetzt anfing, mit großen Schritten auf und ab zu laufen, und tatsächlich hatte sie von einem Mädchen nicht einmal mehr die Zöpfe. Ihre Augen waren jetzt schwarz, und am Kopf ragte über der Binde der Haarschopf heraus, der auch nicht mehr blond aussah. Da sagte der Chino: „Also gut, machen wir also, was wir gesagt haben…", und schnappte sich ohne weiteres die Leiter und lehnte sie gegen den Vorsprung der Terrassenmauer. Es fehlte noch ein halber Meter bis zur Dachkante, also der ersten Etappe bei der Ersteigung des Everest. Ab da würde der Weg nur mehr über Dachschindeln führen, bis die Expedition den Scheitelpunkt erreichte, dazu kann man auch Gipfel oder Spitze oder höchster Punkt sagen, was im Grunde alles dasselbe ist. Wir hatten beschlossen, den fehlenden halben Meter zu überwinden, indem wir uns hochzogen, und so schon am Anfang der Expedition, falls notwendig, unser Leben zu riskieren. An diesem Punkt brach dann der Streit aus, der immer schon, seit Beginn der Planung der Expedition, am Schwelen gewesen war: Das Problem war, was Elke tun sollte. Das war es, was ich jetzt wissen wollte, jetzt aber wirklich, und deshalb fragte ich alle im Lager dasselbe: „Was macht dann Elke, steigt sie hinauf oder bleibt sie unten, oder was?" In diesem Moment übernahm der Chino das Kommando und sagte Elke ganz deutlich, was er sich wirklich dachte: „Elke, während der da und ich hinaufsteigen, ist es besser, wenn du im Lager bleibst und dich um den Proviant kümmerst. Wenn du willst, kannst du die Suppe aufwärmen, das Basislager ist das Wichtigste, dafür muss unbedingt jemand sorgen …" Aber man konnte sehen, dass Elke die Lunte und die Falle sofort roch. Deshalb sagte sie: „Viele Scheiß!" – womit sie sagen wollte, dass der Chino sich seine Suppe selber wärmen konnte. Und um es ihm zu beweisen, nahm sie die spanische Fahne, die wir dabei hatten, wand sie sich um die Taille, wobei sie sie gut im Gürtel feststeckte, und mit einem einzigen Satz war sie auf der Leiter, gleich auf der sechsten Sprosse. Als wir wieder klar denken konnten, war Elke schon ganz oben auf der ziemlich wackligen Leiter. Sie stand da auf den Zehenspitzen, hatte die Hände und Unterarme auf die Dachkante gestützt und holte Schwung, um sich hochzustemmen. Von unten brüllte der Chino Anweisungen, und obwohl er die Hände wie einen Trichter vor den Mund hielt, konnte man ihn wegen dem eisigen Wind, der in dieser Höhe weht, kaum hören. Elke hörte ihn jedenfalls nicht, glaube ich. Die Wortfetzen, die die Windböen vom Gipfel ab und zu bis zu mir wehten, waren immer wieder die gleichen: „Elke, komm runter, bitte, ich bitte dich, hörst du mich, du musst gar nichts beweisen, wir sehen ja, dass du hinaufklettern kannst, komm runter, Elke, bitte, die Leiter bricht womöglich gleich ...“ Aber es war umsonst, weil Elke ihn nicht hörte und sie es außerdem mehr mit der Kraft ihres Willens als mit der ihrer Muskeln geschafft hatte, sich auf das Dach hochzuziehen. Von dort beobachtete sie uns wie ein zum Sprung bereiter Tiger, der auf allen Vieren halb kauernd, halb aufgerichtet auf einem Ast lauert, und natürlich war sie jetzt zu allem entschlossen. Es war nur so, dass das Schlimmste noch vor ihr lag! Was das bedeutete, kann man sich vielleicht besser vorstellen, wenn ich sage, dass ich, der ich noch nie zuvor in meinem Leben erfahren hatte, was Angst ist, spürte, wie es mir vor Entsetzen heiß und kalt den Rücken hinunterlief. Was der Chino fühlte, will ich lieber gar nicht beschreiben. Und da konnte es der Chino nicht mehr länger aushalten, sie dort kauern zu sehen, und mit dem Schreckensschrei eines in die Enge getriebenen wilden Tiers kletterte auch er die Leiter hinauf, wahrscheinlich, um Elke zu fassen zu bekommen, wenn auch nur am Fuß. Der arme Chino war fix und fertig! Elke tat nichts, außer dass sie ein bisschen weiter zurückwich und ihn im übrigen kalt anblickte. Der Chino schrie mit so rauer Stimme, dass die Wörter wie hervorgepresst klangen: „Wenn du nicht sofort da runterkommst, Elke, komme ich rauf und zerr dich herunter!“ Und im ganzen Himalaja hörte man das Echo von „herunter“ zurückhallen, und es klang immer mehr wie „runter-runter-runter“, je öfter es von den Kanten der Felsen zurückprallte. Ich kann nur sagen, dass der Tod zum Greifen nahe in der Luft lag! Ich, der ich bis dahin bewusst einige Kilometer hinter der Front zurückgeblieben war, wo sich im Allgemeinen der Generalstab, die Intendanz und die Funker einrichten, trat freiwillig einen Schritt vor und stieg ebenfalls die Leiter hinauf. „Lass sie in Ruhe, Chino, das ist ein Befehl, sie weiß schon, was sie tut!" „Was will die schon wissen, du Idiot, schau sie doch nur an, wie sie auf allen Vieren hinaufklettert!", brachte der Chino nur mit Mühe heraus, da er sich nicht einmal umzudrehen wagte, um zu sehen, mit wem er da redete. Und er hatte Recht: Elke krabbelte auf allen Vieren, das verrückte Huhn, und bei jedem zweiten Schritt rutschte sie aus. Wenn das nicht heldenhaft war, dann weiß ich nicht, was sonst heldenhaft sein soll! Und noch dazu geschah das alles wirklich! Vor lauter Rührung stiegen mir Tränen in die Augen, als mir bewusst wurde, dass leider alles tragisch enden würde, also so wie im Kino, aber eben wirklich. Ich kniff beide Augen zu, damit man nicht sehen konnte, dass ich weinte, und als ich sie wieder öffnete, sah ich den Chino: Vor dem orangeroten Himmel, der fast blau wirkte, wie das Rot der Flammen eines Lagerfeuers – das ist die gleiche Farbe, die die Sonne beim Untergehen in Indien hat – hob sich einsam sein halber Körper ab. Und da begriff ich, wie allein ein Anführer ist. Der Chino war allein auf dem eisigen Sims, während die Nacht anbrach und unten das Lager kaum mehr zu sehen war. Allein wenn man an die Höhe dachte, wurde einem ganz schwindlig. Vor ihm lagen nur mehr die Dachziegel und Elke und ganz oben der Blitzableiter, der uns überhaupt nicht weiterhalf. Und der Chino hatte es auch noch selbst zu verantworten, weil er gesagt hatte, was ein echter Mann ist, der soll einen Schritt nach vorn tun. Und Elke hatte als Erste den Schritt nach vorn gemacht, ohne auch nur zu zögern, und jetzt kletterte sie auf allen Vieren vorwärts und rutschte wieder ab und kämpfte sich so Meter um Meter vor. Zwei Meter vor, einen halben zurück, so kam sie immer langsamer voran. Ich konnte sehen, dass das Schlimmste begonnen hatte. Ich stieg noch drei Sprossen hinauf, und wenn ich den Arm ausstreckte, konnte ich den Chino von der Seite her berühren, also nützte ich die Gelegenheit, um ihm auf den Rücken zu klopfen, wenn auch eher auf der Höhe der Hüfte, damit er sich nicht so einsam fühlte. Ganz genau kann ich mich nicht erinnern, aber ich glaube, dass ich zu ihm sagte: „Mach dir keine Sorgen, Chino, wir werden siegen!" Ich denke nicht, dass er mich damals wirklich gehört hat, weil er sicher Kopfweh von den Dämpfen der Karbidlampe hatte, die gerade genug Licht gab, um die Karten studieren zu können, und so Nacht um Nacht, ohne sich je zu beklagen. So weit weg war er, dass er mich gar nicht hörte! Sein ganzer Körper war von den Füßen bis zum Kopf gefühllos von der Last der Verantwortung und der Tragik des Geschehens. Und das, obwohl noch gar nichts geschehen war! Und da löste sich plötzlich ein Dachziegel wie ein Zahn, wenn man zu fest putzt, und in nur einer Sekunde zersprang er in tausend Teile, als er unten auf dem Terrassenboden aufschlug! Es verging eine weitere Sekunde, und noch ein Dachziegel löste sich und zersprang. So entstehen normalerweise Schneelawinen: Jeder Ziegel, der abrutscht, hinterlässt eine Lücke, die ihrerseits wieder einen Ziegel ansaugt, der wieder eine Lücke hinterlässt, die jetzt aber schon doppelt so groß ist und immer schneller die ganze Ziegelreihe wegsaugt, und das geht immer so weiter, bis die ganze Schneemasse, die sich tausende Jahre nicht bewegt hat, das Basislager überrollt. Schnell überschlug ich auf Grundlage der winzigen Ziegelsplitter, die über den Boden verstreut lagen, die Beschleunigungsgeschwindigkeit, mit der das ganze Dach auf einmal durch sein eigenes Gewicht und dank dem Gesetz der Schwerkraft herunterkommen würde, wenn wir so weitermachten. Und dafür, dass sich die Lage ändern würde, gab es leider keine Anzeichen! Elke hatte sich auf eine kleine Hochebene gekauert, die von einer Regenrinne gebildet wurde, die wir bei der Erstellung des Plans nicht einbezogen hatten, und hatte sich dort verschanzt. Das gab uns wenigstens eine kurze Verschnaufpause. Zumindest ich und der Chino verschnauften und nutzten die Gelegenheit gleich, um ein bisschen Reserveluft zu tanken. Ich weiß nicht, was Elke tat, ob sie auch atmete oder was sonst. Vielleicht kümmerte sie sich gar nicht ums Atmen, vor lauter Sturheit. Was sie auf jeden Fall tat, war, selbst wenn man sie kaum hörte, laut zu juchzen: „Hurra, hurra ...!", mehr konnten wir zuerst nicht verstehen. „Vielleicht redet sie deutsch mit dir, Chino", schrie ich dem Chino zu, damit er endlich aufhörte mit dem „was-was-wie-wie-was-was", davon wurde ich allein schon nervös. Aber damit erreichte ich nur, dass sich der Chino, als er mich hörte, zu mir umdrehte und mich mit dem „was-was-wie-wie" zu löchern anfing, obwohl er mich sehr gut hören konnte, weil die Entfernung zwischen uns beiden schließlich nicht so groß war. Also wiederholte ich, indem ich die Worte ganz deutlich aussprach: „Ich habe gesagt, Chino, dass sie vielleicht mit dir deutsch redet! Das ist schließlich ihre Muttersprache, und in den letzten Sekunden ist das im Allgemeinen die Sprache, die man verwendet. Hast du mich jetzt gehört oder nicht?" Ich musste aufhören, Fragen zu stellen, denn das Wichtigste in solchen Fällen ist, dass man wenigstens versucht zu verstehen, was der andere sagt. Wenn das nicht mehr geht, dann geht gar nichts mehr, da braucht man auch nichts mehr zu sagen. Der Chino hatte mich gehört, weil er sagte: „Halt den Mund, Ceporro, du lässt mich ja nicht hören, was Elke sagt!" Jetzt musste ich mich auch noch von ihm anschnauzen lassen, nur weil ich ihm einen guten Rat gegeben hatte! Da er aber der Chino ist, hielt ich den Mund. Sonst hätte ich so was nie auf mir sitzen lassen! Und jetzt konnte man Elke hören, wie wenn sie sehr laut durch eine verschlossene Tür aus einem anderen Zimmer gesprochen hätte. Doch was sie sagte, ließ uns erstarren: „Chino, wenn du willst, dass ich die Everrest rrunterkomme, sag zuerrst, dass keine Frau ich bin, schon garr nicht Mädchen, schwörre es, oder ins Lagerr rrunterkomme ich selbst nie wiederr!" Und der arme Chino schaute mich dauernd nur an mit seinen großen Soldaten- und Hundeaugen, weil er fast gar nichts verstanden hatte. „Ich versteh nicht, was sie da sagt. Verstehst du sie?" Meine Pflicht war, es zu wissen, und daher wusste ich es auch: „Elke sagt, dass sie vorhat, dort oben die ganze Nacht zu verbringen und wenn nötig zu verhungern, wenn du nicht zugibst, dass sie ein Mädchen ist!" War es nun das, oder war es das genaue Gegenteil von dem, was Elke wollte, dass der Chino es schwören sollte, damit sie wieder herunterkäme? Da der Chino nichts weiter tat, als zu sagen „Aber das geb ich ja zu!", übersetzte ich sicherheitshalber die Botschaft von Elke noch einmal, nur dass ich sie umdrehte, so wie man das macht, wenn man die Sätze ins Passiv umformt: „Elke schwört, dass sie nicht eher herunter kommt, als bis du zugibst, dass sie *kein* Mädchen ist!" Der arme Chino fühlte sich wohl so in die Enge getrieben und entwaffnet, dass er mich bat, Elke zu übersetzen, dass er ihr alles schwören würde, solange sie nur wieder vom Dach herunterkäme. Ich hatte gerade begonnen, das zu übersetzen, als sich drei oder vier Dachziegel lösten und zusammen auf dem Boden zersprangen. Das ist die Lawine – dachte ich –, die uns überrollen wird! Und ich weiß nicht wieso, aber in diesem Moment musste ich an die Großmutter und Doña Blanca denken – wie es so geht im Leben! Ich erinnerte mich, dass die Großmutter einmal gesagt hatte, dass heutzutage niemand mehr eine Ahnung davon hat, wie ein Dach neu zu decken ist oder wie man die Ziegel richtig mit Putz verschmiert, weil der Dachdecker nur möglichst schnell fertig werden und sein Geld kassieren will, aber wie das Dach aussieht, ist ihm egal. Und das Dach sieht schlecht aus, die Ziegel werden nur von Stiften zusammengehalten, es gibt keine Sicherheit, dass es auch nur einen Tag halten wird. Damit sich die Ziegel lösen, braucht es keinen Sturm, eine leichte Brise reicht vollkommen. Deshalb hörte die Großmutter in der Nacht auch die neuen Ziegel klappern wie löchrige Zähne… Und ich dachte, es war schon komisch, dass ich trotz der Gefahr, in der sich die Expedition auf dem Everest befand, an die Großmutter dachte. Und dann dachte ich, dass das vielleicht ein Zeichen dafür war, dass keiner von uns überleben würde…

Inzwischen hatte der Chino begonnen, sich seinerseits auf allen Vieren an Elke heranzuschleichen, um sie unbemerkt zu fassen zu bekommen, denke ich, wenn sie einen Moment nicht aufpasste, aber nicht einmal in so einem Moment kann der Chino seine Offenheit und seinen Anstand ablegen: Selbst bei einem Überraschungsangriff sieht man ihn schon eine Stunde vorher kommen. Und Elke war keine, die einfach abgewartet hätte, ohne einen Gegenangriff zu planen! Aber bei der Planung ihrer Verteidigung ging sie eindeutig zu weit, sie verlegte sich vor allem auf Fußtritte, ein Abfolge von rechtem Bein, linkem Bein und beiden Beinen zusammen im Dreiertakt, aber nicht immer in derselben Reihenfolge, sondern so, wie es ihr gerade einfiel. Dabei klammerte sie sich die ganze Zeit mit einer Hand oder beiden an der Regenrinne fest, die gerade noch standhielt, wenn auch ziemlich knirschend, wegen ihres Alters. Und das muss auch gesagt sein, weil man nichts auslassen soll: Dieser Gegenangriff mit dreifacher Fußtritt-Technik war beeindruckend und beängstigend gleichzeitig, beides in gleichem Maße, obwohl meine Bewunderung vielleicht überwog. Elke strampelte unermüdlich, aber nicht gleichmäßig, sondern eher ruckartig. Es war unmöglich vorauszusehen, wann der nächste Tritt folgen würde, oder ob sie beim nächsten Mal dasselbe Bein verwenden würde oder ein anderes oder keines, weil sie manchmal plötzlich aufhörte. Das war es wohl – und von meinem Platz aus konnte man das genau erkennen –, was dem Chino am meisten zu schaffen machte und womit er am wenigsten zurechtkam. Jedes Mal, wenn Elke mit dem Treten kurz aufhörte, unterbrach der arme Chino seinen Angriff, was nur dazu führte, dass Elke sich etwas erholen, durchatmen und jedes Mal noch triumphaler „Karramba" schreien konnte. Aber dann entschloss sich der Chino ernsthaft zum Angriff, und zwar ganz wie ich es erwartet hatte, dass er angreifen würde, wie es aber meiner Meinung nach völlig falsch war: Er befahl der Division, im Sturm anzugreifen, und warf die Masse seiner mordenden und brandschatzenden Truppen in die Schlacht, er an der Spitze. An den großartigen Tritt, den Elke ihm aus der Grätsche heraus verpasste, werde ich mich noch viele Jahre erinnern. Der Tritt erwischte den Chino genau in der Mitte der Brust und katapultierte ihn erbarmungslos auf den Rücken. Das Einzige, womit Elke nicht gerechnet hatte, war, dass durch die Wucht der Abwehr die Rinne, an die sie sich klammerte, nachgeben würde. Damit hatte sie nicht gerechnet, und den Schrecken, den sie bekam, sah man ihr gleich an, denn in dem Maß, wie sich die Rinne krümmte, krümmte sich auch Elke mit ihr. Dem Chino war es gelungen, seine Rutschfahrt zu bremsen und sich, ich weiß nicht wie, an den Ziegeln festzukrallen. Aber statt sich aufzurichten und sie zum Beispiel mit einem Schlag mit der Handkante in den Nacken niederzustrecken – ein Schlag, der laut Don Rodolfo immer wirkt –, blieb er wie angenagelt an der Stelle, wo er war: „Halt noch ein bisschen durch, Elke, bis ich unten bin, und dann lässt du dich auf mich fallen, bevor die Regenrinne ganz nachgibt!" Aber statt ihm dafür dankbar zu sein, antwortete Elke nur: „Mir lieberr ist sterrben als mich fallen lassen wie fauler Apfel", was der Chino aber gar nicht hörte, weil er es so eilig hatte herunterzuklettern, um sie aufzufangen, und mich zu schicken, die Matratze an die Stelle zu legen, auf die Elke herunterfallen würde. Dass sie abstürzen würde, daran gab es keinen Zweifel mehr. Was wir nicht ahnten, war, was sich dieses verrückte Huhn für diesen Fall ausgedacht hatte: Falls sie den Halt an der Regenrinne oder sonst wo verlieren sollte, wollte sie sich, statt sich heruntergleiten zu lassen, gleich kopfüber herunter stürzen. Und das tat sie dann auch, als sie hörte, dass die Rinne krachend abriss: Ich weiß nicht, wie sie das angestellt hat, jedenfalls landete sie wie ein Wasserflugzeug Kopf voraus auf dem Bauch und überraschte so mich, den Chino und die Matratze, alle drei gleichzeitig, und sie verursachte einen Wellengang, bei dem die kleinsten Wellen sechs Meter hoch waren. Zu allem Unglück kam die Regenrinne, die nun ganz abgerissen war, in ihrer ganzen Länge auf uns herunter, und alle zusammen bildeten wir ein Knäuel, die Rinne, wir drei, die Matratze und die Leiter, die zu allem Überfluss auch noch umgefallen war…

Was es nach einem Bombenangriff, nachdem die letzte Bombe abgeworfen worden ist, im Überfluss gibt, sind Brände und viel Staub von den eingestürzten Mauern. Und am Anfang hört man auch nichts, nicht einmal die Sirenen der Rettungsautos, nicht einmal die. Man hat nur das Gefühl, dass man erstickt, und hört ab und zu die Schreie eines Opfers. So ging es uns dreien auch. Den Staub hatte die Regenrinne zusammen mit der Matratze aufgewirbelt, die Schreie waren, glaube ich, von Elke. Der Erste, der sich herauswand, war ich, wenn auch hinkend. Und das Erste, was ich sah, waren nicht das Rote Kreuz und die Feuerwehr, sondern eine Reihe von Personen, die wie aufgefädelt dastanden und seelenruhig die Szene betrachteten. Ich wischte mir mit der Hand über das Gesicht, und als ich wieder klar sah, erkannte ich die Großmutter, Doña Blanca, Don Rodolfo und Belinda, die begannen, in umgekehrter Reihenfolge herumzuschreien. Aber aus Mitleid, echtem Mitleid mit den Verwundeten und Opfern tat es nur Belinda. Was Don Rodolfo zuerst schrie, weiß ich nicht, aber Doña Blanca verstand ich klar und deutlich: „Um Gottes willen, sie haben ja das ganze Dach heruntergerissen.

Und bei dem, was ein einfacher Hilfsarbeiter heutzutage kostet, Heilige Jungfrau!" Und die Großmutter schrie: „Was ist hier los, redet schon, ich will es sofort wissen!" Da ich ihr es sicher nicht sagen würde, wo doch vielleicht noch ungeborgene Opfer unter den Trümmern lagen, drehte ich mich einfach um und begann herumzuwühlen in dem Durcheinander von Regenrinne, Leiter, Matratze und Chino, der sich inzwischen auch aufgerappelt und anscheinend nicht einmal einen Kratzer abbekommen hatte. Und das ließ mich sofort das Schlimmste befürchten: Womöglich hatte er eine Gehirnerschütterung von der schlimmsten Sorte und war davon blind und stumm geworden. Ich trat zu ihm und sagte gleich einmal: „Chino, Chino, du erkennst mich doch, oder?" Ich dachte mir, dass vielleicht der Schock, mich so vor sich zu sehen, ihm helfen würde, sein Gedächtnis wiederzuerlangen. Er erkannte mich, sobald er mich sah, Gott sei Dank. Wen er anscheinend nicht erkannte, waren die anderen, weil er sie zwar ansah, aber nichts zu ihnen sagte, nicht einmal Hallo. Er sagte nur: „Wo ist Elke?", und dann begann er sie – ganz wahnsinnig vor Angst – unter der Matratze zu suchen, aber Elke war nicht darunter und nicht darauf. Als er sie endlich fand, war sie ein kleines Häufchen Elend, und wegen der schweren Leiter, die quer über ihrem Bauch lag, konnte sie auch nicht aufstehen. Da erkannte ich, obwohl ich hinkte und, glaube ich, auch Blut verloren hatte, wie die Lage wirklich war. Denn obwohl Samstag war, war Don Rodolfo in Uniform und ein bisschen bedient, wenn auch nicht so sehr wie sonst manchmal. Und da das, was vorgefallen war, eher einem Krieg oder einem Kampf glich als einem Familientreffen, übernahm natürlich Don Rodolfo das Kommando und wandte sich zuerst der Großmutter zu, die ihm, womit er auch völlig Recht hatte, die Älteste zu sein schien. „Gehen Sie hinein, gnädige Frau, gehen Sie hinein, damit Sie sich nicht erkälten!" Aber so kann man mit der Großmutter nicht reden. Statt zu gehorchen, fuhr sie auf: „Gehen Sie doch hinein, wenn Sie wollen, mir gehört dieses Haus, und ich will wissen, was hier los ist!" Und da musste Doña Blanca auch noch nachsetzen: „Das Haus gehört ihr, Don Rodolfo, ihr gehört das Haus!" Das wusste Don Rodolfo schon, und alle anderen auch. Dass Doña Blanca es ein paarmal wiederholte, machte die Dinge nur noch schlimmer. Es gibt nichts Schlimmeres, als dummes Zeug zu schwatzen, wenn die Großmutter dabei ist, sich in Rage zu reden. Und für die Großmutter ist alles eine Dummheit, ob man ihr jetzt Recht gibt oder nicht. In so einem Fall ist es für die Großmutter eine Dummheit, überhaupt den Mund aufzumachen. Bevor sie also mit Don Rodolfo endgültig abrechnete, machte sie eine Wendung um hundertachtzig Grad, um zuerst Doña Blanca zurechtzuweisen: „Red keinen Unsinn, Blanca, Don Rodolfo weiß sehr gut, wer ich bin!" Don Rodolfo gefiel die ganze Sache von Minute zu Minute weniger: Die Großmutter und Doña Blanca waren schließlich erstens Frauen, zweitens alt und drittens Zivilisten. Er hingegen war Anführer einer Zenturie*, und daher war es seine Aufgabe, das Kommando zu übernehmen, und abgesehen davon ging es ihm an diesem Nachmittag auch nicht so besonders. Der Chino und ich sahen uns an und begriffen, was Sache war, als er mit übertriebener Korrektheit und überlautem Hackenknallen vor der Großmutter Haltung annahm: „Gnädige Frau, diese Einheit kommandiere ich. Ich übernehme die volle Verantwortung für die Vorfälle!" Solche Reden machen aber auf die Großmutter überhaupt keinen Eindruck. Statt Don Rodolfo zu antworten, trat sie ihrerseits einen Schritt vor und sagte in unsere Richtung: „Was habt ihr denn jetzt wieder angestellt? Das möchte ich jetzt sofort wissen! Der Schuldige soll es mir lieber gleich sagen!" Wenn eine Einheit gleichzeitig zwei vollkommen verschiedenen Vorgesetzten gehorchen soll – und verschiedener können zwei nicht sein als Don Rodolfo und die Großmutter! –, wählt sie im Allgemeinen den Rückzug und gehorcht keinem von beiden. Aber ich wusste, dass die Großmutter das auch weiß. Deshalb wunderte es mich gar nicht, dass sie Don Rodolfo fest in die Augen sah und nur sagte: „Don Rodolfo, tun Sie mir den Gefallen…!" Don Rodolfo zögerte mit seiner Antwort und runzelte die Stirn. Belinda hatte nichts Besseres zu tun, als alles noch schlimmer zu machen, indem sie ihn am Arm fasste und zu flüstern begann, denn das ist das Letzte, was man tun sollte, wenn Don Rodolfo unter Hochspannung steht… Aber Gott sei Dank kam es nicht so weit. Don Rodolfo ist ein vollendeter Kavalier. Nachdem er einen Moment gebraucht hatte, um seine Fassung wieder zu gewinnen, rief er nur: „Zu Befehl, gnädige Frau…!" und streckte dabei den Arm so energisch, wie er nur konnte, in die Höhe. Die Großmutter hatte gewonnen. Der Sieg stimmte sie milder, so dass sie, statt uns auszuschimpfen, sich gleich an Elke wandte und sie fragte, ob sie sich wehgetan habe, was denn los sei, dass sie noch immer so dalag.

Alles endete also halb-halb. Halb gut, weil die Großmutter jetzt, wo sie sich um Elke Sorgen machte, aufhörte, sich um das Dach Sorgen zu machen und sich darum zu kümmern, wer denn nun daran schuld war. Halb schlecht, weil es der Hauptschuldigen – und das war Elke, obwohl weder ich noch der Chino sie jemals verraten hätten – schlecht ging, viel schlechter, als wir am Anfang dachten. Alle zusammen halfen wir ihr von der Terrasse ins Wohnzimmer der Großmutter und in einen Sessel. Und während dieser ganzen Zeit jammerte Elke nicht ein einziges Mal. Aber als wir sie in den Sessel setzten, stieß sie, ich weiß nicht wie, mit dem Kopf an die Lehne, mit dem Rücken wohl auch, und stöhnte auf, dass uns allen das Blut in den Adern gefror. Die Binde hatte sie immer noch um den Kopf, aber die Haare standen jetzt nicht mehr zu einem Schopf hoch, sondern hingen wirr herunter, als ob sie sie gerade gewaschen hätte. „Das Beste wird sein, sie nicht zu bewegen", sagte die Großmutter und schickte Belinda nach einem Arzt, dem Hausarzt, Tante Lola hat ja denselben wie wir. Während wir warteten, saßen wir herum, ohne etwas zu sagen. Die Zeit schien nicht vergehen zu wollen. Wir verständigten Tante Lola, und als sie Elke mit der weißen Binde sah, glaubte sie, dass sie sich den Schädel gebrochen hätte, und fing an zu schreien: „Mein Gott!", und hörte nicht auf, bis wir ihr hundert Mal erklärt hatten, dass die Binde eine Verkleidung war und kein Verband. Als der Arzt kam, gingen wir alle aus dem Zimmer, bis auf die Großmutter, Belinda, Doña Blanca und Tante Lola. Weil sie nämlich Frauen sind, macht es nichts, wenn sie bei der Untersuchung zusehen. Nach einer Weile kam der Arzt heraus, und er und Don Rodolfo trugen Elke gemeinsam in die Wohnung von Tante Lola hinunter. Er sagte zwar, dass wir uns keine Sorgen machen sollten, dass sie vor allem einen großen Schreck bekommen habe, dass wir daraus für das nächste Mal lernen sollten, dass man nicht auf dem Dach herumklettert – das alles sagte der Arzt in einem Atemzug, während er uns über den Rand seiner Brille hinweg ansah –, aber der Chino und ich machten uns trotzdem genauso viel Sorgen, wenn nicht sogar mehr. Denn es war schon seltsam, sehr seltsam sogar, dass Elke außer dem einen Stöhnen die ganze Zeit über gar nichts gesagt hatte. „Vielleicht ist Elke jetzt durch den Aufprall nicht mehr richtig im Kopf", sagte der Chino zu mir, als wir schließlich allein waren. Um ihn zu beruhigen, sagte ich: „Ich glaube nicht. So hoch war es auch wieder nicht!" Und der Chino sagte: „Zu viel, das war es." Jedenfalls musste Elke am nächsten Tag noch immer im Bett bleiben. Und so vergingen einige Tage.

Beide gingen wir jeden Tag hinunter, um uns nach ihr zu erkundigen, und die Antwort war immer dieselbe: Elke brauchte immer noch Bettruhe. Am vierten Tag sagte ich so gegen sechs Uhr, das war mehr oder weniger die Zeit, zu der wir immer hinuntergingen, noch bevor Don Rodolfo kam, zum Chino: „Schau, Chino, es ist besser, wenn ich allein hinuntergehe. Wenn wir beide vor der Tür stehen, lässt uns Tante Lola sicher wieder nicht zu ihr hinein, weil sie womöglich glaubt, dass wir beide sie zu sehr aufregen. Wenn ich allein gehe, kann ich mich vielleicht in ihr Schlafzimmer schleichen …" Und da der Chino immer meint, dass ich in solchen Dingen gerissener bin, war er damit einverstanden, dass ich allein hinunterging, weil es so einfach nicht weitergehen konnte. Und das stimmte, dass wir nicht so weitermachen konnten, vor allem der Chino nicht, weil Elke ja die Frau war, die er liebte. Außerdem sah der Chino alles jeden Tag noch schwärzer und grübelte darüber nach, ob es Meningitis sein könnte, ob Elke durch den Schlag ihr Gedächtnis verloren habe oder gelähmt bleiben würde, weil sie sich die Wirbelsäule gebrochen hatte und das Rückenmark ausgetreten war, und dass er an allem schuld war…! Egal, wie oft ich ihm sagte, dass die Schuld in diesem Fall uns alle oder keinen träfe und, wenn überhaupt, Elke die Hauptschuldige war, es nützte nichts. Die Idee, allein hinunterzugehen, war ganz offensichtlich der beste Weg, Elke sehen zu können, ohne dass es jemand wirklich mitbekam. Ich klopfte also am Hintereingang, weil ich wusste, dass Rosalía mir, wenn ich allein war, öffnen und mich in die Küche lassen würde. Sobald ich es bis in die Küche geschafft hatte, ging es vor allem darum, Tante Lola auszuspionieren, um zu sehen, was sie gerade machte, und, falls sie das Zimmer verlassen sollte, die Gelegenheit zu nutzen, hineinzuschlüpfen und Elke zu sehen. Endlich läutete das Telefon und Tante Lola musste rangehen. Rosalía meinte, dass sie nicht mehr machen könne, als beide Augen zuzudrücken. Die Tür zu Elkes Zimmer stand sperrangelweit offen. Tante Lola konnte ich in ihrem kleinen Salon sprechen hören. Wenn sie erst einmal anfängt zu telefonieren, hört Tante Lola nicht so schnell wieder auf. Stunden kann das dauern! Ich betrat das Schlafzimmer, das sehr groß war und im Halbdunkel lag. Ganz hinten stand das riesige hölzerne Bett, und ich schlich mich auf Zehenspitzen an, falls Elke schlafen sollte. Es wäre fast besser gewesen, wenn mir dieser Anblick erspart geblieben wäre! „Mein Gott, also im Koma liegt sie!", dachte ich, kaum dass ich sie sah. Von Elke sah man eigentlich nichts außer den Haaren, die das ganze Kopfkissen bedeckten, das sie ihr zusätzlich zu den kleineren Kissen unter den Rücken gesteckt hatten, damit sie aufrechter lag und leichter atmen konnte. Außer den Haaren waren nur ein Teil der Stirn, eine Seite der Nase und nur ein Auge zu sehen, weil Elke zusammengesunken auf der Seite lag. Vermutlich hatte die Arme das Quietschen meiner Stiefel gehört, als ich hereinkam, weil sie das Auge öffnete, um mich anzusehen. Sobald sie mich erblickt hatte, machte sie es sofort wieder zu – wohl wegen der schlimmen Kopfschmerzen, die sie haben musste. Dann drehte sie mit geschlossenen Augen den Kopf zu mir. Ihr Mund war ganz zugewachsen von Fieberblasen und Wundschorf, so etwas bekommt man normalerweise, wenn das Fieber über vierzig steigt. Man brauchte sie nur atmen zu hören, um zu wissen, wie es um ihre Nase stand: Die war fast ganz verstopft. Weil ich nicht wusste, was ich tun sollte, jetzt, wo ich das, weshalb ich gekommen war, nämlich sie zu sehen, ja erreicht hatte, lehnte ich mich an das Fußteil des Bettes der Kranken, das aussieht wie ein Balkongeländer mit einer Messingkugel an jedem Ende. Tante Lola hörte man reden und reden. Also dachte ich, dass ich Zeit hätte abzuwarten, ob Elke nun aufwachen und etwas sagen würde, um dem Chino nachher zumindest das erzählen zu können. Im Zimmer war es heiß, und von dem ständigen Starren auf Elke schlief ich schließlich ein, ohne es zu merken. Ich dürfte nur kurz eingenickt sein, wie es manchmal Doña Blanca macht. Nachher sagt sie immer, dass sie nur einen kurzen Moment weg gewesen wäre, aber dass sie alles mitbekommen hätte, was geredet wurde. Jedes Mal, wenn sie das gesagt hat, habe ich mir gedacht, dass sie ganz einfach eingeschlafen ist. Aber jetzt konnte ich aus eigener Erfahrung sehen, dass sie Recht hatte. Denn dieses eine Mal war ich auch weg oder eingenickt und hörte keine Geräusche mehr bis auf das, das der leichte Wind machte, weil ich träumte, dass ich auf einem Floß war, auf dem ich die kranke Elke den Schilfgürtel des Ufers eines schlammigen Flusses entlang transportierte. Ich erinnere mich, dass ich im Traum dachte, dass die Flussmündung nicht mehr weit sein konnte, weil das aufgewühlte Wasser zum Teil von der Flut kam, die im Steigen war. Und da wachte ich plötzlich auf, weil Tante Lola mir in den Nacken schnaubte. Einen Moment war mein Kopf ganz leer, ich brachte keinen Ton heraus. Und in diesem Moment öffnete Elke die Augen, wenn auch nicht ganz; gerade nur genug, um die Situation erfassen zu können. Als Tante Lola sie mit den halb offenen Augen sah, meinte sie: „Die arme Kleine hat dich erkannt! Das ist das erste Mal heute, dass sie die Augen aufmacht!" Das Beste an Tante Lola ist, dass sie immer gleich zur Sache kommt, statt zuerst damit anzufangen, dumme Fragen zu stellen, wie etwa, was ich hier im Zimmer täte. Ich hatte mich ein bisschen umgedreht, um Tante Lola anzusehen, daher sah ich Elkes Gesicht nicht mehr, und da hörte man ein Art von Räuspern, wie vor dem Ausspucken, und das war Elke, die „Seporcho" sagte, ein paar Mal oder sogar öfter, obwohl sie den Mund kaum aufbrachte. Ich merkte, dass ihre Rs alle Kraft verloren hatten, wegen der Schwäche von Hals, Rachen und Bronchien. Sie sagte noch zwei Mal „Seporo", es klang wie das Piepen eines kleinen Vogels, so schlecht ging es der Armen. Tante Lola sagte: „Es wird besser sein, wenn du gehst, Ceporro, sonst steckst du dich auch noch mit der Grippe an." Das Wort „Grippe" ließ mich die grausame Wahrheit erkennen: Tante Lola hatte man erzählt, dass es eine Grippe sei, um sie nicht zu sehr zu beunruhigen. Aber eine Grippe war das niemals. Wahrscheinlich war es eine Gehirnhautentzündung, und vielleicht würde Elke nie mehr so werden, wie sie früher gewesen war. Ich sagte: „Ich bin gekommen, Tante Lola, weil ich dir sagen wollte, vom Chino und auch von mir, von uns beiden, dass, wenn es notwendig ist, sich bei der Nachtwache abzulösen, wir zu jeder Tages- und Nachtzeit bereit sind, das ist uns egal, einen Schluck Wasser ab und zu, mehr brauchen wir nicht." Tante Lola lachte zuerst ein bisschen dumm und sagte dann: „Vielen Dank, Äffchen, ihr seid beide sehr lieb. Ich glaube nicht, dass wir Nachtwache halten müssen, die meiste Zeit schläft sie ohnehin. Eine Grippe hat sie erwischt, und die Arme ist davon ganz erschöpft…" Es war meine Pflicht, Tante Lola den Glauben an die Grippe nicht zu rauben. So würde sie etwas weniger leiden. Aber es war auch meine Pflicht, sie für alle Fälle daran zu erinnern, dass sie vor allem darauf achten musste, ob Elke noch atmete, wenn auch nur mehr ganz wenig, wenn die Schwere der Krankheit sich in nächster Zeit in geometrischer Progression steigern sollte – das heißt, um das Dreifache oder mehr. Das Schlimmste wäre, wenn sie ganz zu atmen aufhören würde. Solange sie atmete, erklärte ich ihr, sei alles gut, es ist ein Zeichen dafür, dass sie noch durchhält. Tante Lola drückte mir einen Kuss links und rechts auf die Wangen, wie sie das immer macht, wobei sie einem mit beiden Händen das Gesicht in die eine und die andere Richtung dreht, damit sie, denke ich, die Wange auch trifft. Manchmal tut einem der Nacken richtig weh, so sehr verdreht sie einem den Hals! Tante Lola könnte steinreich werden mit Auftritten als weiblicher Kraftprotz im Zirkus! Ich gab ihr auch einen Kuss und drehte mich noch einmal zu Elke um, um einen letzten Blick auf sie zu werfen, unsere todgeweihte Kameradin, ohne mir aber meine Gefühle anmerken zu lassen, weil es die Pflicht des Königs ist, niemals seine Gefühle zu zeigen. Er darf sie zwar haben, aber dass er darüber redet, das geht nicht. Wenn er sie erst einmal hochkommen lässt, würde er Tage lang heulen, bei der Menge von Sterbenden und Toten, die es gibt! Gebeugt von der Last des Schmerzes, stieg ich langsam die Treppe zu unserer Wohnung hinauf, während ich überlegte, welche Geschichte ich dem Chino am besten auftischen sollte. Als ich dann in sein Zimmer ging, war mir zumindest eines klar geworden: Es war besser, wenn er nicht wusste, dass die Liebe seines Lebens im Sterben lag. Also erzählte ich ihm mehr oder weniger beiläufig das von der Grippe, schließlich stimmte es ja, dass Tante Lola daran glaubte. Der Chino sah schon schwarz genug, da musste ich nicht auch noch eine Gehirnhautentzündung bei Elke diagnostizieren! Es war besser, wenn nur der König die Wahrheit kannte. Leider hatte ich selbst nicht mehr den geringsten Zweifel: Die dünne Stimme, mit der sie „Seporo" geflüstert hatte, und das Fieber, das nicht unter vierzig sank, waren nur die Spitze eines Eisbergs, bei dem man ja auch auf den ersten Blick glaubt, dass es nur ein paar Eisschollen sind, und darunter treibt die abgesprengte Zunge eines ganzen Gletschers. Ich fürchtete sehr, dass das tragische Ende nicht mehr lange auf sich warten lassen würde. Der arme Chino schluckte das Märchen von der Grippe, und danach seufzte er ziemlich erleichtert und meinte nur: „Gott sei Dank hat sie nur eine Grippe! Wenn es wegen des Sturzes gewesen wäre, dann wären wir dran gewesen!" Was der Chino damit sagen wollte, war, dass wegen der Grippe alle das mit dem Everest vergessen hatten. Nun war es an mir zu seufzen, und ich seufzte ein paar Mal tief, um nebenbei Luft zu holen:

„Das mit dem Everest war schon gut. Gib es zu, Chino, als du gesehen hast, wie sie da auf allen Vieren raufgeklettert ist und sich die Dachziegel gelöst haben, da hast sogar du Angst bekommen!", sagte ich, weil ich glaubte, dass ich ihm so das Wasser abgraben konnte. (Abgraben ist ein Wort, das, glaube ich, von Graben kommen muss, und ein Graben, das weiß jeder, ist so etwas wie eine lange offene Grube, wie man sie aushebt, um Rohre zu verlegen. Und man hebt auch Schützengräben aus, Gräben sind im Allgemeinen länger als breit, wenn es anders herum wäre, wären es ja Schächte.) Ich hatte ja keine Ahnung, wie schwer es ist, ihm das Wasser abzugraben, wenn der Chino auf stur schaltet! „Was ich sicher nicht mehr mache, ist, Elke so was noch einmal durchgehen zu lassen", sagte er, „ich hau ihr einfach eine runter, die sie so leicht nicht mehr vergisst. Das mache ich…" Und da musste ich ihm die Wahrheit sagen, dass ich nämlich nicht verstand, wozu das gut sein sollte. „Wenn du das nicht einsiehst, bist du blind! Die Grippe hat sie von einer Erkältung. Sie hätte das tun sollen, was ich ihr gesagt habe: unten bleiben, im Lager, wo sie hingehört…" Man konnte sehen, dass er wütend war, und das freute mich. Wenn man wütend ist, leidet man nur halb so viel. Wer die Wahrheit kennt, ist meist sehr einsam! So einsam zu sein, gefiel mir fast. Es war nicht angenehm, es war mehr, wie wenn man ein gefährliches Abenteuer bestanden hat und alle darauf warten, dass man davon erzählt. Solange ich nicht anfing, würde gar nichts anfangen. Ich weiß nicht, ob man verstehen kann, was ich meine. Vielleicht nicht. Aber jetzt ist nicht der Moment, es zu erklären. Ich musste noch eine ganze Weile dem Chino zuhören, wie er über Elke schimpfte und sich gleichzeitig die ganze Schuld gab, weil er es zugelassen hatte, dass sie hinaufkletterte. Als ob der Chino – aber das behielt ich wohlweislich für mich – in der Lage gewesen wäre, Elke aufzuhalten! Als er endlich genug Dampf abgelassen hatte, beschlossen wir, die Dinge mehr oder weniger so zu lassen, wie sie jetzt waren: Ich würde weiter allein hinuntergehen, um sie zu besuchen und ihr so nebenbei ein bisschen Angst zu machen vor der Wut, die der Chino auf sie hatte, der vielleicht nie mehr mit ihr reden würde. Soweit ich mich erinnere, war das Letzte, was der Chino sagte: „Nur so für alle Fälle schadet es ihr sicher nicht, wenn man ihr ein bisschen Angst einjagt! Ihr soll klar sein, auch wenn es nicht stimmt, dass ich die Sache mit dem Everest gar nicht lustig gefunden habe…!" Ich sagte zu allem Ja und Amen, denn da ich schließlich wusste, was ich wusste, was hätte ich noch sagen sollen? Es war das Beste, es einfach so zu lassen.

Wie so oft, wenn es schon sehr schlecht um einen Kranken steht, kommt es zu einem letzten Aufflackern. Belinda erzählt das von den meisten schweren Fällen, die sie gesehen hat, und das sind tausende. Es schien also, dass Elke sich erholte. „Wenn wir es am wenigsten erwarten, kommt sie plötzlich herauf!", sagte ich zum Chino, damit er keinen Verdacht schöpfte. Außerdem war es ja durchaus möglich, dass es Elke selbst halbtot fertig brachte, auf die Terrasse zu kommen. Und tatsächlich erholte sie sich gerade ein wenig. Das wunderte mich überhaupt nicht. Bei den Leckerbissen, die ihr Tante Lola ununterbrochen zusteckte, wer hätte sich da nicht erholt! Zu Mittag bekam sie nach der Nachspeise noch eine ganze Kugel Vanilleeis mit zwei Waffeln, was Tante Lola jeden Tag telefonisch bestellte. Ich dachte – und nicht aus Neid, damit das klar ist –, dass Elke dick und rund wie eine Kugel werden würde, wenn sie nicht bald starb. Für Tante Lola ist sich erholen und pausenlos essen genau das Gleiche. Sie selbst aß nebenbei auch ganz schön viel, besonders jetzt, wo Elke sich erholte, aus lauter Freude darüber, weil es ihr besser ging. Elke hatte jetzt wieder Farbe im Gesicht, die Wangen waren ziemlich rot, obwohl sie noch Ringe unter den Augen hatte und Pyjamas trug. Den ganzen Tag den Pyjama anlassen zu dürfen, gehört zu den besten Dingen, die es gibt. Die wenigen Male, die ich krank war, hat mir am besten gefallen, dass ich den ganzen Tag im Pyjama bleiben konnte. Tante Lola kam, solange ich auf Besuch war, ständig herein, einmal mit Pralinen und dann mit Schokoladetäfelchen oder geröstetem Brot und was ihr sonst noch so einfiel. Elke strengte sich beim Erholen auch nicht besonders an! Eher im Gegenteil. Es hatte sich inzwischen so ergeben, dass ich sie jeden Tag mindestens zwei Mal besuchte. Wie das kam, weiß ich gar nicht mehr. „Ausgezehrt" sei sie, sagten die Großmutter und Doña Blanca von Elke an dem Nachmittag, als sie sie besuchten. Und das stimmt schon, dass „ausgezehrt" das Wort war, das am besten dazu passte, was aus Elke geworden war. Darin steckte eigentlich alles: das, was Elke noch von einer Kriegswaise hatte, etwas von dem, was wir von ihr dachten, als wir – oder zumindest ich – sie noch für eine Spionin hielten, und viel von der geborenen Selbstmörderin und Kamikazefliegerin und Kameradin und Schauspielerin und von einem Mauersegler. So im Pyjama, im Bett, hatte Elke tatsächlich etwas von einem Vogel. Zerbrechlich und gleichzeitig wild, wie der Mauersegler aus-

gesehen hatte, und wie auch ziemlich viele arme Leute aussehen, vor allem die, die betteln. Das Wort „ausgezehrt" habe ich
im Wörterbuch nachgeschaut, das bei uns in der Klasse liegt,
damit wir es alle verwenden können, und es bedeutet, wie ich
schon befürchtet hatte, „ausgemergelt" und „skelettartig", also
Knochen und Knorpel, wie die Knorpelfische, also die Haie,
das sind die Fische, die kaum Fett haben, und „ausgezehrt"
heißt ja auch fast ohne Fett, das man noch verbrauchen könnte, das letzte bisschen Energie, das einem noch bleibt. Elke
glich immer mehr einem Mauersegler, weil sie fast nichts mehr
wog und die Arme und Beine immer länger wurden. Ein Wort
ist wie eine Höhle: Man kriecht durch ein Wort hinein und
könnte, wenn man will, für immer drinnen bleiben, und von
drinnen sieht man, was draußen ist, wie durch ein Loch, wie
bei einem Fernrohr, und was man draußen sieht, ist eine perfekt kreisrunde Landschaft. Jedes Wort ist voll mit anderen
Wörtern und gleichzeitig hohl, damit man leichter hineinkrie-
chen kann. Die Wörter sind das, worauf ich mich am meisten
verlasse, weil es Höhlen mit Stollen sind, über die sie fast alle
miteinander verbunden sind, und das verwirrt fast alle in meiner Klasse, sie wissen nicht, ob sie stehen bleiben sollen oder
weitergehen, und glauben, dass Wörter Labyrinthe sind. Aber
mir macht das gar nichts aus, weil ich weiß, wie ich durch die
Wörter hinein- und wieder herauskomme, ich kenne alle
Gänge wie die Flure in diesem Haus. Und viele Wörter, die ich
vorher nicht ein einziges Mal gesehen habe, verwirren mich
überhaupt nicht, wenn ich sie dann sehe: Ich weiß, woher sie
kommen, und kenne den Weg, den sie gehen, auch wenn ich
selbst ihn noch nicht gegangen bin. Deshalb bin ich unter anderem der König, weil ich die Wörter alle kenne. Um sie zu ken-

nen, muss ich sie nicht einmal nachschlagen! Jedenfalls gefiel mir Elke abgezehrt fast noch besser als früher. Jedes Mal, wenn ich sie besuchte, war es, als ob ich sie schlagartig in einem anderen Licht sehen würde. Was ich jetzt erzähle, passierte mir manchmal, wenn ich hineinkam, und manchmal mittendrin in der Unterhaltung. Einer von uns beiden hörte auf zu reden und, zack, Elke war nicht mehr dieselbe Elke. Also, sie war es schon – wäre ja noch schöner, wenn sie es nicht gewesen wäre! Aber gleichzeitig war sie ein Mädchen, das einen sehr an Elke erinnerte, ohne dass sie ganz Elke gewesen wäre. Vielleicht eine Schwester von ihr, eine ältere Schwester, oder eine Cousine ersten Grades, die so redete, wie man in ihrer Familie redete. Das konnte einen richtig traurig machen, wie wenn Elke ein toter Kamerad wäre und einem nur der Trost blieb, mit einer ihrer Cousinen über Elke zu sprechen.

Damals passierte noch eine andere Sache – später wird man dann sehen, warum ich sie jetzt erzähle! Eines Tages, als ich von einem Besuch bei Elke zurückkam, gerade, als ich den Stiegenabsatz vor unserer Wohnung erreicht hatte – es ist der letzte im Haus, weil hier die Treppen enden und es nur mehr die kleine Tür gibt, die zu den Rumpelkammern führt, und die beiden Türen zu unserer Wohnung, die Vordertüre und den Dienstboteneingang, und in einem Winkel des Treppenabsatzes, so dass man sie gar nicht sieht, wenn man nicht darauf achtet, die Glastür des Aufzugs, die fast undurchsichtig ist, damit die Leute, die heraufkommen, wenn sie in den Schacht sehen, nicht schwindlig werden (dieser Treppenabsatz hat auch am meisten Licht wegen der Dachlichte, die da oben ist) –, als ich also oben ankam, bemerkte ich, dass die Hintertür offen stand. Das wunderte mich, weil Belinda ziemlich ängstlich ist und sogar, wenn das Haus voller Leute ist, den Riegel vorschiebt und mit beiden Schlüsseln zusperrt, wie ein Kerkermeister. Mich wunderte das so sehr, dass ich schon glaubte, es wäre ein Unglück geschehen, denn das ist auch etwas, was Belinda oft sagt: „Wenn nur kein Unglück geschieht!", selbst wenn es gar keinen Grund dafür gibt. Ich ging hinein, wobei ich versuchte, möglichst wenig Lärm zu machen, nur so für den Fall, dass letztlich doch ein Unglück geschehen war und ein Einbrecher die Großmutter, Doña Blanca und Belinda alle drei gefesselt und geknebelt und im dunklen Badezimmer eingesperrt hatte, um nach Herzenslust zu klauen, was nicht niet- und nagelfest war. Wenn ich will, kann ich so leise sein, dass ich sogar noch weniger Geräusch mache als eine Katze. Um bis zur Küche zu gelangen, die fast genau gegenüber der Eingangstür liegt, brauchte ich mindestens eine Minute. Ich wollte mich schon heimlich vorbeischleichen. Einen Schritt noch, und ich wäre an der Tür vorbei gewesen, da sehe ich auf einmal den Rücken von Belinda mitten in der Türöffnung. Ich bleibe stehen und sehe, dass die Schultern von Belinda sich heben und senken wie bei einer Turnübung, und das ist so, weil sie weint. Und ich sehe Don Rodolfo, einen Kopf und mehr als die halbe Brust größer als Belinda, der Belinda auf beide Seiten des Trapezmuskels klopft, obwohl der Trapezmuskel von Belinda mehr Fett als Muskel ist. Als Don Rodolfo mich sieht, sagt er: „Sei gegrüßt, Kamerad" – das ist ein Gruß, den ich von ihm noch selten gehört habe. Und ich antworte: „Guten Abend, Don Rodolfo."

Und als Belinda mich hört, macht sie einen Satz und fängt noch mehr zu weinen an, sie umarmt mich und macht mein Gesicht, meinen Hals und einen Teil meines Pullovers ganz nass. Und die ganze Zeit sagt sie wie ein Leierkasten: „Mein Gott, ach, mein Gott!", und dazwischen, zwecks der Abwechslung, manchmal: „Was für ein Unglück!" und „Was soll nur aus mir werden!" Und da nützt Don Rodolfo die günstige Gelegenheit, um aus der Küche zu entkommen, als Belinda die Tür freigibt, und bezieht strategisch einen Schritt von der Wohnungstür entfernt Stellung. Man sieht es ihm schon auf eine Meile an, dass er nur weg will. Und damit ja keine Zweifel bleiben, sagt er noch: „Kameraden, es tut mir Leid, aber ich muss gehen, ich komme wieder, Kameraden. Bis bald!" Und dabei zwinkert er mir zu, und so klein, wie die Augen von Don Rodolfo sind, muss er sie ganz schließen, um zwinkern zu können. Gleichzeitig sagt er: „Es bleibt mir nichts anderes übrig, ich muss gehen, Ceporro, kümmere du dich um Belinda!" Und ich antworte: „Zu Befehl, Don Rodolfo!" und nehme als Zeichen des Abschieds Haltung an, was man aber fast nicht merkt, so wie Belinda sich über mich geworfen hat, die jetzt noch heftiger weint als vorher, als ob der, der geht, ich wäre und nicht Don Rodolfo! Don Rodolfo hat sie übrigens während all dem nicht ein einziges Mal angeschaut. Da macht Don Rodolfo noch einen Schritt, und die Tür quietscht, als er sie ganz öffnet, um leichter durchzukommen. Und von dort aus – und das war, wie Doña Blanca immer sagt, der Tropfen, der das Fass schließlich zum Überlaufen brachte – fällt ihm nichts Besseres ein, als zu sagen: „Arrividertschi, cara mia!". Das ist der Gruß, mit dem sich die italienischen Truppen auf dem Bahnsteig von ihren Verlobten verabschieden, um in den Krieg

in Abessinien zu ziehen. Das hören und mich schlagartig loslassen, ist bei Belinda eins, es hätte übrigens nicht viel gefehlt,
und ich wäre am Boden zerschmettert! Aber als ob sie sich
allein nicht aufrecht halten könnte, krallt Belinda sich, kaum
dass sie mich losgelassen hat, bei Don Rodolfo an seinen
Jackenaufschlägen fest, und an einem Ärmel und an der
Brusttasche für das Stecktuch, die reißt, während sie die ganze
Zeit in den Pausen, die ihr der Schluckauf lässt, sagt: „Verlass
mich nicht, Rodolfo, verlass mich nicht, oder ich bringe mich
um!" Und Don Rodolfo umarmt sie, auch wenn er keine besondere Lust dazu zu haben scheint, und gleichzeitig sagt er zu ihr:
„Belinda, Mädchen, wenn ich jetzt nicht gehe… siehst du
nicht, dass es schon zehn Uhr ist? Wenn ich jetzt nicht gehe,
bekomme ich kein Abendessen mehr, und um Viertel nach
zehn hat die Wirtin schon alles abgeräumt, oder ich kann mir
wieder etwas anhören, und jetzt ist es schon drei Minuten nach
zehn. Schau auf die Uhr, Belinda, schau auf die Uhr, Frau,
damit du nicht glaubst, dass ich lüge, es ist schon fünf nach
zehn…!" Und das stimmte wirklich. Es war noch nie so sehr
fünf nach zehn gewesen wie damals. Aber Belinda war das
egal. In dem Moment, als sie „Wirtin" hörte, fing sie an,
krampfhaft zu zucken, und klammerte sich an Don Rodolfo mit
dem eisernen Griff der Ertrinkenden fest – entweder man gibt
ihnen eine Ohrfeige, oder man ertrinkt mit ihnen, schon wegen
der Stärke der Zuckungen. Belinda brachte jetzt keine Sätze
mehr heraus, nur: „Rodolfo, Rodolfo, Rodolfo, Rodolfo…!",
vielleicht, um ihre Kräfte möglichst zu schonen. Ich glaube,
dass mich noch nie etwas so aus der Fassung gebracht hat, wie
sie Rodolfo zu Don Rodolfo sagen zu hören! So fassungslos
war ich, dass ich ihn auch duzte, einfach, um es einmal auszu-

probieren, nur um zu hören, wie es klang! Ich sprach den kürzesten Satz aus, der mir durch den Kopf ging: „Lass sie los, Don Rodolfo, tu mir den Gefallen!" Und Don Rodolfo sagte: „Aber ich würde sie ja loslassen, sie lässt es ja nicht zu, dass ich sie loslasse!" Und das stimmte, sie ließ es nicht zu. Und jetzt schnappte sie sich noch dazu auch ganz überraschend eine von meinen Händen, vielleicht, um mich als Rückhalt zu haben. Da die ganze Geschichte immer mehr außer Kontrolle geriet, sagte ich: „Don Rodolfo, lass sie, Mann, was kann das Ihnen schon ausmachen, lass Belinda los, zu ihrem Besten!" Als sie mich hörte, ließ Belinda Don Rodolfo los, hielt einige Sekunden lang das Gleichgewicht und klammerte sich wieder an mich, aber diesmal wie eine Muschel an einen Felsen, vielleicht, weil sie spürte, dass ihre Knie nachgaben, und sagte, aber ohne zu weinen: „Was für ein Unglück, mein Gott, was für ein Unglück!" „Belinda, Mensch, klammer dich nicht so an meinem Hals fest, wir werden noch beide hinfallen." Und währenddessen gab ich mit der linken Hand, die sie mir wie durch ein Wunder frei gelassen hatte, Don Rodolfo ein Zeichen zu verschwinden, was er auch tat. Beim Hinausgehen schloss Don Rodolfo unabsichtlich die Tür mit einem Knall, und Belinda, die das gehört hatte, begann jetzt, dreimal so stark zu weinen. Wenn es Weltmeisterschaften im Weinen gäbe, würde Belinda ganz leicht alle Medaillen abräumen. Ohne mit dem Weinen aufzuhören, ließ sie mich jetzt los und rannte in Richtung ihres Zimmers, und ich hinterdrein. Und in ihrem Zimmer warf sich die arme Belinda Kopf voran auf ihr Bett. Ich setzte mich an das Kopfende, um sie zu trösten, falls das überhaupt möglich war. Als Belinda mich da sitzen sah, drehte sie den Kopf halb zu mir, während der Rest des Körpers bäuchlings ausgestreckt war, und erzählte mir, was zuvor geschehen war. So wie die Dinge lagen – sagte Belinda –, konnten Don Rodolfo und sie sich nicht mehr weiter sehen. Und jedes Mal, wenn sie sagte: „Das geht nicht, das geht nicht!", seufzte sie noch ein bisschen lauter. Ich hatte noch gar nichts verstanden und sagte deshalb zu ihr: „Belinda, entweder hörst du zu weinen auf und sprichst deutlich, oder ich werde nie wissen, was mit dir los ist! Fangen wir gleich einmal an: Wer hat Schuld an der ganzen Sache…?" Es gelang mir nicht, Belinda dazu zu bringen, die Schuld Don Rodolfo zu geben – daran kann man sehen, wie edel Belinda ist. Aber schließlich sah ich doch einigermaßen klar, nachdem Belinda sich zuerst von der einen auf die andere Seite gewälzt und dann im Bett aufgesetzt hatte und endlich beinahe ohne zu weinen, nur mit je einer Riesenträne in beiden Augen, erklärte: „Entweder heiraten wir, oder wir können uns nicht mehr sehen!" Und ich sagte: „Aber, Belinda, was hat sich sehen mit heiraten zu tun? Seid ihr jetzt etwa verheiratet? Wenn du schon jetzt, wo ihr noch gar nicht verheiratet seid, den halben Nachmittag damit verbringst, ihn anzuschauen und zu weinen, also, wenn ihr auch noch heiratet, dann wirst du, Belinda, austrocknen…!" Und da sagte Belinda so einen Unsinn, den man sagt, wenn man weint: „Diese Dinge verstehst du nicht, weil du noch viel zu sehr ein Kind bist!" Ich wurde ziemlich wütend, obwohl ich versuchte, es die Arme nicht merken zu lassen, die mit sich selbst mehr als genug zu tun hatte. Das Einzige, was ich sagte, weil man die Leute auch nicht im Glauben lassen kann, dass man ein Trottel ist, war: „Komm schon, Belinda, glaubst du, dass ich ein Idiot bin oder was? Du bist doch verrückt nach Don Rodolfo, das heißt, verliebt, ja oder nein?" Belinda blieb nichts anderes übrig, als Ja zu sagen.

Wenn sie Nein gesagt hätte, hätte sie eine von mir gefangen, die sich gewaschen hat! Aber das Schlimmste kam jetzt erst, denn obwohl ich wusste, dass Belinda ihn liebte, wusste ich doch nicht, ob sie ihn von Herzen, mit Schmerzen oder ein wenig liebte. Und jetzt musste ich feststellen, dass sie ihn sehr liebte. Und ich begriff auch, dass sie ihn desto mehr lieben würde, je mehr sie ihn liebte, und dass jedes Mal, wenn sie ihn sah, ihre Liebe wuchs und wuchs. Und so wie es aussah, war ihnen heute Nachmittag die Liebe wie bei einer Explosion geradewegs ins Gesicht geflogen. An diesem Nachmittag hatte Don Rodolfo Belinda geküsst! Das war, was ich schlussendlich aus ihr herausbrachte. Und der erste Kuss ist natürlich der schlimmste. „Und was hast du getan? Hast du dir das gefallen lassen, oder was?" Und Belinda sagte: „Es ist nicht so, dass ich es mir nur gefallen lassen habe, es ist so, dass ich ihn auch küssen wollte." Ich erkannte, dass die Sache ernst war, als ich erfuhr, dass es zu Handgreiflichkeiten gekommen war. Sobald man sich küsst, ist alles aus. Danach bleibt einem nur mehr, sie entweder zu heiraten oder sie zu vergessen, mehr Möglichkeiten gibt es da nicht mehr. Um zu sehen, ob nach diesem Bombenhagel noch etwas zu retten war, fragte ich Belinda: „Und was hat er gesagt, Belinda? Don Rodolfo, meine ich. Hat er etwas gesagt, oder hat er dich nur geküsst, ohne was zu sagen?" Und Belinda sagte: „Er hat mich geküsst und dauernd ,Ich mag dich sehr' gesagt. Und ich auch. Ach, mein Gott!" „Das heißt also, Belinda, dass du auch ,Ich mag dich sehr' gesagt und ihn geküsst hast?" Das habe ich nur gefragt, damit die Sache klar war. Und Belinda sagte: „Ja." Es gab also keinen Zweifel mehr. Als wir schließlich schlafen gingen, waren wir wie gerädert, Belinda vom Weinen und ich, weil ich begriffen hatte, welche Folgen die Liebe hat. Am nächsten Tag verstand ich noch besser, wie schwerwiegend diese Folgen der Liebe sein können. Als Don Rodolfo um sieben Uhr an der Tür läutete, wollte Belinda ihm nicht öffnen. Sie drehte beide Schlüssel herum und schob den Riegel vor und stemmte sich gegen die Tür. So sehr der Chino und ich uns auch anstrengten, sie von der Tür wegzubekommen – wir nahmen sie sogar in den Schwitzkasten –, es nützte alles nichts. Don Rodolfo konnte man auf der anderen Seite der Tür wispern hören: „Sei doch nicht so, Belinda, …" Aber Wispern half jetzt gar nichts mehr. Keine Macht der Welt konnte Belinda bewegen, und Don Rodolfo musste unverrichteter Dinge wieder abziehen. Danach setzten Belinda und ich uns in die Küche, um zu reden. Jetzt weinte sie nicht mehr. Im Gegenteil, sie war fuchsteufelswild, und während sie sprach, klapperte sie laut mit dem Topf und den Pfannen auf dem Herd. Wenn man mehr oder weniger zusammenfasst, was sie damals gesagt hat, kommt wohl dabei heraus, dass sie, also Belinda, schließlich und endlich auch nur eine Frau war, eben auch nur ein Mensch, und sie es daher nicht fertig brachte, Don Rodolfo zu sehen, wenn sie ihn nicht lieben durfte. Und jetzt noch mehr als früher, weil sie jetzt wusste, wie sich die Küsse seiner Lippen anfühlten, und deswegen liebte sie ihn noch viel mehr. Also mussten sie beide entweder heiraten oder sie, Belinda, sich umbringen, weil, so Belinda, Don Rodolfo so sehr zu lieben und ihn dann doch nicht zu heiraten, das wäre ein Leben, das es nicht wert war, gelebt zu werden …

Wenige Tage später wussten es alle, aber von mir hatten

sie es sicher nicht. Ich laufe nicht herum und verbreite Klatschgeschichten. Ich hatte es nur erst dem Chino und am nächsten Tag dann Elke erzählt, und beide schworen mir, lieber zu sterben als es weiterzuerzählen. Ich weiß, dass sie ihren Schwur gehalten haben, weil sie schon früher ein paar Mal Stillschweigen gelobt und sich danach auch nie verplappert hatten. Elke sagte sogar, um zu beweisen, dass sie schweigen könne wie ein Grab: „Seporro, wenn du zweifelst, Tante Lola fragen kannst du. Vielleicht mir glauben willst du nicht, kann sein, dass du könntest …“ Und ich sagte: „Elke, du bist genauso mein Kamerad wie der Chino, und was du geschworen hast, das hast du geschworen, und deshalb habe ich es nicht nötig, irgendjemand irgendetwas zu fragen…!“ Und Elke antwortete: „Besser so. Ich freu mir, nur sagen, können tust du…“ Und der Chino sagte: „Vielleicht hat es Belinda selbst erzählt…“ Und da musste ich ihm Recht geben. Belinda ist ein Mensch, der nichts für sich behalten kann, und dann erfindet sie noch die Hälfte dazu. Und dieses Mal konnte sie ja auch alles ruhig erzählen, das ist wahr. Schließlich war sie ja Augenzeugin gewesen und musste deshalb fast gar nichts dazuerfinden. Schließlich wendete die Großmutter wie auch sonst oft bei mir den dritten Grad an. Und da sie ja das meiste schon wusste, ließ ich den Schwur Schwur sein und kam beim Erzählen vom Hundertsten ins Tausendste, weil ich, so meint der Chino, das immer tue, sobald sich mir die kleinste Gelegenheit bietet. Und die Großmutter, gerissen, wie sie ist, hat sozusagen wie beim Drachensteigen immer mehr Schnur abgespult, je länger, desto besser, bis ich plötzlich begann, die Sache mit den Küssen zu erzählen. „Mein Gott, das ist ja furchtbar, sie haben sich vor dir geküsst!“ Und das hat sie gesagt, weil die Großmutter in diesen Dingen genauso ist wie ich, aus der kleinsten Kleinigkeit, die man ihr erzählt, macht sie gleich einen Elefanten. So Leid es mir tat, da musste ich sie enttäuschen: „Als sie sich geküsst haben, war ich nicht dabei, Großmutter. Es tut mir Leid, aber darüber kann ich nicht als Zeuge aussagen." Ich sagte das, weil ich sehen konnte, dass die Großmutter richtig böse geworden war und mich womöglich vor Gericht schleifen würde. Und ich könnte nie einen Meineid leisten. Aber die Großmutter sagte dann genau das, womit ich am wenigsten gerechnet hatte: „Gott sei Dank, wenigstens haben sie genug Anstand gehabt, sich nicht vor meinem Enkel gehen zu lassen. Ich habe schon befürchtet, dass sie sich nicht zu benehmen wissen..." „Das wissen sie schon, Großmutter. Belinda ist ein guter Mensch, und Rodolfo ein vollendeter Kavalier..." Das war das einzige, und ich glaube, das letzte Mal in meinem Leben, dass ich zu jemand anderem als dem Chino über Don Rodolfo sprach, ohne „Don" davor zu sagen. Als ich das alles dem Chino erzählte, sagte ich ein paar Mal „Rodolfo", nur so nebenbei, um es auszuprobieren, und der Chino meinte: „Sag das ja nie wieder, was du da gerade gesagt hast!" Als ob Rodolfo eine Beleidigung wäre. Und irgendwie klang es auch fast wie eine Beleidigung, Don Rodolfo ohne Don zu sagen. Die Großmutter bemerkte es dagegen fast gar nicht. Stattdessen lief sie vor Zorn rot an. Als sich ihre Aufregung ein bisschen gelegt hatte und sie wieder sprechen konnte, sagte sie: „Also, von einem Kavalier sehe ich da gar nichts. Kavaliere knutschen nicht einfach in Küchen herum. Ein echter Kavalier respektiert ein armes Mädchen. Wenn er sie küsst, dann ist er ein Casanova ... Don Rodolfo wird mich schon noch kennen lernen, dieser Don Juan!" Da musste ich ihr vor den Karren fahren: „Rodolfo, Großmutter, Don Rodolfo, sollte ich sagen, ist ein echter Kavalier, und Belinda hat er nur geküsst, weil er nicht anders konnte, nur, damit sie zu weinen aufhört. Außerdem ist er Zenturienführer*. Wenn er sie geküsst hat, dann nur, weil es seine Pflicht war!" Ich war wild entschlossen, keinen Fußbreit zu weichen, koste es, was es wolle, es gibt Dinge, die mehr wert sind als das Leben – das sagt Don Rodolfo auch immer –, zum Beispiel ein Kamerad. Ich konnte es nicht zulassen, dass die Ehre Don Rodolfos beschmutzt wurde, ohne einen Schritt nach vorn zu tun, um für ihn einzutreten. Und diesen Schritt hatte ich getan. Und nach vorn stimmte auch, weil die Großmutter vor mir in ihrem Sessel saß und ich ihr gegenüber in dem Doña Blancas, die nicht da war. Die Lage war brandgefährlich, jetzt, da die Großmutter zu den Waffen gegriffen hatte, während ich unbewaffnet in den Kampf ziehen musste, der sich noch dazu zur Gänze auf ihrem Terrain abspielte. Sie wurde so ruhig und schaute mich so komisch an und zog die Augenbrauen so hoch, dass ich schon dachte, dass sie vielleicht vor lauter Wut eine Embolie bekommen würde. „Was ist los, Großmutter, warum schaust du mich so an und sagst gar nichts?", musste ich sie schließlich fragen, obwohl ich ihr damit in die Hand spielte. In der Hitze des Gefechts zur Rettung Don Rodolfos hatte ich ganz vergessen, dass die Großmutter eine Spezialistin des Überraschungsangriffs ist. Jetzt sprach sie mit der sanftesten Stimme, die sie hat, um mich aus dem Gleichgewicht zu bringen. Das Gleichgewicht verlor ich dann doch nicht, aber das, was sie sagte, brachte mich ordentlich durcheinander, obwohl es gar nicht nach Gegenangriff klang: „Schau, Jorge, geh bitte einen Moment hinaus und ruf mir Belinda, ich muss mit ihr über ein paar Dinge reden..." Es blieb mir nichts anderes übrig, als zu tun, was sie gesagt hatte, weil sie mich darum gebeten hatte und sie noch dazu meine Großmutter ist. Bevor ich aus dem Zimmer ging, sagte ich also nur noch: „Lass Don Rodolfo aus dem Spiel, Großmutter, weil von den beiden hat er am Kuss am wenigsten Schuld, und außerdem ist er mein ranghöherer Vorgesetzter..." Ohne irgendeinen Grund fing die Großmutter, als sie das hörte, zu lachen an und meinte, dass ich mir keine Sorgen machen solle, man würde Don Rodolfo kein Haar krümmen, wenn er sich wirklich wie ein Kavalier benommen hatte... Ich habe allerdings nie erfahren, wer das tun würde und wer nicht, weil „man" einer oder mehrere sein können. Wenn sich die Großmutter aufregt, dann redet sie immer, als ob sie für tausende Menschen sprechen würde, und dann sind es doch immer nur dieselben, nämlich Doña Blanca und sie selbst, immer nur die beiden. Diese Gewohnheit habe ich übernommen, für die Momente, in denen es passt, und ich glaube, dass man das Vokspopuli, also die Stimme des Volkes, nennt.

Belinda kam aus dem Zimmer der Großmutter weiß wie die Wand. Ich konnte fast gar nichts aus ihr herausbringen. Es blieb mir schließlich nichts anderes übrig, als den Rückzug anzutreten und mich mit meinem Schicksal abzufinden, so verlor ich wenigstens nicht meine Würde. „Selber schuld, Belinda, wenn du mir nicht erzählen willst, worüber ihr, du und die Großmutter, geredet habt, ich hab dich ja sowieso nur danach gefragt, was ihr geredet habt, weil es zu deinem Besten ist!" Weil Belinda ein guter Mensch ist, strich sie sofort die

Segel, als sie sah, dass ich mich umdrehte, um zu gehen: „Versteh doch, Ceporro, das sind einfach keine Sachen, über die man mit Kindern spricht! Ich habe schon genug Sorgen!" Ich war schon am Gehen, aber ich blieb gerade noch lang genug stehen, um, ohne auch nur den Kopf zu drehen oder sie gar anzusehen, zu sagen: „Wenn du das mit den Kindern wegen mir gesagt hast, dann irrst du dich aber gewaltig. Und Sorgen, damit du es weißt, habe ich weit mehr als du, und meine sind auch noch viel schlimmer, und trotzdem wirft mich das keinen Zentimeter aus der Bahn. Oder hast du mich schon einmal wegrennen gesehen? Und wenn du mich gesehen haben willst, dann sag mir jetzt gleich, wann, auch wenn es mich sehr wundern würde, wenn du das könntest ..." Ich blieb nicht, um ihre Antwort zu hören, weil meine Ehre gerettet war und Belinda das genau wusste.

Ziemlich bald stellte sich heraus, dass es egal war, ob Belinda über ihr Gespräch mit der Großmutter etwas erzählte oder nicht, weil die Großmutter und Doña Blanca die ganze Woche lang während jeder Jause eigentlich über fast nichts anderes sprachen. Wenn Belinda hereinkam, um den Tee zu bringen oder etwas auszurichten, verstummten die beiden gleichzeitig und steckten ihre Nasen tief in die Tassen, als ob sie die ganze Zeit nichts weiter getan hätten, als zu essen und zu trinken, ohne auch nur einmal Luft zu holen. Und da Belinda in diesen Tagen kaum einmal etwas mitbekam, fiel ihr auch nicht auf, wie seltsam es war, dass die beiden jedes Mal, wenn sie ins Zimmer kam, ununterbrochen aßen und tranken.

Was Belinda während der ganzen Woche tat, war zum Beispiel, zuerst mit dem Bügeln zu beginnen und mittendrin wieder aufzuhören, oder Staub zu wischen und mittendrin wieder aufzuhören, oder Fleisch abzubraten und zuzulassen, dass das ganze Öl in der Pfanne Feuer fing, womit sie unser aller Leben aufs Spiel setzte. Und jedes Mal, wenn Belinda den Faden verlor und Doña Blanca es bemerkte, zog sie beide Augenbrauen gleichzeitig hoch, bis sie fast an den Haaransatz stießen, und sagte: „Ach Gott, dass es immer die Frau sein muss, die für alles zu leiden hat!" *Abgefeimt* war das Wort, das Doña Blanca fast am häufigsten gebrauchte. Es war jedenfalls so, dass sie umso mehr wissen wollte, je mehr sie über Belinda und Don Rodolfo erfuhr, sodass die Großmutter sie manchmal sogar zurechtweisen und ihr sagen musste, dass das, was es zu sagen gäbe, dasselbe war, was schon gestern und am Tag zuvor gesagt worden war, dass also bereits alles gesagt sei. Aber Doña Blanca war wohl überzeugt – davon bin zumindest ich überzeugt –, dass die Großmutter das Wichtigste einfach verschwieg. Und die Wahrheit ist, dass ich selbst, wenn ich den beiden so zuhörte, Doña Blanca, die immer noch mehr wissen wollte, und der Großmutter, die behauptete, dass es nicht mehr zu sagen gäbe, schon Verdacht schöpfte, dass die Großmutter in Wirklichkeit mehr wusste, als sie sagte, viel mehr sogar, aber dass sie nicht damit herausrücken würde, bis sie die Zeit für gekommen hielt. Und ich hatte Recht. Die Großmutter wusste viel mehr, aber sie weihte Doña Blanca nicht ein, weil sie sich einen Plan ausgedacht hatte, und es gibt nichts Schlimmeres, als Pläne vor dem Tag und der Stunde der großen Gegenoffensive breitzutreten. Die Großmutter leitete den Gegenangriff mit der Masse ihrer Streitkräfte in dem Zeitpunkt ein, als wir es am wenigsten erwartet hätten: Als es sogar schon schien, dass sie die Sache beinahe vergessen hatte und nur noch davon redete, um Doña Blanca ein wenig zu unterhalten, kam, zack, der Überraschungsangriff! Es war am Montag in der Woche, die der folgte, in der sie von den Küssen erfahren hatte: Als sie Don Rodolfo an der Tür läuten hörte, sagte sie zu Doña Blanca: „Blanca, heute wirst du ein bisschen früher gehen müssen, weil ich ein Tetatet mit Don Rodolfo vorhabe. Wenn du dich ein bisschen beeilst, kommst du sogar noch rechtzeitig zum Abendsegen der Jesuiten. Und wenn du schon am Gehen bist, sei so gut und sag Don Rodolfo gleich, dass er einen Moment hereinkommen möge…" Doña Blanca wurde weiß vor Zorn. Aber beim Hinausgehen richtete sie Don Rodolfo die Nachricht aus, wobei sie ihm nebenbei auch noch sagte, dass sie in die Kirche ginge, was Don Rodolfo völlig gleich war, weil er schließlich noch nie gewusst hatte, was Doña Blanca so tat oder bleiben ließ. Was Don Rodolfo aus der Fassung brachte, war, dass die Großmutter ihn noch vor der Boxstunde rufen ließ, und nicht danach, wie sie es manchmal tut. Doña Blanca nützte die Gelegenheit, um, bevor sie ging, noch zu sagen: „Wenn man nur daran denkt, dass man vor den Männern nie sicher ist, wenn man nur daran denkt, macht es einen schon ganz traurig!" Aber Don Rodolfo verstand nicht, was sie ihm damit sagen wollte, denn Don Rodolfo fällt es gar nicht leicht, wenn er plötzlich seinen Kurs ändern soll, dafür braucht er eine Weile. Und der Großmutter musste diese Zeit viel länger vorgekommen sein als die, die man für die sechs Schritte braucht, die notwendig sind, um, wenn auch noch so langsam, vom Vorzimmer ins Wohnzimmer zu gehen, und wir hörten sie mit dem ungeduldigen Ton in der Stimme, den sie manchmal hat, sagen: „Kommen Sie herein, Don Rodolfo. Kommen Sie herein und setzen Sie sich!"

Uns allen lief es vor Schreck kalt den ganzen Rücken hinunter. Die Großmutter ist aufbrausend, aber ein schlechter Mensch ist sie nicht. Nur, dass sie sich eben manchmal maßlos aufregt. Und wenn sie in Fahrt kommt, wirkt eine verwundete Löwin mit Jungem wie ein Lämmchen neben ihr. So richtig in Fahrt kommt sie meistens, wenn sie ungeduldig ist. Und die Stimme der Großmutter klang ungeduldig. (Die Großmutter bringt es fertig, einen ganz normalen Satz wie „Kommen Sie herein und setzen Sie sich" egal zu wem, so zu sagen, dass dieser jemand nicht weiß, ob er wie ein Pudding zittern und zusammenfallen oder wie ein Eiszapfen erstarren soll.) An diesem Nachmittag war es auf jeden Fall so, dass Don Rodolfo weder sein tägliches Gläschen Wiski noch sonst etwas Hochprozentiges intus hatte, vielleicht, um den Geschmack von Belindas Kuss zu bewahren, und deshalb anscheinend nicht misstrauisch wurde. Er ging also einfach hinein und setzte sich dorthin, wo es ihm die Großmutter sagte, und das war der Sessel von Doña Blanca, ihr gegenüber. Zwischen ihnen stand nur der kleine Tisch, von dem die Großmutter an diesem Nachmittag die meisten Dinge abgeräumt hatte, die sich normalerweise darauf stapeln, von einer kleinen Vase mit Blumen und dem Nähzeug – es sind meistens zwei Nähkörbe, der von Doña Blanca, die ihn fast immer hier lässt, und der von der Großmutter, der abgenützter und auch größer ist – bis zu den Zeitschriften, die sie gelesen hat oder auch nicht, und die sie noch lesen wird oder auch nicht, denn um ja nichts wegwerfen zu müssen, wirft die Großmutter auch die Zeitschriften nicht weg, die sie nicht liest, und das sind eigentlich die meisten, mit Ausnahme derjenigen, in denen Strickmuster für Pullover sind, das ist die Handarbeit, die die Großmutter am liebsten macht. Und da habe ich die Brillen noch nicht erwähnt, und auch nicht das Haushaltsbuch Belindas und all die anderen Dinge, die ich immer auf dem Tisch gesehen habe, selbst an den Tagen, an denen das Zimmer sauber gemacht wird. Wo sie die ganzen Sachen hingetan haben mag, das weiß ich wirklich nicht. Ich weiß nur, dass auf dem Tisch außer dem Häkeldeckchen nicht ein Stäubchen lag. Auf dem Horchposten hinter der Tür standen ich, der Chino und Elke, die sich, kurz nachdem wir Stellung bezogen hatten, auf Zehenspitzen heranschlich. Wir wechselten uns beim Lauschen ab. Obwohl hören, so richtig hören, konnten wir eigentlich nichts, keiner von uns: nur, dass es fast immer die Stimme der Großmutter war. Und Belinda konnten wir hinter uns als Nachhut hören, wie sie von ihrem Zimmer in die Küche und von dort wieder in ihr Zimmer lief und sich voller Schmerz fest in ihr Taschentuch schnäuzte. Das Wenige, was Don Rodolfo sagte, klang, als ob er beichten würde. „Wie Sie meinen, gnädige Frau!", das hörten wir Don Rodolfo sagen. Danach war es nicht mehr möglich, etwas zu verstehen, man hörte nur eine Art Krachen, ich glaube, das waren die Springfedern der Sessel, auf denen die beiden saßen, die krachten, wenn sie sich bewegten, während sie sprachen. Und da beschwert sich die Großmutter, dass wir uns nicht ruhig halten können! Das wäre was gewesen, sie einmal so durch den Türspalt horchen zu lassen, dass sie von Don Rodolfo nur einen Schuh und den Strumpf, der die Wade bedeckte, sehen hätte können, und gleichzeitig sich selbst hören, wie sie dauernd auf ihrem Sessel hin- und herrutscht. Und dann knallte plötzlich der Startschuss, der uns nach der Grabesstille, wie man so sagt, die im Vorzimmer und im Gang herrschte, fast das Trommelfell zerriss. Dabei hatte die Großmutter gar nicht viel gesagt, verglichen mit dem Schreck, den sie uns einjagte. Ich glaube, dass sie, als sie es sagte, einen ordentlichen Trommelwirbel auf dem Tisch geschlagen haben muss, sonst lässt sich das ja nicht erklären. Auf Möbeln herumzuhämmern, während sie redet, ist eine Gewohnheit, die die Großmutter sogar dann hat, wenn sie guter Laune ist. Und ich übrigens auch, das muss erblich sein. Was die Großmutter sagte, war: „Das hätte ich von Ihnen nicht erwartet!" Die Antwort von Don Rodolfo konnten wir nicht hören, vielleicht hat er ja auch gar nichts gesagt, weil die Großmutter wiederholte, was sie gerade gesagt hatte, nur ein bisschen ausführlicher, wie sie es immer macht, wenn man ihr nicht antwortet, oder wenn sie glaubt, dass man sie nicht verstanden hat. „Also wirklich, das, Don Rodolfo, das hätte ich mir von Ihnen nicht erwartet!" Dann hörten wir, dass Don Rodolfo antwortete, obwohl keiner von uns verstand, was er sagte. Und darauf hörte man wieder die laute Stimme der Großmutter, die jetzt schon ziemlich in Rage kam: „Nur damit Sie es wissen, ich weiß alles! Und damit Sie das auch wissen, ich weiß es schon seit langem. Oder haben Sie etwa gedacht, dass in diesem Haus niemand auf den anderen schaut?" Diesmal konnten wir die Antwort von Don Rodolfo deutlich hören: „Nein, gnädige Frau!" So wie ich die Großmutter kenne, wäre es fast besser gewesen, wenn Don Rodolfo gesagt hätte, ja, er habe es gedacht, auch wenn es nicht stimmte, weil man der

Großmutter, wenn sie einmal in Fahrt ist, eher den Wind aus den Segeln nehmen kann, wenn man ihr widerspricht. Wie ich vermutet hatte, wurde die Großmutter noch wütender, als sie hörte, dass Don Rodolfo ihr Recht gab: „Wenn Sie das nicht gedacht haben, dann weiß ich nicht, was Sie sich so denken! Was denken Sie sich eigentlich, seien Sie doch so gut und sagen Sie es mir, Don Rodolfo, was denken Sie sich eigentlich, wer Belinda in diesem Haus ist, und wenn wir schon dabei sind, können Sie mir auch gleich sagen, wer Sie glauben, dass ich eigentlich bin!" Don Rodolfo flüsterte wieder etwas, diesmal mit noch rauerer Stimme, als ob er die Lautstärke der Wörter, während er sie aussprach, langsam zurückdrehen würde, wie man es mit dem Radio macht. Danach sagten sie nichts mehr. Das ist fast das Schlimmste bei einem Streit, den man hört, aber nicht sieht. „Was zum Kuckuck machen sie denn!", sagte der Chino zu Elke, die gerade an der Reihe war, an der Tür zu lauschen. „Rruhe!", fuhr ihn Elke so laut an, dass man es im ganzen Viertel gehört haben muss. Da ich jetzt dran war, weil Elke schon doppelt so lange auf dem Posten war, mit der Ausrede, dass ihr Gehör, weil sie eine Frau ist, feiner sei als das eines Mannes, gab ich ihr, statt etwas zu sagen, mit der Schulter einen etwas festeren Schubs, obwohl so fest auch wieder nicht, keinesfalls fest genug, dass sie seitlich auf den Boden hätte fallen müssen, als ob ich sie halb umgebracht hätte. Nur gut, dass ich sie kenne, also habe ich mich gar nicht weiter darum gekümmert. Genauso wenig wie der Chino, der hinter mir drängelte und mir dauernd in die Nieren boxte, damit ich schneller horchte und er so früher wieder an die Reihe käme. Da hörten wir die Stimme der Großmutter plötzlich klar und deutlich. Wir hörten, dass sie sagte: „ … Belinda, die Arme, eine Waise ist sie, ja eine Waise, und das, Don Rodolfo, haben Sie vielleicht nicht gewusst, besser gesagt, ich glaube und hoffe, dass Sie es nicht gewusst haben, denn wenn Sie es gewusst haben, dann ist das, was Sie Belinda angetan haben, umso schlimmer. In diesem Haus ist Belinda mehr als meine eigene Tochter. Dass Sie also ausgerechnet hierher kommen, um sich Freiheiten herauszunehmen, ausgerechnet in diesem Haus, wo eine arme Waise sich den Lebensunterhalt verdient, indem sie jeden Tag, den der Herr werden lässt, von früh bis spät arbeitet, dass Sie sich hier Freiheiten herausnehmen, Don Rodolfo, wie Sie das gemacht haben, das ist wirklich unverzeihlich…!" Jetzt war der Chino mit dem Horchen dran. Aber ich blieb auf meinem Posten, ohne auch nur einen Schritt zu weichen, eher wäre ich gestorben, als die Antwort von Don Rodolfo zu verpassen: „Mein Gott, gnädige Frau, wenn ich mir doch gar nichts herausgenommen habe, nicht ein bisschen …!"

Schweigen. Man konnte das Donnerwetter schon richtig spüren, das gleich über Don Rodolfo hereinbrechen würde. Aber nach noch viel mehr Schweigen, mindestens eine Minute auf der Uhr, änderte die Großmutter plötzlich die Stoßrichtung – das ist so, wie wenn man damit rechnet, dass sie etwas tun oder sagen wird, und dann fälscht sie den Schuss gekonnt ab und verwandelt einen Eckball in ein Tor, wenn man es gerade am wenigsten erwartet. Das Artilleriegeschoss, das niemand erwartete, war, dass sie sagte: „Aber Don Rodolfo! Aber Don Rodolfo! Wie kann ein Kavalier, wie Sie es sind, mir eine solche Lüge auftischen! Wie kann man es denn sonst nennen, als sich Freiheiten herausnehmen, und zwar sehr viele, wenn Sie beide sich küssen, ohne dass Sie verlobt sind!" „Aber gnädige Frau, bei allem Respekt, Sie übertreiben das alles schon sehr…!" Dann hörte man wieder nichts außer einem Wasserhahn, den Belinda in der Küche voll aufgedreht haben musste. Der Hahn war so laut, dass wir drei fast sicherheitshalber den Rückzug angetreten hätten, für den Fall, dass die Großmutter herauskommen würde, um zu fragen, was der Lärm denn solle. Aber das Wasser wurde wieder abgedreht, und die Großmutter ließ sich immer noch ein bisschen Zeit, sicher, um nachzudenken, was sie jetzt sagen sollte. Jedenfalls hatte sich der Ton der Unterhaltung nach diesem Konter verändert: „Schauen Sie, Don Rodolfo, ich bin schon alt und kenne die Menschen in- und auswendig, und ich habe das alles satt, mehr als satt, weil ich nur zu gut weiß, was in solchen Fällen vor sich geht, und ich bin auch überzeugt, dass Sie mir in diesem Fall die Wahrheit sagen. Sie beide haben sich nur einen Kuss gegeben, sehr gut, und was jetzt?" Don Rodolfo fragte genau das, was ich auch gefragt hätte, genau dasselbe: „Wie, was jetzt? Ich weiß nicht, ich weiß nicht, was Sie meinen…" „Das sollten Sie aber wissen! Ein Kavalier darf es einem anständigen Mädchen nicht antun, es einfach so, ohne ehrbare Absichten, zu küssen! Ein Kuss, Don Rodolfo, der ändert alles. Nachdem er eine Frau geküsst hat, sollte für einen anständigen Mann nichts mehr wie vorher sein, da stimmen Sie mir doch zu, oder nicht?" „Doch, gnädige Frau, da stimme ich Ihnen zu!" „Wenn Sie mir zustimmen, dann verstehe ich nicht, was dieser Kuss sollte! Erklären Sie mir doch einmal, warum Sie ein gutes Mädchen wie Belinda küssen, wenn Sie sie nicht einmal gern haben?" „Aber ich habe sie ja gern!", sagte Don

Rodolfo und machte gleichzeitig ein Geräusch, als ob er sich schnäuzen würde. „Wie sollte ich Belinda auch nicht gern haben? Ich hab sie gern, gnädige Frau, und zwar sehr!" „Wenn Sie sie also gern haben, warum erklären Sie ihr Ihre Liebe nicht, wie es sich gehört ...?" Diesmal war es wirklich so, dass man es gehört hätte, wenn man auf einer der beiden Seiten der Tür, der ihren oder der unseren, eine Stecknadel auf den Teppich hätte fallen lassen! Das nennt man knisternde Spannung. Was würde Don Rodolfo jetzt sagen? Wir wollten jetzt alle drei gleichzeitig lauschen, und fast wäre die Tür mit lautem Krach aufgesprungen. „Ich sehe schon", sagte die Großmutter, wobei sie ihre Worte so getragen wie bei einer Parade aufmarschieren ließ, „dass Sie nicht antworten, Don Rodolfo. Sie antworten nicht, weil Sie nicht wissen, was Sie sagen sollen, da sind sie sich ja alle gleich, die Junggesellen in Ihrem Alter, da wird viel geredet, sehr viel geredet, aber am Ende kommt nichts dabei heraus, ich habe es satt, solche Dinge mitanzusehen ... Im Grunde haben die Junggesellen ja ein angenehmes Leben! Man geht jeden Tag zu Mittag ins Wirtshaus essen, später nimmt man in einer Bar eine Kleinigkeit zu sich und spielt eine gepflegte Partie Karten, und wenn man keine Pesete spart und sich lieben lässt, ohne sich zu irgendwas zu verpflichten, was soll's, man hat sich das Leben schließlich fein geregelt und geordnet ..." Ich bin mir nicht sicher, ob ich wusste, warum, aber ich weiß, dass ich spürte, dass unter dem Ganzen, was die Großmutter da so sagte, eine Falle verborgen war. So, wie sie sich anhörte, hätte man ja meinen können, dass der Großmutter nichts an Belinda lag und dass sie das, was sie sagte, einfach nur so dahinsagte, aber dann änderte sich ihr Tonfall wieder: „Schauen wir einmal, versuchen wir, die Dinge klarzustellen, mögen Sie Belinda, ja oder nein?" Das war jetzt so wie bei einem Elfmeterschießen. „Ja, ich mag sie. Ja, gnädige Frau." „Dann bringen Sie das alles in Ordnung! Heiraten Sie Belinda, dann können Sie sie küssen, so oft sie wollen!" Jetzt konnte man hören, wie die Großmutter kuppelte, damit der dritte Gang gut hineinging – die Stimme der Großmutter schnurrte so seidig wie ein Auto bei hundert Stundenkilometern: „Eine Frau wie Belinda, die führt ein Kavalier, wie Sie es sind, zum Altar, wie es sich gehört." Darauf antwortete Don Rodolfo nur: „Zum Altar, ja, gnädige Frau, natürlich, aber nach dem Altar kann ich sie dann nirgends mehr hinführen, nicht einmal mehr in eine billige Pension …" Dann sagte irgendwer, ich weiß nicht mehr wer, irgendetwas, jedenfalls war es so, dass der Chino, während er lauschte, auf den Hintern fiel, und ich auf ihn drauf, und Elke fing auch noch an, lauthals zu lachen. Und Belinda kam ins Vorzimmer, während gleichzeitig die Großmutter die Tür ihres Wohnzimmers aufriss, um zu sehen, was denn da los sei… „Was macht ihr denn da!", fragte die Großmutter, rot vor Zorn. Aber da sah sie Belinda und machte mittendrunter eine völlige Kehrtwendung: „Kommen Sie einen Moment herein, Belinda, Don Rodolfo ist auch hier…" Und Belinda ging ins Wohnzimmer, und uns drei warf die Großmutter ohne viel Federlesens hinaus. Und die drei blieben da drinnen, und redeten und redeten, wie wenn sie dafür bezahlt bekämen, bis zum Abendessen.

Was die drei da so lange zu besprechen hatten, erfuhren wir nie, nicht einmal an dem Tag, als wir alles erfuhren, was wir wissen durften. Die ganzen zehn Tage lang, die auf diesen Abend folgten, hatten wir ein eigenartiges Gefühl, ungefähr so wie gegen Ende des Schuljahres, wenn man nicht weiß, ob man bei den Prüfungen gerade noch durchgekommen ist oder eben nicht. Geschehen, also so richtig geschehen, ist nicht mehr oder weniger als sonst auch. Eigentlich war alles wie immer. Don Rodolfo kam weiterhin zur gleichen Zeit. Belinda lief in der Wohnung geschäftig von einem Zimmer ins andere. Elke kam an den Nachmittagen herauf. Ich und der Chino gingen in die Schule und kamen wieder nach Hause. Um vier Uhr kam Doña Blanca, um den ganzen Nachmittag bei uns zu verbringen. Alles wie immer. Nur dass Belinda einen an die Falter erinnerte, die im Sommer um das Licht schwirren, nicht die bunten, sondern die braunen, die, die sich einfach nicht von der Glühbirne losreißen können und pausenlos brummen, bis man schließlich das Licht abdreht. Belindas Glühbirne war, – soweit ich aus den Gesprächen zwischen der Großmutter und Doña Blanca während der Jausen heraushören konnte, – dass die Großmutter versprochen hatte, sich eine Lösung zu überlegen, damit Belinda und Don Rodolfo sich endlich küssen konnten, wie es sich gehört. Belinda hatte jetzt eine neue Angewohnheit, nämlich mitten im Satz oder sogar, wenn sie gar nichts gesagt hatte, tief zu seufzen. Es klang fast wie ein tiefer Atemzug bei der Gymnastik, und dann presste sie die ganze Luft wieder aus der Lunge, wobei sie „Ach, Gott!" sagte. Je mehr Tage vergingen, desto lauter hörte man sie seufzen, so dass ich und der Chino sie sogar schon einmal seufzen hörten, als wir noch auf der Treppe waren. Es war, als ob sie senkrecht abtauchen und dann wieder auftauchen würde, um verzweifelt nach Luft zu japsen, die ihr vor lauter Anstrengung völlig ausgegangen war. Man hörte sie schon kaum mehr „Gott" sagen, nur mehr „Aaach". Bis die Großmutter schließlich zu ihr sagen musste: „Seufzen Sie nicht so, Belinda, das klingt ja, als ob wir Sie erdrosseln würden!" Und in der ganzen Zeit verbrachten Belinda und Don Rodolfo am Tag nur ungefähr eine halbe Stunde miteinander, also die Zeit nach der Boxstunde, bevor wir uns zum Abendessen hinsetzten und Don Rodolfo in seine Pension zurückging. Worüber dachte die Großmutter nur nach, dass sie so lange brauchte, um es zu Ende zu denken? Denn was sich während dieser ganzen Zeit, die etwa eineinhalb bis zwei Wochen gedauert haben muss, endlos wiederholte, waren die vielen Gespräche zwischen der Großmutter und Doña Blanca, die jedes Mal das Thema wechselten, sobald Belinda ins Esszimmer kam. Der Satz, den man von Doña Blanca am öftesten hörte, war: „Was nicht sein kann, kann nicht sein!" Dass nicht sein könne, was nicht sein kann, das wollte keiner von uns wahrhaben. Der Chino sagte – und Elke und ich stritten bis aufs Blut mit ihm deswegen –, dass die beiden, wenn sie heirateten, aus dem Haus müssten. Laut dem Chino hieß Heiraten vor allem, dass man nicht mehr weiter im Elternhaus lebte. Und ich fragte ihn darauf, was denn dann mit uns beiden wäre, ihm und mir, weil keiner von uns im Haus seiner Eltern lebte und keiner von uns irgendjemanden geheiratet hatte, soweit ich wüsste. Das ließ den Chino rot sehen vor Wut. Ich war überzeugt, dass sie sicher niemals weggehen würden – wie sollten Belinda und Don Rodolfo uns denn verlassen und nicht mehr zurückkommen –, und dass es also schließlich die Liebe sein würde, die sie aufgeben müssten. Am Ende würde ihnen ja nichts anderes übrig bleiben. Sehen, also sehen konnten sie sich ja schließlich weiterhin, wie sie sich bis jetzt immer gesehen hatten, jeden einzelnen Tag, und ohne sich zu küssen, bis zu dem ersten Mal, als sie sich geküsst hatten, aber davon habe ich ja schon zuvor erzählt. Sich sehen ist mehr oder weniger so wie sich lieben, ohne sich zu küssen. Es ist besser, sich weiterhin zu sehen, als sich einen Kuss, oder wie viele auch immer, zu geben und sich nicht mehr sehen zu können. Ich war wirklich überzeugt von dem, was ich sagte, nämlich, dass es einfach keine andere Lösung gab: Um schließlich nicht aus dem Haus zu müssen, würden die beiden schon noch einsehen, dass es gar nicht notwendig war, sich zu lieben und zu küssen, wenn man es statt dessen weiterhin dort gut haben konnte, wo es einem bis jetzt gut gegangen war. Und natürlich ging es den beiden bei uns gut. Und uns ging es auch gut mit ihnen. Es gab also keinen anderen Weg. Was Elke sagte, machte mich noch wütender als den Chino, so wütend, dass wir eines Tages sogar richtig zu streiten anfingen, als wir darüber redeten. Elke meinte nämlich, dass es den beiden, da sie sich ja liebten und sie sich auch in Zukunft und immer und ewig lieben würden, vollkommen gleichgültig sein dürfte, ob sie jetzt weggehen mussten und uns nie wieder sehen würden oder ob sie bei uns blieben, bis sie es schließlich satt bekämen, uns jeden Tag zu sehen. Elke behauptete sogar, dass wir ihnen sicher völlig egal wären, falls Belinda und Don Rodolfo sich tatsächlich wie verrückt liebten. Und da musste ich Elke heftig zurechtweisen, denn so verrückt konnten die beiden sich gar nicht lieben, dass sie uns einfach vergessen konnten! Und falls doch, dann nur, weil einer von beiden starb, und wenn sie sterben sollten, könnten sie sich schließlich auch nicht ewig lieben. Und in diesem Punkt besaß Elke die Frechheit, mir geradeaus ins Gesicht zu widersprechen. Ich konnte es gar

nicht fassen: „Was sagst du da, dass sie sich weiter lieben würden, wenn einer von beiden stirbt, egal, welcher von beiden,
nun gut, aber was geschieht, wenn es beide sind, die sterben?
Wie glaubst du, dass sie sich lieben würden, wenn beide
gleichzeitig sterben?" Aber im Grunde wusste ich, dass sie
Recht hatte. So heißt es auch in einem Sprichwort, das Doña
Blanca oft verwendet: Den toten Esel rettet keine Gerste mehr.
Die Gerste wäre dann mehr oder weniger die Liebe, die dem
toten Esel auch nicht mehr hilft, weil er sie nicht mehr fressen
kann. An einem dieser Nachmittage, es war genau an dem Tag
vor dem Abend, an dem die Großmutter endlich die Karten auf
den Tisch legte, sagte Doña Blanca etwas, das sie noch nie vor
diesem Nachmittag gesagt hatte: „Ins Haus kannst du ihn nicht
nehmen, das kannst du einfach nicht tun, glaube mir, nicht einmal du!" Und die Großmutter sagte: „Also ich sehe nicht ein,
warum ich das nicht können sollte!" „Wenn du das nicht siehst,
dann bist du blind!" „Nun, soweit ich weiß, bin ich nicht
blind!" „Du bist es aber!" Das Ganze wurde immer schlimmer,
deshalb verpasste ich dem Chino einen Stoß mit dem Ellbogen
für den Fall, dass er nicht mitbekommen hatte, wie schnell
alles schlimmer wurde. Der Stoß mit dem Ellbogen wäre gar
nicht notwendig gewesen, so wie es aussah. Weder der von mir
noch der von ihm, der ziemlich hart war, wegen seiner
Gewohnheit, den Feind immer gleich in Grund und Boden zu
stampfen. „Schau, Blanca, ich bin nicht blind, weil ich nämlich
ganz klar sehe! Ich kann es, weil ich es eben kann! Soviel ich
weiß, gibt es kein Gesetz, das es mir verbietet, aber wenn es
eines gibt und du es kennst, dann sag es mir doch…!" Aber
Doña Blanca war nicht bereit aufzugeben, bevor nicht der letzte Tropfen Blut vergossen war: „Ach, wenn es darum geht, um

154

so ein Gesetz, also so ein Gesetz gibt es sehr wohl ... !" Und die Großmutter sagte, fest entschlossen, kämpfend unterzugehen: „Dann sag mir doch bitte, welches!" Und danach verschränkte sie die Arme in Erwartung des Gegenangriffs des einfallenden Heeres. „Nun, das Gesetz, auf das es ankommt, ist, was die Leute sagen werden, wenn du wirklich das tust, was du vorhast. Das ist das Gesetz, das es gibt, das der Leute, die Stimme des Volkes, mehr brauche ich dir wohl nicht zu sagen." Und da sagte die Großmutter, und dabei schlug sie mit der Handfläche so kräftig auf den Tisch, dass die Tassen auf den Untertassen hüpften: „Na und, Blanca? Was geht mich das an? Ich tue, was ich tue, weil ich es für richtig halte, und weil es den beiden hilft und allen anderen auch, und außerdem bin ich die einzige Eigentümerin und Besitzerin meines Hauses, also was soll sein, Blanca? Sag es mir!" Ich bemerkte, dass die Stimme der Großmutter, die zuerst herausfordernd geklungen hatte, zum Schluss wieder wie ihre freundliche Stimme klang, die, mit der sie jeden Tag mit Doña Blanca redet, jeden Tag im Jahr, einschließlich der Sonntage und Feiertage. Doña Blanca konnte da nichts mehr sagen. Aber statt ihr jetzt den Rest zu geben, ließ die Großmutter anordnen, zehn Salutschüsse abzufeuern, für den ehrenvollen Abzug des geschlagenen Generals.

Vierundzwanzig Stunden lang mussten wir alle warten, dass die Großmutter nun sagen würde, was Belinda und Don Rodolfo zu tun hätten. Die Wahrheit ist, dass die Großmutter am Anfang lange herumredete, bevor sie endlich damit herausrückte. Eines Nachmittags, als wir im Esszimmer Platz nahmen, um zu jausnen, sagte sie: „Jetzt werden Belinda und Don Rodolfo einige Monate verlobt sein, das heißt, alles bleibt so wie bisher, nur dass alles klar ist und seine Ordnung hat, und danach werden sie heiraten, weil es das ist, was sie wollen, und bis sie eine Wohnung finden, wird dann Don Rodolfo zu uns ziehen, um hier zu wohnen. Im Zimmer von Belinda haben leicht zwei Personen Platz." Und da trat ich ins Fettnäpfchen, weil alle lachten, außer mir, und zwar, weil ich vor lauter Freude, dass sich nichts ändern würde, gesagt hatte: „Hineinpassen tun da so viele, wie du willst, Großmutter, aber was das Bett anbelangt, also da gibt es nur ein Bett, und noch dazu ein ziemlich schmales …!" Da sagte Doña Blanca – und daran sieht man, dass sie ein echter Kavalier ist –: „Was ich beisteuern kann, wenn ihr wollt, ist eine Ottomane, die ich schon lange nicht mehr benutze, die vom Dachboden…"

Mit dem warmen Wetter kamen sie wieder, die mutigen Mauersegler, und kehrten zu ihrem Nest zurück. Das heißt, ich weiß nicht einmal, ob es dieselben waren oder ihre Kinder. Als sie wie Kugelblitze einfielen, einer nach dem anderen, waren wir alle drei auf der Terrasse, Elke, der Chino und ich. Wir lagen alle drei auf dem Rücken, um auszuprobieren, ob wir es schaffen könnten, uns nicht zu bewegen und nur jeden zweiten Atemzug zu atmen und uns zu bemühen, an nichts zu denken – was das Schlimmste im Leben eines Fakirs ist, zumindest für mich. Es war ein Experiment, das wir seit zwei Wochen jeden Nachmittag wiederholten, um zu sehen, wem von uns dreien es als Erstem gelingen würde zu levitieren, selbst wenn es nur einen Zentimeter über dem Boden wäre, ohne diesen auch nur mit einem Finger zu berühren. Elke hatte darüber etwas in einem deutschen Buch gelesen und es uns in einem Zug übersetzt. Beim Lesen war sie so aufgeregt, dass das Deutsche fast verständlicher war als ihr Spanisch. Noch dazu wurde sie immer schneller, obwohl es keiner von uns dreien eilig hatte. Es war nicht so, dass man sie nicht verstanden hätte. Ich und der Chino, wir verstanden sie gut genug. Was uns, mich und den Chino, verblüffte, hatte nichts damit zu tun, ob wir sie verstanden oder nicht, es hatte damit zu tun, dass uns auffiel, wie sehr sie noch wie ein Neuankömmling klang, weil sie sogar noch schlechter sprach als ganz am Anfang. Und das sagte ich auch zum Chino, aber er schien mich nicht richtig zu verstehen, weil er weder ja noch nein antwortete, obwohl er mich ganz klar und deutlich gehört hatte. Ich sagte: „Jetzt, wo man das Gefühl hat, dass Elke schon ihr ganzes Leben hier mit uns verbracht hat, kommt sie dir da nicht auch mehr wie eine Ausländerin vor als an dem Tag, an dem sie angekommen ist?" Der Chino antwortete nicht, und ich beließ es dabei, statt den ganzen Satz noch einmal zu wiederholen. Denn jetzt, als ich es laut aussprach, traf mich selbst die Erkenntnis wie ein Blitz. Damals kümmerten wir uns nicht weiter darum, jedoch ohne dass wir – wie Doña Blanca immer sagt – aus dem Staunen herausgekommen wären. „Also, ich komme aus dem Staunen nicht heraus!", sagt Doña Blanca jedes Mal, wenn irgendetwas passiert, so alltäglich es auch sein mag. Und es stimmt, dass Doña Blanca oft den Eindruck vermittelt, dass ihr Staunen so etwas ist wie ein Haus, das sie praktisch nie mehr verlässt, nicht einmal, um zur Messe zu gehen. Die Großmutter hingegen wundert sich jeden Tag weniger, und zwar deshalb, weil sie dauernd mit allem rechnet, schon Monate bevor etwas geschieht und lange bevor etwas überhaupt eintritt. Schön langsam wird sie zu einer Hellseherin, ich weiß nur nicht, ob das so ist, weil sie, wie sie behauptet, im Leben schon alles viel zu oft gesehen hat. Vielleicht hat sie auch nur immer Recht, weil wir alle, um ihr nur ja nicht zu widersprechen, alles so machen, damit es mit dem übereinstimmt, was die Großmutter vorausgesagt hat, selbst wenn es etwas Schlechtes ist. Wie zum Beispiel der Chino und ich: Wenn Gott kein Wunder geschehen lässt, und ich glaube nicht, dass Gott viel daran liegt, in diesem Fall ein Wunder zu wirken, werden wir beide im Juni jeder in vier Fächern sitzen bleiben. Dabei kann ich, was das Lernen anbelangt, bestätigen, dass der Chino noch mehr lernt als ich. Wir haben es durchaus schon fertig gebracht, und zwar mehr als ein Mal, sogar mehr als zwei Mal, vor den Teilprüfungen in der Karwoche bis vier Uhr früh den Stoff zu wiederholen und ausgezeichnete Schwindelzettel zu schreiben. So wie den, den wir mit dem ganzen Stoff für die Chemieprüfung gemacht haben, alles stand auf einem Papierstreifen, der in den Bleistiftspitzer passte, wenn man ihn wie einen Kegel zusammenrollte. Und dann ließ uns Don Arcadio von der Bank alles wegräumen, bis auf die Zettel, die er ausgeteilt hatte, die Feder und das Tintenfass! Jetzt weiß ich nicht mehr, was ich eigentlich erzählen wollte. Manchmal stecke ich plötzlich in einem weißen Nebel aus lauter Gefühlen, wie wenn mein Kopf auf einmal blutleer wäre. Soviel ich weiß, sind das vor allem die Symptome einer Embolie, da staut sich das Blut in einer Vene, und man fällt tot um. Ich habe eben Gefühlsembolien, und dann vergesse ich, wo ich gerade war – obwohl diesmal nicht,

Gott sei Dank. Die Mauersegler waren gerade angekommen, und aus der Rückenlage, in der wir uns befanden, um zu sehen, wer von uns dreien als Erster einen Zentimeter über dem Boden schweben würde, kamen wir in den Schneidersitz, das ist die Haltung, in der sich die Rothäute normalerweise ausruhen. Und Elke meinte: „Das Mauersegler, die wieder umkommen!" Und der Chino und ich besserten sie fast gleichzeitig aus, obwohl wir sie ja verstanden hatten, sehr gut sogar. Was wir ihr mehr oder weniger beide sagten, war, dass man im Spanischen, wenn ein Mauersegler ein Jahr später zum selben Nest zurückkehrt – wenn wir davon ausgehen, dass es derselbe ist und nicht seine Kinder –, nicht „wieder umkommen", sondern einfach nur „wieder kommen" sagt. „Aberr wenn ‚umdrehen', ‚umsehen', ‚umkehren' alles drei mit um rrichtig sind, warum ‚umkommen' nicht, wissen möchte ich!" „Weil ‚umkommen' ist, wenn einen jemand ‚umbringt', also etwas Schlechtes…" „Aber nicht einen umbringen, dass der Magen sich umdreht, wenn schlecht einem…" Und das ist auch etwas, was mir damals aufgefallen ist: Je schlechter Elke Spanisch sprach, desto mehr stritt sie mit uns wegen der Wörter, obwohl sie doch wusste, dass es unsere Sprache war. „Wie man sagt, ist doch egal, Hauptsache ist, dass sie wieder da sind!", sagte ich, um die Diskussion zu beenden, und vor allem, weil ich mich darüber freute, dass sie wieder hier ihr Nest hatten. Wie in den Jahren davor wurde es Sommer, sobald die Mauersegler da waren, zumindest am Himmel. Die Tage wurden länger, damit die Mauersegler genug Zeit hatten, zum Herumfliegen, und wir banden uns die Pullover nur mehr um die Hüfte, wenn wir aus dem Haus gingen, sogar schon in der Früh. Abgesehen von den Mauerseglern und den Fakirexperimenten redeten wir am meisten über die Hochzeit von Belinda und Don Rodolfo, die am ersten Sonntag im Juni stattfinden sollte. Auch die Großmutter und Doña Blanca sprachen die ganze Zeit darüber, und davon, welche Mantilla* die Großmutter tragen würde, die sich noch immer nicht endgültig entschieden hatte, welche sie denn nehmen sollte, weil sie drei hat, und wie Doña Blanca das marineblaue Schneiderkostüm umändern würde, indem sie die gepolsterten Schulterstücke, wie sie sagte, durch Raglanärmel ersetzen würde, um mehr mit der Zeit zu gehen. Die beiden würden während der Achtuhrmesse in der Seitenkapelle der Pfarrkirche heiraten, und danach würden wir alle hierher zurückkommen zum Frühstück mit heißer Schokolade. Danach würden Belinda und Don Rodolfo für zwei Wochen in Belindas Dorf fahren und bei ihrer Schwester bleiben, die ihnen ein Zimmer in ihrem Haus überlassen wollte, so sehr ihr das auch unangenehm war, mit vier kleinen Kindern, aber was blieb ihr schon anderes übrig, und schließlich blieb es ja in der Familie, meinte Belindas Schwester. Aber nie war davon die Rede, was mit den Prüfungen sein würde. Die Großmutter hatte es ja bereits mindestens vier Monate im vorhinein gesagt, dass sie schon damit zufrieden wäre, wenn wir wenigstens in Religion nicht sitzen blieben, wenn wir schon in allen anderen Fächern durchfallen mussten. Und auch damit behielt sie Recht, der Chino bekam sogar einen Zweier in Religion! Aber keiner von uns, und am wenigsten der Chino selbst, hatte damit gerechnet, dass es seine Eltern innerhalb von nur zwei Tagen erfahren würden, obwohl sie doch das ganze Jahr über im Ausland sind, weil sein Vater Diplomat ist – aber sie erfuhren es, wie immer sie es auch herausbekommen hatten. Die Mutter vom Chino, also meine Tante, sprach mit ihrer Mutter, also mit der Großmutter, mindestens eine Stunde am Telefon, und das, wo sie doch aus Buenos Aires oder Brasilien, genau weiß ich es nicht, anrief! Die Folge war, dass der Chino diesen Sommer bei seinen Eltern verbringen und im September alle Prüfungen bestehen musste, weil er sonst mit vier nicht bestandenen Fächern das ganze Jahr würde wiederholen müssen, genauso wie ich auch. Sie hielten es also für besser, uns zu trennen, zumindest über den Sommer, damit ich den Chino lernen ließ und umgekehrt der Chino mich. Aber das schworen wir beide vor Elke, dass wir aus Rache sterben würden, bevor wir auch nur den Einband eines Buches anschauten. Was Elke darauf sagte, ließ uns zu Stein erstarren, wenigstens eine ganze Weile lang: „Besserr Buch schauen als nichts übrrig bleiben, als niemals wiederr umsehen uns drrei in derr nächste Schuljahrr." Wir erstarrten, weil sie das so nüchtern sagte, aber Recht, nun Recht hatte sie.

In dieser Zeit war das, was ich am meisten tat, Acht geben. Ich gab ununterbrochen Acht. Ich war achtsam, ohne überhaupt darauf zu achten. „Aufpassen" nennt es die Großmutter. Nicht bestehen hat mit aufpassen nichts zu tun. Manchmal ist es sogar gut durchzufallen, weil man aus der letzten Reihe, also sozusagen von Achtern, am besten auf alles achten kann. Wenn sie einen nicht einmal mehr fragen. Wie mich und den Chino, die sie in Naturwissenschaften, Geschichte, Französisch und Mathematik schon nicht einmal mehr aufrufen. Und wie das im Sommer eben so ist: Das Wetter wird langsam immer schöner, und durch die Fenster, die man jetzt offen lassen muss, kommt die Sonne herein, und man sieht den Staub, die Körnchen, die in der Luft tanzen, und weil man die ganze Zeit auf alles achtet, kommt einem jeder Tag wie ein Feiertag vor. Das Blut strömt einem da durch den Kopf, das venöse und das arterielle, als ob es der Golfstrom wäre. Und so muss es auch sein, oder sehr ähnlich, denn in dieser Zeit fließt es wirklich viel schneller, viel heißer und viel stetiger als das Blut im restlichen Ozean, das heißt, als das Blut im ganzen übrigen Körper, das man ja kaum spürt, und deshalb hat man ja auch kalte Füße. Man sieht alles dauernd ganz klar und deutlich, und nicht nur, weil die Sonne scheint, es ist, weil du auf die Sonne und auf alles andere achtest. Das ist nun das, was der Pater Constantino einen Vergleich nennt. Es ist fast sicher ein Vergleich, weil es im Golfstrom in meinem Kopf, jetzt, wo ich darauf achte, sogar Plankton gibt, das sind die Millionen von Bruchstücken von Dingen, die man gedacht hat, vielleicht schon vor einem Jahr, und die nun wieder belebt werden durch die Wärme des Stroms, die dadurch entsteht, dass man Tag für Tag mehr Obacht gibt. Elke war diejenige, die ich am meisten beobachtete. Und nach ihr den Chino. Und nach ihm uns alle drei, jeder für sich betrachtet, ist nämlich nicht dasselbe wie alle zusammen. Und dann Don Rodolfo und Belinda, die beiden aber jetzt immer als Paar, also zusammen. Auch wenn sie erst verlobt waren und, glaube ich, der dritte Anschlag des Aufgebots noch fehlte. Und danach beobachtete ich auch Doña Blanca und die Großmutter, die ebenfalls unzertrennlich sind, wie sie beide so im Zimmer der Großmutter sitzen, jede in ihrem Sessel, mit dem kleinen Tisch zwischen ihnen und einer Vase, die jedes Mal, wenn Doña Blanca an den Nachmittagen kommt, eine der beiden ein bisschen zur Seite schiebt, damit sie sich gegenseitig ins Gesicht sehen können. Und ich beobachtete, dass sich sonst nichts verändert hatte, nicht im Haus und auch nicht auf der Terrasse: nur wir drei. Und Elke von allen am meisten. Und gleichzeitig auch am wenigsten. Mir ist egal, wenn das keiner versteht. Ich will damit sagen, dass die Veränderungen bei mir und beim Chino viel leichter zu sehen waren als die Veränderung bei Elke, die, glaube ich, nur ich wirklich sah. Unsere hatte sogar Doña Blanca bemerkt, und das, obwohl sie immer doppelt so kurzsichtig gewesen ist wie die Dioptrien, die sie hat, und jetzt, so sagt sie zumindest, ist sie auch noch weitsichtig, was so viel wie alt heißt, und das äußert sich so, dass sie jetzt nie weiß, ob sie näher herangehen oder weiter weggehen soll, um sich etwas anzusehen, was sie dann sowieso kaum sieht. Also, sogar Doña Blanca meinte: „Dass sie so aufgeschossen sind, hat auch einen Einfluss auf ihr Verhalten! Früher wurde beim Tee nur herumgebrüllt, auch auf der gebenedeiten Terrasse und in ihren Zimmern nichts als Geschrei, du kannst dich sicher erinnern, dass man sie noch hier hören konnte." (Das „Hier", das Doña Blanca meinte, war das Esszimmer und das Zimmer der Großmutter.) „Das ist mir schon den ganzen Frühling aufgefallen. Wenn ich am Abend ins Vorzimmer hinausgehe, ist alles so still, als ob wir in der Kirche wären …!" Und das Lustige daran war, dass Doña Blanca, obwohl sie immer so gewaltig übertreibt, im Vergleich zu mir nicht einmal ein Millionstel von dem bemerkte, was mir aufgefallen war, wie sehr wir drei uns nämlich in diesem Schuljahr verändert hatten. Das mit dem Lärm zum Beispiel war schon richtig – obwohl wir früher auch nicht so laut gewesen sind, da kann Doña Blanca sagen, was sie will –, es war schon richtig, dass man uns nicht mehr hörte, aber nicht, weil wir wuchsen, wie Doña Blanca glaubte, deshalb nicht, sondern aus einem anderen Grund, der gar nichts damit zu tun hatte, dass wir drei ein bisschen gewachsen waren oder dass ein Jahr vergangen war. Wir machten keinen Lärm, weil wir dauernd nur herumlagen und lasen. Die Kämpfe zwischen Luftwaffe und Fliegerabwehr, die Truppenlandungen und die Angriffe auf Flugzeugträger als Hirohito treu ergebene Kamikaze, daran dachten wir kaum noch. Wir machten keinen Lärm, weil es keinen Krieg gab. Und als Zeichen dafür, dass kein Krieg herrschte, setzten wir uns zusammen und rauchten die Friedenspfeife – etwas, das schon gut ist, aber wenig hergibt, sobald einmal Europa und die Inseln des Pazifischen Ozeans aufgeteilt sind. Was uns Spaß machte, war, uns einfach hinzusetzen und zu lesen und uns vielleicht das eine oder andere Mal an ein Abenteuer zu erinnern, wie etwa die Expedition auf den Everest. Mit Don Rodolfo war es jetzt auch anders als damals, als er begonnen hatte, uns Stunden zu geben, aber vor allem, weil Belinda und er jetzt verlobt waren und Don Rodolfo jetzt nicht mehr so viel in der Bar der Falange herumsaß wie früher und sich auch nicht mehr zwei Mal pro Woche zum Einsatz melden musste. Aber auch das mit der Friedenspfeife war nicht so einfach! Am Anfang lasen wir der Reihe nach. Doch das mit dem Ablösen war ziemlich mühsam, besonders, wenn die Reihe entweder an den Chino oder an mich kam. Die Schicht Elkes wurde dagegen immer länger, und obwohl Elke wirklich sehr schlecht las, war es überhaupt nicht mühsam, ihr zuzuhören, wenn sie vorlas. Wir gewöhnten uns an, auf dem Rücken zu liegen und uns von Elke vorlesen zu lassen, während ich nebenbei beobachtete, was so am Himmel vorbeizog, also die Wolken, die sich im Frühling sehr stark voneinander unterscheiden, und die Flugzeuge, von denen nicht viele vorbeiflogen, und wenn welche kamen, dann sprangen wir alle drei auf, und Elke hörte auf zu lesen und machte ein Eselsohr in die Seite, auf der sie gerade war, bis die Flugzeuge unser Schussfeld verlassen hatten. Sie vorlesen zu hören, war viel, viel besser, als wenn wir selbst ihr vorlesen mussten, weil der Chino nämlich immer schneller wird und fast schon erstickt, weil er keine Pausen bei den Beistrichen macht, und weil ich, wenn ich laut lese, mich selbst kaum höre. Damals fiel mir auch auf, dass jetzt der Chino der Unruhigere von uns beiden war, obwohl es ihm mindestens noch genauso gut, vielleicht sogar noch besser als früher gefiel, wenn wir drei gemeinsam auf der Terrasse saßen. Aber bis jetzt war immer ich derjenige von uns beiden gewesen, der zappeliger war, der Chino hingegen der, der sich mehr konzentrierte. Aber jetzt war er der Erste, der damit anfing: „Warum machen wir nicht etwas anderes, wir liegen ja nur herum und lesen und unternehmen gerade einmal an Sonn- und Feiertagen etwas…" Jetzt spürte der Chino plötzlich so ein Kribbeln, dass er manchmal zwei und drei Mal aufstehen und aufs Klo gehen musste, obwohl er nicht krank war, egal, wie spannend die Geschichte war, die Elke uns vorlas. Tatsache ist, dass der Chino viel breitschultriger als ich war, mehr als doppelt so breit wie alle anderen in seiner Klasse oder in unserem Jahrgang. Man sieht daran, dass die Muskelkraft am Nachmittag zu einem Kribbeln wird, sodass man die ganze Zeit aufstehen und sich wieder hinsetzen und ständig in Bewegung sein will.

Ich weiß noch, dass dieser Tag auf einen Donnerstag fiel, an dem wir keinen Nachmittagsunterricht haben. In der Schule zeigen sie dann Filme, genauso wie an den Sonntagen, sehr gute Filme, wie damals, als sie in sechs Vorführungen *Fu Man Chu* brachten oder *Die vier Federn*. Fast alle Filme, die von der Zensur nicht als rot, also für alle verboten, oder als rosa, nur für Erwachsene, gekennzeichnet waren, hatten sie in der Schule schon gezeigt. Ich und der Chino gingen oft hin, und wir nahmen auch Elke mit, und zwei oder drei Mal war sogar Belinda mitgekommen, aber das war eher lästig, weil sie dort – was sie zu Hause nie tut – mit uns wie mit Grundschulkindern redet. Ständig geht sie uns damit auf die Nerven, dass wir uns ordentlich hinsetzen sollen, ohne gegen die Rückenlehne des Vordersitzes zu treten, dabei treten die anderen auch gegen unsere, wenn es spannend wird. Es war also ein Donnerstag, und noch dazu im Mai, die Prüfungen standen unmittelbar bevor, also ideal, um ins Kino zu gehen. Gleich nach dem Essen kam Elke herauf und brachte ein Buch mit und sagte: „Schauen, Buch ich brringe…!" Also schauten wir, aber es sah eher mühsam aus. Der Titel war: *Das Leben, die Gewohnheiten und Sitten der Fakire in Tibet und Indien*. Der Chino sagte: „Das ist ja was!" Und ich fragte: „Worum geht es da, um Geographie, oder worum sonst?" Und ich sagte das, weil wir Indien und Tibet in Geographie durchgenommen hatten. Also würde es zumindest ein bisschen um Geographie gehen, dachte ich. Was denn nun Fakire waren, wusste ich nicht. Ich hatte dieses Wort noch nie gehört. Und da ich alle Wörter kenne und sie, wenn ich sie nicht kenne, einfach erfinde und dabei immer ins Schwarze treffe, oder fast immer, wollte ich nicht zugeben, dass zufällig Fakir das einzige Wort im ganzen Wörterbuch war, das ich noch nicht kannte. Sicherheitshalber hielt ich mich also an die Geographie. Da wurde Elke gleich furchtbar wütend. Elke gehört zu der Sorte von Menschen, denen ich im Leben begegnet bin, die wegen jeder Kleinigkeit sofort ziemlich wütend werden können, um sich dann nach einer Minute oder zwei wieder zu beruhigen und so zu tun, als ob nie etwas gewesen wäre. Diesmal wurde sie wütend, ohne laut zu schimpfen, sie trat nur gegen das Bein des Stuhls, der ihrem Fuß am nächsten stand, das war der vom Chino, den sie fast zerbrochen hätte. „Spinnst du?!", schrie der Chino, mehr um zu schreien als sonst was, weil ein Tritt gegen einen Stuhl, auch wenn es sein eigener ist, ihn wenig stört. Elke antwortete, was man eben in solchen Fällen antwortet – ein wie aus der Pistole geschossenes: „Selber spinnen, du Trrottel!" – und kam dann zu dem, was sie eigentlich vorhatte: Man konnte sehen, dass sie bereits geplant hatte, uns dieses Buch vorzulesen. Aber nun war es ja zufällig so – und ich weiß, dass Elke es wusste –, dass es Donnerstagnachmittag war und wir drei ins Schulkino gehen wollten, wie wir es erst am Mittwoch ausgemacht hatten. Außerdem war das Buch, das wir in den letzten beiden Wochen gelesen hatten, *Robinson Crusoe*. Wir waren ungefähr in der Mitte angelangt, und bei uns galt die Regel, dass wir jede Geschichte immer zu Ende ansahen oder erzählten oder lasen, oder was auch immer. Es gibt nichts Schlimmeres, als eine Erzählung in der Mitte abzubrechen. Also ging ich in die Luft: „Und was ist mit dem, was wir gestern ausgemacht haben, he! Von *Robinson Crusoe* fehlt dir noch die Hälfte, was ist damit?" Da konnte man gut sehen, oder ich konnte es zumindest, wie Elke jetzt war und wie sie sich verändert hatte. Noch vor einem Jahr hätte sie mir das Buch an den Kopf geworfen. Aber jetzt schmollte sie und sagte: „Selber schuld, wenn sie lieberr ins Kino gehen als lesen hörren, mirr egal, von mirr aus jeden Tag, wenn sie wollen gehen können würrden, mirr macht nix aus …!" Eine größere Lüge, als dass es Elke nichts ausmachte, konnte es gar nicht mehr geben. Elke war nie etwas egal. Jetzt fällt mir auf, dass das eine der besten Eigenschaften Elkes ist. Ich wollte schon antworten, dass ich nicht einsah, wozu es gut sein sollte, sich so aufzuführen, aber zum Glück hielt ich eine Sekunde davor den Mund. Das wäre nämlich auch eine Lüge gewesen, und eine schwere noch dazu, glaube ich, unter den Todsünden ist das, glaube ich, eine der schwersten Sünden, die es gibt. Wenn es mir in den Kram passt, dann lüge ich drauflos, unter anderem, weil ich der König bin und weil es zum Wohle des Volkes ist, wenn der König ab und zu lügt, aber nicht, wenn man in gewissen Fällen wie dem hier für die Wahrheit sogar das eigene Leben aufs Spiel setzen muss. Und die Wahrheit war, dass ich es sehr wohl wusste – gerade weil ich in letzter Zeit am meisten Elke beobachtet hatte –, ja, ich wusste nur allzu gut, warum Elke das gesagt hatte: weil sie uns gerne vorlas. Und da war es ganz egal, was sie gestern gesagt hatte, nämlich dass sie mit uns ins Kino gehen würde. Darauf kam es nicht an, das hatte sie nur so gesagt, ohne es zu meinen. Außerdem ging es ja auch noch um etwas anderes, nämlich, dass ihr *Robinson* überhaupt nicht gefiel, weil in *Robinson* keine Mädchen vorkommen und weil sie obendrein noch meinte, dass die Hälfte von dem, was in dem Buch erzählt wird, gar nicht möglich ist, und dann noch, obwohl das jetzt kein so guter Grund ist, einfach nur so: Sie will einfach, weil sie ein Mädchen ist und wir Jungen, so oft wie möglich die Hauptrolle spielen. Und wenn das auch kein besonders guter Grund ist, hat es weder mich noch den Chino jemals wirklich gestört. Aber was ich jetzt gerade gesagt habe, hätte ich Elke niemals ins Gesicht gesagt, erstens wegen dem Chino – denn wenn ich ihm das vorher nicht erkläre, dann versteht er es nicht, obwohl das nichts ausmacht, weil wir Kameraden sind – und zweitens, weil man solche Sachen, auch wenn man es noch so sehr will und noch so sehr versucht, sie richtig zu erklären, doch nie richtig erklären kann, weil es Dinge des Herzens sind, wie Belinda immer sagt. Also sagte ich nur: „Dann sagst du mir sicher gleich, was wir machen sollen, ausschauen tut dieses Buch ja ziemlich mühsam!" Und Elke sagte: „Jetzt wirrst du sehen, ob mühsam es ist, die errste schau…!", und damit schlug sie das Buch etwa in der Mitte auf. Da sah man zwei Photographien, und auf beiden war ein Inder mit Turban, deshalb sah es so aus, als ob auf beiden Bildern der Inder derselbe wäre, allerdings in verschiedenen Haltungen: Auf dem linken Photo lag er auf einer Art Bett aus Nägeln, auf dem rechten stand er Kopf, das heißt, er war verkehrt herum, mit den Füßen oben und dem Kopf nach unten, aber ohne dass der Kopf den Boden berührt hätte, der schwebte einen halben Meter darüber. Auf beiden Bildern sah man hinter dem Inder einen Hindutempel. Mir und dem Chino blieb der Mund offen stehen, mir vielleicht sogar mehr als dem Chino, weil der Chino sagte: „Was soll das denn? Ist wahrscheinlich ein Trick." Und Elke, die sich nicht einmal dazu herabließ, ihm oder mir, der ich doch gar nichts gesagt hatte, einen Blick zu gönnen, verdrehte die Augen gegen Himmel, damit wir merken sollten, wie sehr sie uns verachtete und auf uns herabsah. „Lieberr mit Dummköpfen nicht zu tun habe, einzige, dass ich jetzt sage, ich gehe." Aber dann ging sie doch nicht, sondern riss ihre Augen wieder vom Himmel los und sah zuerst den Chino und dann mich an, dann ein zweites Mal wieder den Chino und dann wieder mich. Und dann wurde uns, mir und dem Chino, gleichzeitig klar, dass wir zum ersten Mal in unserem Leben Elke weinen sehen würden. Und dieses eine Mal war es der Chino, der am besten und am schnellsten reagierte: „Sei doch nicht so, Elke, verflixt noch einmal!" Ihn hören und endgültig in Tränen ausbrechen, war bei Elke eins. Und da konnte man sehen, dass wir beide sie viel mehr mochten, als einer von uns je laut zugegeben hätte, außer in der Stunde des Todes. Das Einzige, was mir durch den Kopf schoss, war: „Mein Gott, was zum Teufel mache ich jetzt?!" Und fast gleichzeitig dachte ich auch, dass es uns beide anging, schließlich war der Chino genauso daran schuld wie ich, dass wir sie zum Weinen gebracht hatten. Und so verging eine Minute, oder vielleicht waren es auch nur ein paar Sekunden. Ich weiß nur, es dauerte ewig lang, ohne dass einem von uns beiden während dieser ganzen Zeit – und ich bestreite gar nicht, dass es vielleicht nur eine Sekunde war – etwas eingefallen wäre, was wir sagen oder tun könnten, damit Elke nie wieder weinen musste. Ich sah den Chino an und sah das Gesicht, das er machte, das sehr bleich war, und ich spürte, wie mein Zwerchfell pochte, das den Darm von den beiden Lungen trennt, dort, wo die Magengrube beginnt, genau so, wie wenn es einem so schlecht geht, dass man kotzen muss. Das Wort, das mir damals nicht eingefallen ist, um das zu beschreiben, weiß ich inzwischen leider: es heißt „Beklemmung". Und da hörte Elke plötzlich, plaff, zu weinen auf und sagte: „Verrzeihen." Und dann lief sie rot an. Und danach sagte sie noch einmal: „Verrzeihen, dass Dummköpfin sei." Und wir beide sagten beinahe gleichzeitig:

„Was heißt hier verzeihen, so ein Blödsinn, Elke!" Und ich sagte, ohne eine Sekunde zu zögern: „Komm schon, Mann, schenk uns ein strahlendes Lächeln!" Und dann setzte ich noch drauf: „Wie im Kino, komm schon, Elke, Mensch!" Und das Gute war, dass sie diesmal zur Abwechslung einmal auf uns hörte. Sie lächelte uns an, wie noch nie jemand einen anderen angelächelt hat, soweit ich weiß. Ich habe schon Millionen Menschen lächeln gesehen, aber so noch nie. Schließlich gingen wir nicht ins Kino und hörten bei *Robinson* in der Mitte auf. Und das machte uns noch nicht einmal etwas aus. Wenn das nicht das ewig Weibliche ist, von dem Don Rodolfo immer redet, dann weiß ich nicht, was es sonst sein soll! Dieses Lächeln war das ewig Weibliche, das war sonnenklar, das war es! Da keiner mehr ausgehen wollte, begannen ich und der Chino in dem Buch herumzublättern. Eigentlich fing ich damit an, und der Chino, der auch herumblättern wollte, setzte sich neben mich. Aber statt mir wie sonst das Buch einfach ohne zu fragen und wenn nötig auch mit Gewalt wegzunehmen – es war schon fast widerlich, wie zahm er tat –, passte er sich an die Geschwindigkeit an, mit der ich umblätterte, wie es mir gerade einfiel, und das war die von einer Schildkröte. Aber dafür gab es auch Grund genug! Ein Fakir ist zuerst einmal ein Mensch. Und meistens ein Mann der indischen oder tibetanischen Rasse. Und das musste man nicht einmal nachlesen, es reichte, sich die Bilder anzusehen. Und Bilder gab es wie Sand am Meer! Da ich nicht alle eines nach dem anderen beschreiben kann, erzähle ich jetzt nur von den beiden, die mich am meisten beeindruckten. Sie waren ungefähr in der Mitte des Buchs und auf ein anderes Papier gedruckt als der Rest der Seiten. Diese beiden waren weiß und glänzend. Der Fakir auf beiden Bildern war derselbe. Auf dem linken sah man ihn auf einer Art Bett aus Nägeln liegen, auf dem rechten mit den Füßen nach oben, aber der Kopf war fünfzig Zentimeter über dem Boden, es waren genau fünfzig, weil das in einer Anmerkung darunter stand. Währenddessen stolzierte Elke triumphierend auf und ab und kam manchmal her, um zu sehen, ob uns die Bilder sehr oder nur ein bisschen gefielen. Und ein jeder, der uns zusah, konnte sehen, dass sie uns ganz gewaltig gefielen! Wir hatten schon eine ganze Weile auf die beiden Bilder in der Mitte gestarrt, ohne dass wir die Augen davon hätten losreißen können, bis Elke, obwohl sie selbst schließlich das Buch mitgebracht hatte, doch die Geduld verlor, was ihr ziemlich häufig passiert: „Also, wozu gut sein so viel schauen, besserr lesen sie!" Zum ersten Mal in meinem Leben, glaube ich, gab ich zu, dass ich ein Wort nicht kannte. Es war nicht der Moment, um in diesem Moment zu lügen. Also fragte ich: „Elke, was heißt ‚levitieren'? Sag es uns, wenn du es weißt, und wenn nicht, ist es besser, wenn du den Mund hältst. Was heißt levitieren, also sag schon!" Man muss zugeben, dass Elke damals zur Höchstform auflief: „Levitieren heißt, sich aus eigener Kraft vom Boden abzuheben, sozusagen in Aufhebung des Gesetzes der Schwerkraft. Ein Fakir levitiert im Allgemeinen, nachdem er sich voll auf etwas konzentriert hat, zum Beispiel den großen Zeh seines rechten Fußes, und das drei Stunden lang ohne Unterbrechung." Was sie sagte, war so seltsam, dass wir gar nicht bemerkten, dass sie perfekt Spanisch sprach. Der Chino kam mir zuvor, obwohl normalerweise immer ich schneller bin; aber diesmal ließ ich ihm absichtlich den Vortritt, damit ich mich erst konzentrieren konnte, wie die Fakire, bevor ich Elke mit Fragen überschüttete. „Was ich nicht verstehe", sagte der Chino, wobei er die Stirn ganz furchtbar runzelte, wie er es tut, wenn ihm jemand in der Schule blöd kommt und er sich gleich auf ihn stürzen wird, um ihn bei lebendigem Leibe zu Brei zu schlagen, „was ich nicht verstehe, ist, warum es der große Zeh sein muss, das verstehe ich einfach nicht." Man konnte sehen, dass Elke sich gut vorbereitet hatte, weil sie sagte, das mit dem großen Zeh sei nur ein Beispiel gewesen, genauso gut wie der Zeh könne es irgendetwas anderes sein, alles sei recht, solange es sich zumindest zwei Stunden lang nur nicht bewegte. Die Fakire bedienten sich laut Elke der Dinge, die sie sahen, um den Wirbel der Gedanken abzustellen, der ständig bei allen Leuten im Kopf herumwirbelt. Wenn man die Aufmerksamkeit nur auf eine Sache lenkt und das zwei Stunden lang durchhält, wirkt das anscheinend wie ein Ankerplatz oder ein Dock, ein Trockendock, sagte Elke, um es noch genauer zu erklären. Sie sagte, dass die Fakire am Anfang nichts weiter tun, als ihren Kopf leer zu machen. Da konnte ich mich nicht mehr zurückhalten und musste meinen Senf dazugeben: „Dann sind sie also Hohlköpfe!" Elke machte sich nicht einmal die Mühe zu streiten. Sie sagte nur: „So ein Scheiße! Hohlköpfin bist du, Seporra!" An dem Tag war alles anders als sonst, also hielt ich den Mund, statt sie mit ihrem Leben für diese Unverschämtheit bezahlen zu lassen. Und so fing es an, dass wir in jenem Frühjahr Elke zuhörten, die uns so langsam, wie es ihr gerade passte, und noch dazu mit allen Anmerkungen, die ihr gerade einfielen, dieses unglaubliche Buch vorlas, von dem ich nie erfuhr, wo Elke es eigentlich her hatte, und das den Titel *Das Leben, die Gewohnheiten und Sitten der Fakire in Tibet und Indien* trug …

Aber leider gab es in diesem Monat Mai auch noch andere Sachen, als Elke beim Vorlesen zuzuhören. Zuerst einmal lernte keiner von uns beiden, also weder ich noch der Chino, wirklich etwas für die Prüfungen. Die Tage wurden immer länger. Und auf der Terrasse setzte der Weinstock, den schon die vorherigen Besitzer in ein Fass gepflanzt hatten, neue Blätter an und auch die Geranien, die Belinda gesetzt hatte ... Und außerdem war das Schicksal gegen uns! Die Großmutter behielt Recht mit ihrer Prophezeiung. Wir fielen in vier Fächern durch, das heißt, ich und der Chino, denn Elke kam, obwohl sie Ausländerin war, eines Tages mit einer himmelblauen, mehr als eine Spanne breiten Schärpe heim, und zum Schulschluss mit dem Barett, das in ihrer Schule die Klassenbesten bekommen. Wir freuten uns für sie, trotz der miesen Stimmung, in der wir beide waren. Und wir alle drei freuten uns auch, dass die Hochzeit von Belinda und Don Rodolfo jetzt schon bald stattfinden würde. Und da platzte wie eine Bombe mit Zeitzünder, wie man so sagt, die Mutter vom Chino herein, die meine leibliche Tante ist. Sie rief wieder bei uns an, diesmal vermutlich aus Schweden, um die Noten zu erfahren. Belinda warnte uns sofort, nachdem sie die Großmutter ans Telefon geholt hatte. Wir lauschten, und man muss sagen, dass sich die Großmutter tapfer schlug. Zuerst sagte sie ihr meine Noten, um, glaube ich, ein wenig den Weg zu ebnen für die Noten vom Chino, die sich im Vergleich mit den meinen gleich viel besser anhörten. „Vier Fächer mit Fünf*, Kind, das ist fast bestanden! Denk daran, dass auch die

Lehrer Menschen sind und sich manchmal irren!" Aber meiner Tante war das gleich. Sie muss so geschrieen haben, als sie das von „vier mit Fünf, das ist fast bestanden" hörte, dass die Großmutter den Hörer so weit vom Ohr weg hielt, wie ihr Arm lang war. „Ja, Kind, ja, du hast ja ganz Recht!", musste die Großmutter sie schließlich beschwichtigen, um zu verhindern, dass das Geschrei ihrer Tochter ihr von Schweden aus das Trommelfell zerriss. „Das ist alles meine Schuld, weil ich es zugelassen habe! Wenn sie sich diesen Sommer ein bisschen anstrengen, bestehen sie im September mit lauter Sehr gut!" Ich, der Chino, Elke und Belinda, die auch da geblieben war, um so viel wie möglich mitzubekommen, wir vier sahen uns an und dachten, ohne es auszusprechen, damit der Feind nicht mithören konnte: „Der Großmutter wird, sobald wir diesen Krieg überstanden haben, zuerst das Goldene Ehrenkreuz als Einzelauszeichnung und dann die Tapferkeitsmedaille verliehen, für ihren heldenhaften Einsatz an der Front und für die im Kampf erlittenen Verwundungen!" Und dabei sollte das Schlimmste erst noch kommen! Kaum hatten wir uns an diesem Abend ans Fenster gesetzt, als die Großmutter uns gleich die schlechte Nachricht mitteilte: „José Luis (das ist der Chino), deine Mutter hat vor kurzem angerufen (beide setzten wir ein erstauntes Gesicht auf, als ob wir zum ersten Mal davon hörten). Ich habe sie gefragt, ob sie mit dir sprechen will, und vor lauter Enttäuschung wollte die Arme nicht einmal das, mach kein Gesicht, als ob du mich nicht verstehst, du verstehst mich nur zu gut, und du auch, Jorge (das bin ich)" – das alles sagte sie, ohne mich anzusehen, in einem Atemzug, dass man merkte, wie schwer es ihr fiel, das zu sagen. „Schuld daran seid ihr beide allein, also zieht kein Gesicht, ihr beiden, was kann ich denn dafür, außer dass ich euch nicht dauernd zum Lernen hingeprügelt habe, was ich eigentlich hätte tun müssen! Wenn ich also nicht Trübsal blase, dann braucht das keiner in diesem Haus zu tun, diesen Sommer werdet ihr beide wie wild lernen." Man konnte richtig zusehen, wie die Großmutter an dieser Stelle ganz bleich wurde, die Arme! Eines ist sicher, dass die Mutter vom Chino, also meine Tante, wenn die Großmutter an diesem Abend gestorben wäre, geradewegs ins Gefängnis gewandert wäre. Die Großmutter wurde zwar bleich, aber sie wankte nicht, sogar darin war sie noch heldenhaft, das war wirklich eine starke Leistung. „Diesen Sommer, Chino, José Luis, wirst du bei deinen Eltern verbringen. So Leid es mir tut, aber so muss es eben sein. Wenn ihr den ganzen Sommer zusammensteckt, verliert ihr im September ein ganzes Schuljahr, so viel ist sicher…!" Und Doña Blanca, die bis dahin kein einziges Wort gesagt hatte und nur ein Keks nach dem anderen mit Butter und Marmelade bestrichen hatte, obwohl ihr das überhaupt nicht gut tut, warf ein: „Das ist so gewiss, wie dass ich Blanca heiße, wenn die beiden zusammen bleiben, müssen sie das Jahr bestimmt wiederholen!" Wenn Blicke, wie Belinda sagt, Menschen töten könnten, dann hätte der Blick, den ich Doña Blanca zuwarf, als ich das hörte, sie niedergestreckt wie ein Blitz. Von dem vom Chino gar nicht zu reden! Und sogar die Großmutter sah sie mit einem Blick ewigen Hasses an, nachdem sie zuvor einen auf die Butter geworfen hatte, von der fast nichts mehr übrig war. Aber sie sagte nur: „Du hast Recht, und zwar vollkommen, Blanca, das ist die traurige Wahrheit. Denk übrigens bitte daran, wie schlecht es um deine Leber steht…" Das sagte die Großmutter vor allem, um sich zu rächen, aber auch zum

Besten von Doña Blanca, und nicht nur, weil auf dem Butterteller fast gar keine Butter mehr übrig war. In Butter war für keinen von uns aber auch schon gar nichts! Wäre ich ein Fremder gewesen, der in diesem Moment zufällig ins Esszimmer kam, hätte ich sicher geglaubt, dass die Großmutter einem von uns gerade das Beileid ausgesprochen haben musste, ich weiß nicht recht, ob nun Doña Blanca oder uns, und dass das Begräbnis erst gestern gewesen sein konnte. Das wäre es, was ich gedacht hätte, wenn ich nur ein zufälliger Besucher gewesen wäre, der gerade in diesem Moment vorbeigeschaut hätte …

Wie das Leben so spielt! Das hätte Belinda in so einem Fall gesagt, ich glaube sogar, dass sie es tatsächlich gesagt hat. Eine schlechtere Nachricht als die, dass der Chino diesen ganzen Sommer bei seinen Eltern verbringen müsste, konnte es gar nicht geben. Und trotzdem hatte ich damals noch nicht begriffen, wie schlimm das wirklich war, erst am eigentlichen Tag, erst in der Stunde, als er dann tatsächlich abreiste. Denn damit der Chino wenigstens da noch dabei sein konnte, regelten Belinda und Don Rodolfo die Sache mit der Pfarre so, dass sie die Hochzeit ein wenig vorverlegen konnten, und damit fand die Trauung Anfang und nicht Ende Juni statt.

Über das Hochzeitsfrühstück von Belinda und Don Rodolfo sagte Doña Blanca, dass es – und da hatte sie wirklich

Recht – länger gedauert hätte „als ein Tag ohne Brot". Nicht, weil das Brot gefehlt hätte – es gab einen ganzen Turm von frittiertem Brot, das sie gerade aus dem Churros-Laden* brachten, als wir alle vor dem Haustor standen, und auch zwei ganze Kränze Churros* –, sondern weil es schon nach vier Uhr Nachmittag war und wir noch immer frühstückten. Und da wir uns dazwischen schließlich auch einmal stärken mussten und Belinda als frischgebackene Braut sich an diesem Tag wirklich nicht mitten am Vormittag ans Kochen machen konnte, hatte die Großmutter den Einfall, den Käse und die Würste herauszuholen, die aber, wie die Großmutter meinte, nicht so recht zur heißen Schokolade passten. Damit sie also ein bisschen weniger schwer im Magen lagen, holte sie auch den Scherri und den Sorgentöter hervor und dazu die guten Gläser für Doña Blanca, für sich, für Belinda und Don Rodolfo. Nach, soweit ich mich erinnere, der vierten Runde – so sagt Don Rodolfo, dass man dazu sagt – begannen auf den Wangen von Doña Blanca rote Flecken zu sprießen, als hätte sie keinen Schwips, sondern die Röteln, eine Art Archipel aus knallroten Flecken. Bleichgesichtig war freilich keiner mehr von den vier. Wenn ein Sioux die Großmutter so gegen drei Uhr gesehen hätte, dann hätte er sie glatt für den ältesten Häuptling seines Stammes gehalten! Auf die Stimmung schlug es sich auf jeden Fall nicht, die wurde im Gegenteil immer besser, je mehr ihnen der Alkohol zu Kopf stieg! Und das war der Moment, in dem Doña Blanca sagte – wobei sie als Draufgabe vorher und nachher auch noch blöde kicherte –: „Hunger haben wir Gott sei Dank bei mir zu Hause nie gelitten, nicht einmal im ersten Jahr (damit meinte sie das Jahr des Sieges des Oberbefehlshabers der gesamten spanischen Streitkräfte, also 1939), aber Mangel schon: Und vor allem hat uns das Brot gefehlt, besonders das Weißbrot, das hat in den meisten Häusern gefehlt, sogar in denen, wo sie die Lebensmittelkarten gar nicht einlösten, weil sie alles hatten … Und mein armer Herr Papa, der in Frieden ruhen möge, sagte immer, wenn er ungeduldig wurde, weil alles immer viel zu lange dauerte – nur Gott weiß, wie viele Eingaben mein Papa für alles machen musste: ,Das dauert länger als ein Tag ohne Brot', das sagte er immer …" Und während sie vorher nur ein paar Riesentränen zerdrückt hatte, die in ihre Augen getreten waren, als sie sich an ihren Vater erinnerte, begann Doña Blanca, kaum dass sie das gesagt hatte, ernsthaft zu weinen. Aber weil wir alle, als wir sahen, dass sie weinte und sich mit der zusammengeknüllten Serviette vom Frühstück über die Augen fuhr, sofort auf sie einredeten: „Doña Blanca, aber Doña Blanca, weinen Sie doch nicht!", sagte Doña Blanca, dass sie ja nur aus Freude darüber weinte, dass wir alle gemeinsam hier frühstückten und dass man nie vergessen dürfe, zuerst Gott und dann dem Generalissimus* dafür zu danken, dass wir in Frieden frühstücken konnten … Und Don Rodolfo, der schon eine ganze Weile davon erzählte, dass man in seinem Dorf sogar die Schalen der Kartoffeln gegessen hätte, stand auf, als er das vom Caudillo* hörte, um Doña Blanca zu umarmen und ihr zu sagen, dass dies der Moment sei, um gemeinsam „Auf, auf, Kamerad, immer voran, lasst uns die Hymne der Jugend anstimmen"* zu singen. Das war der bewegendste Augenblick an diesem Tag – nach dem „Ja, ich will" und „Ja, ich will" von Don Rodolfo und Belinda während der Trauung durch den Priester. Die Rangordnung der Schwipse bei der Hochzeitsfeier diskutierten ich, der Chino und Elke am nächsten Tag, und schließlich einigten wir uns darauf, dass sie in absteigender Reihenfolge vom stärksten Rausch zum schwächsten Rausch folgendermaßen ausgefallen war: an der Spitze Doña Blanca, sehr knapp gefolgt von Don Rodolfo, und zwar dank des Vorsprungs, den sie herausholte, als wir mit den Hymnen anfingen (unser Lieblingslied „Isabella und Ferdinand"* kam gleich nach „Cara al sol"*), und dann, bereits weit abgeschlagen, die Großmutter und Belinda, die die meiste Zeit gleichauf lagen, und schließlich die Nachhut auf der Schwipsskala, also wir drei. Da wurde die Sache dann wirklich haarig, und der Chino und Elke hätten sich fast geprügelt, weil Elke die letzte Beschwipste von uns dreien sein wollte und der Chino ihr die Wahrheit ins Gesicht sagte, nämlich, dass nicht viel gefehlt hätte, und sie wäre mit Don Rodolfo gleichgezogen. Mir fiel auf, dass wir am nächsten Tag alle drei der Erste am Schluss der Reihe sein wollten, also der Letzte, derjenige, der am Vortag am meisten ruhiges Blut bewahrt hatte, derjenige, der mit unbewegter Miene, den Blick immer nach vorne gerichtet, das Kommando übernommen und das Schiff als Letzter verlassen hatte, während die anderen bereits mindestens eine Meile weit entfernt sicher in den Rettungsbooten saßen, als der Strudel das Schiff hinabzuziehen begann. Also gut, die Wahrheit ist, dass der mit null Rausch, von dem Moment, als das Frühstück begann, bis zu dem, als wir halbtot ins Bett fielen, ich war. Weil ich nämlich weiß, was ich vertrage! Das ist zwar, was Don Rodolfo auch immer von sich behauptet, nämlich dass er noch immer gewusst hat, wie viel er verträgt, aber wenn wir uns ehrlich sind, immer, also wirklich immer, hat er das wohl nicht. Aber es ist jetzt nicht so, dass ich ihm das vorwerfe!

Der Tag nach der Hochzeit war eigentlich noch immer der Tag der Hochzeit, so als hätten wir die Feier gar nicht wirklich verlassen, als wir schlafen gingen. Als ich aber am Tag nach dem Tag danach aufwachte, kam es mir vor, als ob alles schon ganz weit zurückläge, als ob die beiden Abreisen, die von Belinda und Don Rodolfo zu ihrer Hochzeitsreise – sie waren schon gegen neun Uhr am Vorabend aufgebrochen – und die vom Chino und seinen Eltern nach Schweden, die heute sein sollte, alles überschattet hätten. So als ließen sie einen, ohne es vorher angekündigt zu haben, kaum dass man sich hingesetzt hat, eine Prüfung schreiben. So war das. Nur hatte ich es beim Chino schon längst gewusst, dass er an diesem Tag abreisen würde, deshalb war es für mich nicht unerwartet, es traf mich unvorbereitet, was etwas ganz anderes ist. Das Bewusstsein, dass heute der Tag war, an dem der Chino abreisen würde, überfiel mich beim Aufwachen. Obwohl ich ja wusste, dass es an diesem Tag sein würde. Aber als ich begriff, dass heute tatsächlich dieser Tag war, traf mich das trotzdem wie aus heiterem Himmel: Ich wusste es, aber ich konnte es einfach nicht glauben. Wir frühstückten und holten den Koffer herunter. Und dabei redeten wir noch ein bisschen über die Hochzeit und andere Dinge. Als dann der Chino anfing, wild durcheinander Unterwäsche und Pullover und die Hausschuhe und die Zahnbürste und alles andere in den Koffer zu werfen, was er in Schweden brauchen würde, kamen Elke und der Vater vom Chino, beide gleichzeitig. Ich kann mich nicht erinnern, was dann geschah, oder wie lange es dauerte. Was ich weiß, ist, dass wir uns später – und es schien mir nur wenig später – verabschiedeten und sie zum Haustor begleiteten, und als das Taxi abgefahren war, gingen Elke und ich wieder hinauf und wir legten uns rücklings auf die Terrasse, um ein bisschen zu levitieren. Aber nach einer Minute ließen wir es beide gleichzeitig sein, weil es einfach nicht ging. Man kann nicht levitieren, wenn man dauernd an etwas anderes denken muss. So verging die Zeit bis zum Mittagessen. Zur Mittagessenszeit, das ist um Punkt zwei Uhr, ging Elke und sagte, dass sie so gegen vier Uhr wieder heraufkommen würde, das ist die Zeit, zu der Elke normalerweise kommt. Ich setzte mich auf meinen Platz am Tisch gegenüber dem vom Chino, der nicht da war. Zuerst gab es Linsen, die hatte die Aushilfe gemacht, die bei uns sein würde, solange die Hochzeitsreise von Don Rodolfo und Belinda dauerte. Sie waren wässrig und schmeckten furchtbar. Mag ja sein, dass auch Paquita ihre Stärken hatte, aber Kochen gehörte nicht dazu. Mir war klar, dass die Großmutter das auch wusste, und das heißt ja schließlich nicht, dass sie kein nettes Mädchen war. Sowie ich den ersten Löffel Linsen gekostet und den faden Geschmack im Mund hatte, fing ich an, mich zu langweilen, weil diese hier eben nicht so wie die Linsen von Belinda schmeckten. Wenn auch sich langweilen eigentlich nichts mit essen zu tun hat, muss das doch irgendwie zusammenhängen, wenn eines vom anderen kommt. Elke kam um vier Uhr, um auszurichten, dass sie mit Tante Lola einkaufen gehen müsse und sie, falls sie nachher noch Zeit haben sollte, später noch heraufkäme. Aber anscheinend hatte sie keine Zeit mehr, weil sie bis zum Vormittag des nächsten Tages nicht wiederkam. Dieser Nachmittag verging dreimal so langsam wie andere Nachmittage. Ich wusste nicht, was ich tun sollte, und lernen wollte ich auf keinen Fall, bevor der Nachhilfelehrer kam, mit dem die Großmutter vereinbart hatte, dass er jeden Nachmittag eine Stunde zu uns kommen sollte, um mit mir den Stoff durchzugehen. Den ganzen Nachmittag war in der Wohnung nichts zu hören außer den Stimmen der Großmutter und Doña Blancas, weil Paquita an den Nachmittagen immer nach Hause ging und erst zum Abendessen wiederkam. Ich legte mich auf die Terrasse, um die Tausenden und Abertausenden von Mauerseglern zu beobachten, die kreischten und in der Luft kreisten, aber nicht einmal das machte mir Spaß. Alles hatte sich ein für alle Mal verändert, und man konnte es nicht mehr ungeschehen machen. Würden alle Tage so sein, bis der Chino zu den Prüfungen zurückkam und wieder bei uns blieb? Würden es seine Eltern überhaupt erlauben, dass er weiter bei uns wohnen blieb wie bisher, selbst wenn er im September alle Prüfungen schaffte? Ich wusste einfach nicht, was ich von dem Ganzen halten sollte. Aber was ich fühlte, war, abgesehen von der Langeweile, auch noch etwas anderes, von dem ich nicht wusste, was es war. Das Einzige, was ich genau wusste: Dieser Sommer würde sicher nicht so sein wie die anderen, so wie er schon einmal angefangen hatte, nämlich schlimmer als schlimm.

Elke meinte: „Eigentlich lerrnen auch könnte ich mit deinerr Lehrrerrin diese Sommerr." Und ich meinte darauf, na gut, von mir aus solle sie eben heraufkommen, wenn sie wollte. Aber es müsse klar sein, dass ich sie vorher gewarnt hatte, dass diese Stunden ziemlich mühsam sein würden. Ich sagte das zu ihrem eigenen Besten, damit sie nicht glaubte, dass es so sein würde wie eine Turnstunde mit Don Rodolfo und uns. Don Rodolfo war schließlich das genaue Gegenteil von mühsam! Der andere dagegen – Don Abilio hieß er – war noch kaum bei der Tür herein und hatte Guten Tag gesagt, da fing er schon an, mühsam zu sein. Er sagte, dass er käme, um mit mir den Stoff zu wiederholen, nicht, um mir irgendetwas zu erklären: „Da gibt es nichts zu erklären! Jetzt musst du pauken, weil du so faul warst!" Und ich fragte ihn, was ich denn machen sollte, wenn ich irgendetwas zum Beispiel nicht verstünde, was dann? Sollte ich es dann auch einfach auswendig lernen, ohne es überhaupt zu verstehen? Und darauf antwortete dieser Volltrottel: „Um eine Ausrede bist du wohl nie verlegen! Diesen Sommer geht es darum, sich ordentlich ins Zeug zu legen. Bei mir zieht das nicht, dass du den Kasperl spielst, zumindest nicht im Unterricht. Außerhalb des Unterrichts kannst du tun und lassen, was du willst, aber während der Stunde wird Stoff wiederholt …" Der Trottel schien das, was er sagte, auch noch selbst zu glauben! Der dachte doch tatsächlich, dass ich nach dem Unterricht nichts Besseres zu tun hätte, als mich mit ihm zu unterhalten! Und Elke meinte, wenn ich nicht mit ihm nach der Stunde reden würde, dann würde sie es schon gar nicht tun. So kam es, dass nach dem Ende der Stunde, als Don Abilio aufstand, plötzlich lächelte und sogar noch einen Witz zu erzählen begann, der außerdem immer elend schlecht war, Elke und ich uns ruhig hielten. Wir starrten so lange in das Buch, bis er endlich begriff, dass es seine Pflicht war, zu gehen und uns lernen zu lassen. Schon wenige Tage, nachdem der Unterricht begonnen hatte, sagte ich zu Elke: „Elke, zum Glück machst du mit! Ohne dich hier wüsste

ich wirklich nicht, was ich mit diesem Nervtöter anfangen sollte!" Elke sagte nichts darauf, sie lächelte nur.

Es wurde bald zur Gewohnheit, dass ich mit Elke über die
ganzen Mühseligkeiten dieses Mühsamen redete. Wir nannten
ihn schließlich nur mehr „Mühsam". Und das passte so gut zu
ihm, dass ich manchmal sogar seinen Vornamen vergaß, ich
musste mich wirklich anstrengen, mich daran zu erinnern, dass
es ja um ihn ging, wenn die Großmutter „Don Abilio" sagte.
„Mühsam" hörte nicht auf, mühsam zu sein, nicht eine Minute
während der ganzen Stunde. Er unterteilte die Stunde in vier
Einheiten zu je einer Viertelstunde pro Fach, und ich musste
die Lektionen von A bis Z auswendig parat haben. Die
Mathematikbeispiele waren das Einzige, was ich nicht auswendig lernen sollte. Die machte ich mit Elke, meistens waren
es Brüche und Gleichungen. Danach schrieb ich sie fein säu-
berlich in ein Heft, weil Mühsam alles gern sauber hatte. Sogar
den Tisch säuberte er, und auch die Sitzfläche seines Stuhls
wischte er jedes Mal ab, bevor er sich setzte, nur so sicherheitshalber, selbst wenn Stuhl und Tisch nicht ein bisschen
schmutzig waren. Sobald er hereinkam, dachte er immer zuerst
daran, wie schmutzig der Tisch wohl sein mochte, und dann
machte er sich daran, ihn abzuwischen, ohne hinzusehen, auch
wenn der Tisch gar nicht schmutzig war. Manchmal brachte er
ihn sogar zum Glänzen, weil er blindlings heftig darauf herum-
zureiben begann, sobald er am Tisch Platz nahm. Die erste
Mühseligkeit, mit der er jeden Tag wieder und wieder die
Stunde begann, war: „Schauen wir einmal, wie es heute so

geht…!", als ob er wissen wollte, ob uns der Bauch wehtat. Und Elke sagte sogar einmal: „In echt gehen gehte es uns schlechterr als gesterrn weil uns die Kopf schmerrzen…" Und Mühsam antwortete: „Bei Kopfschmerz hilft Okal."

Eines war gewiss, dass Mühsam felsenfest glaubte, ich könnte ohne ihn den Stoff nicht wiederholen. Aber Wiederholen konnte man es eigentlich nicht nennen: Was er von mir verlangte, war, dass ich alles wieder von Anfang an lernte, als ob ich noch nie auch nur eine einzige Zeile gelernt hätte. Und Mühsam hatte schon Recht, wenn er sagte, dass ich das Pauken mehr brauchte als Erklärungen, wenn man einmal von den Brüchen und Gleichungen absieht und den richtigen Lösungsansätzen für die Beispiele. Was Mühsam so mühsam machte, waren seine hellseherischen Fähigkeiten, und die hatte er auch noch hoch drei. Auf den ersten Blick hatte Mühsam erkannt, dass Erklären das war, was für ihn am meisten und für mich am wenigsten Arbeit bedeuten würde: „Man braucht sich nicht anzustrengen, um zuzuhören, wenn einem etwas erklärt wird! Indem du einfach zuhörst und alles sofort wieder vergisst, vergeht die Stunde, und du bist keinen Schritt weiter!" Aber Mühsam war, wie er selbst sagte, entschlossen, mich um Riesenschritte weiterzubringen! Das war es anscheinend, was er mit der Großmutter abgesprochen hatte. Zum Glück ließ Elke mich nicht mit Mühsam allein, nicht einen einzigen Tag! Mühsam wurde nicht wütend, er schrie uns nicht an, er lächelte nur und klopfte mit dem Bleistift auf den Tisch … Mühsam machte sich lustig, genau das tat er! Und das war sogar noch schlimmer als der Todeshaken. Es war der schlimmste Sommer meines Lebens. Oder, wenn ich ehrlich bin, ich weiß es nicht. Ich weiß nur, dass ich die restlichen Tage im Juni, plus den ganzen Juli, plus den ganzen August, nichts anderes tat als aufzustehen, zu frühstücken und zu pauken. Dann gab es Mittagessen. Danach musste ich wieder pauken, und um fünf Uhr kam Mühsam und blieb bis sechs oder kurz nach sechs. Dann konnte ich ein bisschen Zeit mit Elke verbringen, um viertel vor acht aßen wir wieder, danach saß ich noch eine Weile mit Elke auf der Terrasse, und ab ins Bett. Schlimmer konnte es nicht mehr werden. Ich musste bei allem wieder von vorne anfangen, als ob alles, was ich früher einmal gedacht hatte, jetzt gleich null wäre, weil sich plötzlich das Vorzeichen geändert hatte und bei der Gleichung alles auf die linke Seite des Gleichheitszeichens verschoben worden war. Aber das sage ich jetzt, weil ich selbst nicht verstehe, was mich dazu brachte, so viel zu pauken. Elke war die Einzige, deren Vorzeichen sich nicht geändert hatte, das heißt, sie blieb immer sie selbst. Und dadurch, dass sie mich nicht im Stich ließ, half sie mir, diesen Sommer lebend zu überstehen und im September heil wieder aufzutauchen. Aber das ist eine lange Geschichte. Es war mir damals noch nicht bewusst, weil ich glaubte, nur die Abenteuer seien es wert, erzählt zu werden. Jetzt weiß ich, dass das nicht stimmt. Dank Elke begann ich das in diesem Sommer zu begreifen, obwohl ich dafür mindestens eineinhalb Monate brauchte. Am Anfang war Mühsam die Hölle. Das heißt, ein Übel mit aber auch nicht der winzigsten Spur von etwas Gutem. Schlicht und ergreifend die Hölle, und ich war wie eine Maus in der Falle: Der Käse lag vor meiner Nase, aber ich konnte ihn nicht fressen, und befreien konnte ich mich auch nicht. Mühsam war schlimmer als eine Mausefalle, und mindestens genau so schlau wie ich. Und deshalb wollte er nichts erklären. Denn wenn ich ihn schon ertragen musste, dann wäre, ihn einfach reden zu hören, ohne selbst etwas tun zu müssen, außer so zu tun, als ob ich ihm zuhörte, tausend Mal besser gewesen, als fast alles selbst vortragen zu müssen, und zu allem Überfluss auch noch meistens auswendig. Ich will mir gar nicht ausmalen, wie dieser Sommer ohne Elke an meiner Seite gewesen wäre, die unerschütterlich die Mühseligkeiten von Mühsam ertrug, ohne auch nur einen Tag zu fehlen! Das erste Mal, dass mir das bewusst wurde, war an einem Sonntag, das war der einzige Tag, an dem der verdammte Mühsam nicht zu uns kam.

Am Anfang konnte ich nicht einmal darüber lachen. Nach der Stunde, meine ich. Ich war danach einfach fix und fertig. Und Elke genauso. Nach einer Stunde oder noch mehr mit Mühsam in Höchstform begriff ich endlich – und das war mir zuvor weder beim Boxen noch bei der schwedischen Gymnastik aufgefallen –, wie notwendig es ist, ganz tief in den Bauch hinunter zu atmen. Während ich die Lektion, die gerade dran war, auswendig hersagte, stellte ich mir manchmal vor, ein Taucher zu sein, und dass Elke oben im Motorboot war und die Kurbel für den Sauerstoff drehte. Und wirklich hatte ich in manchen Stunden sogar den Gang eines Tauchers: Taucher bewegen sich hüpfend, jeder Schritt, den sie machen, sieht aus, als ob sie gleichzeitig nach vorne und nach oben springen würden. Das kommt von dem Blei in ihren Sohlen, das den

Auftrieb ausgleicht, der bewirkt, dass der Körper fast nichts wiegt, dank einem Gesetz, das Archimedes entdeckt hat, das war ein griechischer Wissenschaftler. Auch ich hatte es nur dem Gewicht des Bleis in meinen Stiefeln zu verdanken, dass ich – obwohl ich ja beim Auswendig-Aufsagen in die tiefsten Tiefen meines Gedächtnisses hinabtauchen musste und gleichzeitig das Gepaukte in mir drinnen wie ein Hohlkörper, eine Art bunte Boje, nach oben drängte –, verhindern konnte, dass alles – das heißt, alles, was ich wusste – auf einmal an die Oberfläche hochkam. So stieg es nur eines nach dem anderen auf und nicht in einem Schwall, der mich dann ja in meinem Taucherhelm und in dem wasserundurchlässigen Anzug aus rotem Wachstuch, worin ich gefangen war, ertränkt hätte. An manchen Tagen spürte ich sogar den enormen Druck – der wird in Kubikmetern berechnet –, den das Wasser auf den Körper des Tauchers ausübt. All das spürte ich am stärksten im ersten Monat –, bestimmt wegen des Schocks, den man vom kalten Wasser bekommt –, und weniger in den anderen beiden Monaten, in denen es mir, das muss ich zugeben, schon viel weniger schwer fiel, die Lektionen auswendig zu lernen. Eine besondere Eigenschaft von Mühsam war – und ich weiß nicht, ob das gut oder schlecht ist –, dass er immer alles genau gleich machte, sogar den Finger steckte er immer ins gleiche Ohr, ins rechte, das war dasjenige, das Elke am besten sehen konnte. Was Mühsam nicht hatte, waren gute Manieren, oder falls er sie hatte, dann merkte man auf jeden Fall nicht viel davon. Wie zum Beispiel die Unverschämtheit, mit der er gleich am ersten Tag zu Elke gesagt hatte, dass sie sich vorsehen solle, falls sie mit der Absicht gekommen wäre, den Unterricht zu stören, denn es sei nicht seine Art, sie oder sonst irgendjemanden „mit

Samthandschuhen anzufassen, wie man so schön sagt". Und am ersten Tag hatte er auch gesagt, dass er uns noch so einige Flausen austreiben würde, indem er uns die richtige Arznei so verpassen würde, wie es seine Mutter ihr ganzes Leben lang mit ihm und seinen vier Brüdern und seiner Schwester, die gerade geheiratet hatte, gehalten hatte, nämlich schon im vorhinein, sozusagen vorbeugend. So wüssten Elke und ich von Anfang an, „woran wir seien". An diesem Nachmittag war es auch, dass er, als nur noch fünf Minuten bis zum Ende der Stunde fehlten, mich endlich einmal aus den Augen ließ und stattdessen Elke ansah und sagte: „Soweit ich sehe, weißt du das alles mehr oder weniger, ich verstehe wirklich nicht, warum du im Sommer Nachhilfeunterricht nehmen musst." Und Elke sagte: „Ich wiederrholen Ihnen, obwohl ich es errst gesagt habe: um zu lerrnen und nicht verrgessen fürr nimmerr…" Soweit ich mich erinnern kann, war das das Einzige von allem, was wir in diesem Sommer sagten, das Mühsam wirklich beeindruckte. Man konnte sehen, dass er sich in diesem Moment bewusst wurde, dass Elke eine würdige Vertreterin der germanischen Rasse war! Obwohl man blind wie ein Maulwurf sein musste, um das nicht sofort auf den ersten Blick zu merken!

In Wirklichkeit verstand ich es ja selbst nicht ganz, warum Elke darauf bestand heraufzukommen, vor allem, nachdem sie gesehen hatte, wie mühsam Mühsam war! Ich hielt den Mund, als Mühsam sie das fragte, um ihr nicht in den Rücken zu fallen. Und später fragte ich sie auch nicht, weil ich Elke ganz dringend brauchte und ich mich freute, dass sie da war.

Mühsam sagte, dass wir erst Mitte Juli beginnen würden, uns richtig mit der Mathematik zu beschäftigen. Dabei hatte ich mit den anderen Fächern schon mehr als genug zu tun! Das sagte er eines Tages, als er mir eine Gleichung ersten Grades zum Lösen aufgab und ich nicht einmal wusste, wie ich beginnen sollte. „Ich sehe schon, jaja", sagte Mühsam, während er sich fast den ganzen Zeigefinger ins Ohr steckte. „Ich sehe schon, dass du keine Ahnung hast. Du bist noch viel schwächer in Mathematik, als deine Großmutter gesagt hat, ja, sogar noch schwächer, als ich vermutet habe. Wenn du dich nicht ordentlich ins Zeug legst, zusätzlich zu dem, wie ich dich während der Stunde antreibe, wird uns der Karren im Dreck stecken bleiben!" Diese ganzen Vergleiche mit Eseln und Karren, mit Krankheiten austreiben und Arzneien und vielem mehr, die Mühsam dauernd machte, hatte ich noch nie zuvor gehört, nicht einmal in der Schule. Mühsam war viel, aber viel brutaler als Don Rodolfo. Mit Worten, meine ich. Don Rodolfo redete außer vom Boxen nur von der Größe Spaniens und von den Parolen. Aber was Mühsam am häufigsten von sich gab, waren so Sachen wie: mit Blut und Tränen, etwas in jemanden hineinprügeln, wer sein Kind liebt, spart mit der Rute nicht, solche Dinge …

Es war an einem Sonntag kurz vor Sonnenuntergang. Auf der Terrasse waren die Sonnenschirme aufgespannt, ein gelber und ein grüner, die beide schon ziemlich mitgenommen aussehen. Don Rodolfo hatte jetzt die Befehlsgewalt über die Sonnenschirme, die Sicherungen und darüber, welcher

Schlüssel von all den Schlüsseln, die Belinda ohne irgendeine Ordnung aufbewahrt hatte, zu welcher Lade oder welchem Schrank gehörte. Denn Belinda hatte nicht nur nie einen Schlüssel weggeworfen, sie hatte auch die, die nicht mehr gebraucht wurden, mit denen, die schon noch gebraucht wurden, zusammengeworfen, und daher konnte die Großmutter jetzt all die Laden der linken Seite des Schranks in ihrem Schlafzimmer entweder nicht mehr öffnen oder nicht mehr verschließen – was von beidem, das weiß ich nicht mehr. Wie die Großmutter immer sagte – obwohl niemals zu ihm selbst –: „Man merkt, dass jetzt ein Mann im Haus ist." Und es stimmte, dass Don Rodolfo sich jetzt um die Glühbirnen kümmerte und Rattengift überall in der Küche und auf der Terrasse und in unseren Zimmern ausstreute. Es war schön, dass Don Rodolfo jetzt bei uns wohnte! Im Sommer wurde nicht geturnt, teilweise wegen der Hitze und teilweise, weil ich jetzt ja an den Abenden für Mühsam die Übungen machen musste, die er mir jedes Mal aufgab, bevor er ging. Wenn Mühsam kam, brachen Don Rodolfo und Belinda auf, um zusammen einen trauten Spaziergang zu machen, wie Doña Blanca immer sagte. Ich glaube nicht, dass es auf dieser Welt zwei Menschen gibt, die unterschiedlicher sein könnten als Don Rodolfo und Mühsam – für wen ich bin, das muss ich, glaube ich, nicht erst sagen! Die Sache war noch nicht so schlimm, solange es nur darum ging, jeden Nachmittag ganze Berge auswendig zu lernen. Schlimm war das nicht, aber schön auch nicht. Wirklich schlimm wurde es erst dann, als Mühsam damit anfing, mir Mathematikaufgaben als Hausübung zu geben. Aber das erzähle ich besser noch nicht jetzt. Denn jetzt muss ich erst erzählen, worüber Elke und ich sprachen, als wir da jeder unter seinem

Sonnenschirm auf der Terrasse saßen, damit man dann versteht, was danach kam. Wir saßen schon eine ganze Weile da, ohne dass etwas anderes zu hören gewesen wäre als die Mauersegler und der eine oder andere Wagen, der unten auf der Straße vorbeifuhr. Da sagte ich: „Weißt du was, Elke? Ich denke fast nie an den Chino..." Und Elke sagte: „Bei so viel lerrnen auch du kein Zeit habest zu denken an niemand!" Und ich antwortete, was denn nun lernen mit an jemanden denken zu tun habe, schließlich musste man auch im Winter lernen, und trotzdem dachte man an die Leute. Und Elke sagte: „Ja, aberr das nicht sein dasselbe..." Und darin musste ich ihr Recht geben. Es stimmte, dass es nicht dasselbe war, zuerst einmal, weil man im Winter zwar lernen musste, aber wirklich lernen war das nicht. Aber jetzt im Sommer, wo man ja eigentlich nicht lernen musste – ich weiß nicht, ob das, was ich an den Vormittagen tat, noch lernen war oder etwas anderes –, lernte ich ständig und dachte an nichts anderes. Und ich sagte: „An den Chino müsste ich aber eigentlich schon denken, glaubst du nicht?" Und Elke sagte, dass sie nicht einsah, warum ich mehr an den Chino als an sonst wen denken sollte. „Aber der Chino ist doch nicht irgendwer! Der Chino ist wie sonst niemand, er ist wie kein anderer ...!" Und da ich mich in diesem Moment an das Lied erinnerte, das dazu passte – es ist ein deutsches Lied –, sagte ich: „Der Chino ist mein Kamerad, Elke, und einen besseren find ich nie ..." Und Elke sagte: „Könne sein. Aberr könne auch nicht sein. Sein können auch das sein könnte... und sein können wirrd, wenn die Tage gehen, und du dich noch immerr nicht errinnerrst ..." „Jetzt zum Beispiel erinnere ich mich aber an ihn", sagte ich. „Aber es kann sein, dass es das erste Mal ist, seit er weggefahren ist, und das ist schon fast einen Monat her." Mich schreckte, dass Elke, nachdem sie das gehört hatte, so ungerührt blieb. Das Normale wäre gewesen, mir vorzuwerfen, dass ich nicht an einen Kameraden wie den Chino dachte … Die Wahrheit ist, dass ich mich jetzt, wo ich darüber redete, immer mehr schämte, weil ich einen Monat lang nicht ein einziges Mal an den Chino gedacht hatte, und das, wo er mehr oder weniger in der gleichen Lage war wie ich und auch pauken musste wie ich, nur vielleicht mit einem Mühsam mit schwedischem Akzent, den man womöglich kaum verstand, und deshalb würde sich der Chino wohl doppelt so sehr anstrengen müssen, wie ich mich anstrengen musste, damit ich meinen Mühsam verstand! Und Elke sagte, dass sie schon manchmal an den Chino gedacht hätte, insgesamt vielleicht vier Mal, aber immer nur kurz und so nebenbei. „Und das, Elke, ist sogar noch schlimmer, als ihn hinterrücks zu erstechen, während er schläft!" Und Elke sagte, dass es, wenn man schon bereit war, jemanden im Schlaf zu ermorden, auch nicht hinterhältiger sein konnte, ihm das Messer in den Rücken zu rammen, als es ihm in die Brust oder in die linke Seite zu stechen. Und ich fragte sie, was das denn heißen solle, wo doch weder ich noch sie, keiner von uns beiden, den Chino je erstechen würde. Darauf antwortete Elke, dass die Logik nicht gerade meine Stärke sei. „Das ist eine Beleidigung, Elke, es ist eine Beleidigung, genauso, wie wenn du Trottel zu mir sagst!" Ich war drauf und dran, so richtig wütend zu werden. Ich wollte auf Teufel komm raus mit ihr streiten, und noch vor einem Jahr hätte ich das sicher auch getan. Und Elke und der Chino genauso, weil man vor einem Jahr für eine Beleidigung noch mit Blut bezahlen musste. Aber jetzt? Oder war es etwa keine Beleidigung, mir ins Gesicht zu sagen, dass ich überhaupt nicht logisch denken konnte? Denn wenn das keine Beleidigung war, was war es dann? Ein Kompliment sicher nicht! Aber es war nun einmal so, dass mein Blut jetzt einfach nicht zu kochen begann, ich wollte nur wissen, was Elke damit gemeint hatte, als sie sagte, dass die Logik nicht meine Stärke sei. „Wenn das keine Beleidigung ist, dann sag du mir, was du glaubst, was das ist!" Und Elke antwortete: „Es ist eine Beschrriebung, damit du es weißt."

Und weil wir gerade dabei waren, dachten wir an diesem Abend beide noch ziemlich lange an den Chino. Und dann fragte ich sie noch einmal, was denn diese Beschreibung bedeutete, ob es auch sicher keine Beleidigung gewesen war. Und sie meinte in ausnahmsweise fehlerfreiem Spanisch: „Nicht logisch denken können heißt, dass man keine Beispiele lösen kann." Darauf konnte ich nichts mehr sagen, weil an der Beschreibung einfach nicht zu rütteln war. Wenn es darauf ankam, logisch an die Beispiele heranzugehen, wenn das die Lösung war, dann würde es für mich keine Erlösung geben. Im September würde ich wieder durchfallen, und dann wieder im Juni, und dann wieder im September, und dann wieder im Juni, und so weiter und so fort, bis zum meinem Tod. Da ich überhaupt nicht logisch denken konnte, trotz Mühsam und allen seinen Mühsalen, musste ich bei den Mathematikaufgaben aufgeben, ich hatte weder die Lust noch die Voraussetzungen, sie zu lösen. Nicht einmal durch Zufall hatte ich einmal ein Ergebnis richtig! Das war wirklich eine unlösbare Aufgabe! Die Sache war so: Als ich verstand, was Elke hatte sagen wollen, begriff ich gleichzeitig, dass das, was Elke sagte, und das, was Mühsam sagte, eigentlich dasselbe war. Aber wenn es dasselbe war … Elke sagte nie etwas Blödsinniges, also war das von Mühsam womöglich auch kein Blödsinn! Was war es aber dann?

Während wir redeten, war es langsam dunkel geworden. Das Licht trödelte, solange es konnte, genauso wie wir. An den Sonntagen hingen wir auch immer fast bis elf Uhr auf der Terrasse herum. Und im Sommer kann man dann noch immer nicht sagen, dass es richtig Nacht ist! Das Licht, das so lange zuwartet, bevor es endlich doch verschwindet, hat es an sich, dass einen die Dunkelheit viel trauriger macht als im Winter, wenn man schon um sechs Uhr das elektrische Licht braucht. Ich wollte an diesem Sonntag nicht, dass Elke ging und ich am nächsten Tag, am Montag, noch in derselben Lage wäre wie jetzt, das heißt, ohne ein Beispiel lösen zu können. Deshalb fragte ich: „Was ist die Lösung, die bei dir herauskommt, bei den beiden Beispielen, die uns Mühsam am Freitag aufgegeben hat, bevor er gegangen ist?" Elke sagte, dass sie es auswendig nicht mehr wisse, aber dass sie schnell hinuntergehen und gleich wieder heraufkommen würde, um im Heft nachzusehen, weil sie die Beispiele sofort am Freitag gerechnet hatte. Also lief sie hinunter und kam zurück, und wir aßen mit Belinda und Don Rodolfo zu Abend, es gab ein Glas Milch und eine Omelette, und danach setzten wir uns hin, um die Beispiele durchzugehen. Elke behauptete, dass ich – eben weil die Logik so gar nicht meins war – schon einmal nie richtig las, wie die Angabe lautete, und selbst wenn ich sie las, würde es mir auch nicht weiterhelfen, weil ich die Hälfte der Angabe gleich wieder vergaß, und da sagte ich zu ihr: „Gut, schauen wir einmal, wie kommst du auf die Lösung? Wenn du so logisch bist, dann finde doch die Lösung, jetzt gleich, mach schon!" Und Elke sagte: „Also zuerrstens Angabe lesen." Und die Angabe war:

„Auf der Weide meiner Mutter stehen zweibeinige und vierbeinige Tiere. Meine Mutter sagt, dass es insgesamt achtundsechzig sind, wenn man die Köpfe zählt. Wenn man die Beine zählt, sind es hingegen genau hundertvierundachtzig Beine. Wie viele Tiere haben nun zwei Beine und wie viele vier Beine?" Solche Dinge musste ich mir dauernd anhören in der Stunde. Was kümmerte es mich, wem die Beine gehörten, solange man genau wusste, wie viele Köpfe es waren! Und das sagte ich auch, aber Elke meinte, statt über den Witz zu lachen, dass sie auch wissen wolle, wie viele Beine es von jeder Sorte gäbe. Aber ich begann jetzt, die Lust zu verlieren. Obwohl ich wusste, dass mich das auch nicht weiterbringen würde, las ich auch noch die Angabe des zweiten Beispiels, das Mühsam uns bis zum Montag aufgegeben hatte. „Hast du nicht gesagt, dass man zuerst die Angaben lesen muss? Dann hör dir einmal das an!" Und ich las, was da stand: „In einem Haus gibt es Hocker mit drei Beinen und solche mit vier Beinen. Wenn es insgesamt vierzehn Hocker gibt und man, wenn man die Beine zählt, auf insgesamt einundfünfzig kommt, wie viele Hocker gibt es von jeder Art?" Und da sagte Elke: „Jetzt, Seporro, gilt es nicht, dich zu drücken oder zu blödeln. Es gilt nur, die Lösung zu finden. Und wenn du nur ein bisschen aufgepasst würdest, ist es ganz einfach." Ich musste mich geschlagen geben. Elke sprach jetzt voller Ernst und ganz ohne Spott. „Ich kann keines von beiden rechnen, Elke, ich gebe auf. Zeig mir einmal, wie du das machst." So fingen wir an, die Beispiele gemeinsam zu lösen, ohne dass Mühsam das bis zum Schluss mitbekommen hätte.

Etwas Gutes kam ja dabei heraus, dass ich die Beispiele nicht allein schaffte: Mühsam bemühte sich zum ersten Mal, mir etwas zu erklären, nämlich eben diese Beispiele, die man, wie er meinte, mit zwei Unbekannten und auch mit einer lösen konnte. Ich passte so gut auf, wie ich nur konnte. Aber das Aufpassen war so anstrengend, dass ich nicht mehr mitbekam, was er sagte. Und die Anstrengung war notwendig, um nicht an das zu denken, woran ich an diesem Nachmittag immerzu denken musste, ohne es zu wollen, nämlich an Elke. Während wir beide mit den Tieren und den Beinen beschäftigt waren, fiel mir wieder einmal auf, aber noch viel mehr als die anderen Male, wie verschieden Elke von uns beiden, mir und dem Chino, war. Niemals hätten der Chino oder ich uns so mit den Beispielen beschäftigt wie Elke und ich an diesem Sonntagabend! Nur wenn wir alle drei zusammen waren, schien Elke so zu sein wie wir. Wenn ich aber allein mit ihr war – wie damals, als ich sie besuchte, als sie krank war –, schien Elke ganz anders zu sein, und das nicht nur, weil ich an eine Spionin, an eine Schauspielerin, an eine geborene Selbstmörderin, an einen Mauersegler denken musste, wenn ich sie sah ... Sondern weil ich mich anders fühlte, wenn ich mit ihr allein war. Ich begriff, dass der Unterschied zwischen zu dritt sein und zu zweit sein der war, dass ich, wenn wir zu dritt waren, ganz einfach das fühlte, was man eben fühlt, wenn drei Kameraden zusammen sind: Man fühlt sich gut, fröhlich, man fühlt, dass das Beste auf der Welt ist, einfach zusammen zu sein. Und vor allem fühlt man – und fühlen passt da besser als erkennen –, wie das Wort Kamerad, die Bedeutung des Wortes Kamerad, deinen ganzen Kopf ausfüllt, wie zum

Beispiel die Wurzeln einer Pflanze das ganze Innere des Blumentopfs ausfüllen, in den sie gepflanzt wurde, so dass zwischen einer Wurzel und der nächsten kaum noch Erde Platz hat. So ist das auch mit Kamerad. Kamerad war das Wort, das am besten beschrieb, was zwischen mir und dem Chino war, ohne etwas wegzulassen. Der Chino war zur Gänze mein Kamerad, und ich war zur Gänze seiner. Und jeder von uns der beste Kamerad des anderen. Aber bei Elke passte Kamerad nicht wirklich! Ich konnte mich auf die Unbekannten der Tiere und der Beine nicht konzentrieren, weil dieses eigenartige Gefühl, das ich zum ersten Mal spürte, meine ganze Aufmerksamkeit beanspruchte! Da Elke, als sie uns kennen lernte, uns beide im Doppelpack vorgesetzt bekam, wollte sie auch sein, was wir schon waren: Sie wollte ein weiterer Kamerad sein. Sie kämpfte dafür, einer zu werden, und da sie sehr stur ist, gelang ihr das in weniger als einem Jahr. Aber jetzt, wo ich plötzlich mit ihr allein war – genauso wie damals, als sie krank war, aber jetzt verbrachten wir noch viel mehr Zeit miteinander, und es herrschte kein Ausnahmezustand wie eben in einem Krankenzimmer –, hatte Elke das Wort Kamerad einfach abgestreift wie einen Pullover, der ihr nicht richtig passte. Wie den Pullover von einem Jungen, den sie sich kurz ausgeborgt hatte, weil es auf dem Ausflug kalt gewesen war. Die Sache war die, dass es gar nicht mehr darauf ankam herauszufinden, wer oder was Elke eigentlich war – unter anderem, weil es keinen Unterschied mehr gemacht hätte: Jetzt musste ich in Erfahrung bringen, was Elke denn, wenn auch unabsichtlich, tat, damit ich so etwas fühlte. Das war es, was ich wissen wollte. Und ich wusste es ja sogar, das war ja das Komische an der ganzen Sache! Aber ich wusste nicht, wie ich das in einem Satz hätte sagen sollen, weil es mit zu vielen Sachen gleichzeitig zu tun hatte. Es hatte zum Beispiel damit zu tun, dass Elke jetzt hier war, aber der Chino nicht. Und es hatte damit zu tun, dass ich diesen ganzen Monat fast nie an den Chino gedacht hatte. Und es hatte auch mit Don Rodolfo und mit Belinda zu tun, die beide, seit sie geheiratet hatten, ganz anders waren, als jeder für sich gewesen war, bevor sie geheiratet hatten. Wenn ich das alles zusammenzählte, kam ich mit den Summanden der Summe auf keinen einheitlichen Nenner. Es kam ein Gefühl dabei heraus, das so war, wie wenn man einen Vogel bei sich zu Hause findet, einen lebendigen Mauersegler. Man weiß einfach nicht, was man tun soll, man weiß weder, ob er Brot frisst oder nur Vogelfutter, oder ob er gern Milch trinkt wie eine Katze oder nur Wasser, oder nur Brotkrümel oder sonst etwas, noch, was passieren wird, wenn du seinen Flügel berührst oder mit dem Finger dem Schnabel zu nahe kommst, noch, was es bedeutet, dass er piept und dass er nicht piept, noch, was seine zwei Äuglein wohl sehen, die im Allgemeinen schwarz sind und die einmal ganz erschrocken wirken und dann wieder das komplette Gegenteil von erschrocken. Das also war es mehr oder weniger, was ich für Elke empfand. In Summe: nichts. Aber nicht nichts, weil nichts da war, sondern weil im Gegenteil von allem zu viel da war, denn wenn man alles zusammenrechnete, waren es einfach zu viele Ergebnisse, die dabei herauskamen.

Etwas Gutes hatte Mühsam dann doch, er ließ einem nämlich nicht viel Zeit zum Nachdenken. Wenn er da war, weil er eben da war. Wenn er nicht da war, wegen der Hausübungen, die er aufgab, und weil ich dann pauken musste, wenn auch nur, um mir wenigstens am nächsten Tag nichts von ihm anhören zu müssen. Was ich also gerade gesagt habe, so in einem Atemzug, das habe ich nicht so in einem Schwung gedacht: Ich dachte es mir hier und da Stück für Stück. Das heißt, dass ich, obwohl ich nicht aufhören konnte, daran zu denken, andererseits keine Zeit hatte, daran zu denken. Das war, wie wenn man in einem Zimmer mit heruntergelassenen Jalousien ist: Man weiß, dass man nur aufzustehen und auf die Terrasse hinauszugehen braucht, um die Mauersegler über einem kreisen zu sehen, und wie das Wetter ist, ob die Sonne scheint, und ob es Wolken gibt oder nicht. Da draußen sind all die Dinge, die man kennt, weil sie, glaube ich zumindest, nicht einfach verschwinden, und dasselbe passiert mit den Dingen, an die man denkt, auch wenn man gerade nicht daran denkt, sondern an etwas anderes. Das ist dann aber doch nicht dasselbe, wie wenn man noch nie daran gedacht hätte und man gar nicht auf die Idee käme, dass es ein Drinnen und ein Draußen geben könnte oder es einem vollkommen gleichgültig wäre. So ging es mir damals, als ich an Elke dachte und gleichzeitig an etwas anderes, das dringender war. Und eines Tages beim Aufstehen kam mir ein Gedanke, der wie ein Zündholz war, das man an eine Pulverspur hält. Das hatten ich und der Chino einmal auf der Terrasse ausprobiert, als wir das Pulver aus zwei neuen Patronen herausholten, die uns der Hausmeister gegeben hatte, samt den Hülsen. Konnte es sein, dass ich mich, weil ich an jedem Tag und dem nächsten und dem nächsten immer nur sie gesehen hatte, schließlich wie der Chino zwangsweise in sie verliebt hatte? Dass ich in Elke verliebt war, ich meine, verliebt wie der Chino, war nicht völlig unmöglich. Warum auch nicht? Nun, weil ich eben nicht verliebt war, darum! Oder war ich es doch? Oder war ich es nicht? Darüber nachzudenken, machte mich ganz schwindlig. Wenn sich einem der Kopf dreht, wenn man darüber nachdenkt, ob man möglicherweise verliebt ist, dann bedeutet das, dass man entweder verliebt ist oder auch nicht verliebt ist. Da wird einem nur noch schwindliger. Das Einzige, was mir einfiel, war, wieder Don Rodolfo zu fragen, wie damals, als der Chino verliebt war. Vielleicht würde Don Rodolfo jetzt, wo er verheiratet war, eine bessere Lösung einfallen als damals.

Je öfter ich und Elke Mühsam im Unterricht mit Don Abilio ansprechen mussten, desto öfter nannten wir ihn nach der Stunde Mühsam. Und da wir uns vom ersten Tag an angewöhnt hatten, ihn Mühsam zu nennen, aber selbst Ende Juli sich noch keiner von uns beiden daran gewöhnt hatte, ihn Don Abilio zu nennen, sagten wir bei der Jause Herr Mühsam. Die Großmutter – die von sich selbst behauptet, dass sie mit dem Alter jetzt schon dreimal so schnell das Gedächtnis verliert wie noch vor kurzem – erinnerte sich schon bald nicht mehr daran, dass Don Abilio eigentlich nicht Mühsam hieß, und hielt das für seinen Nachnamen. Offensichtlich kannte die Großmutter zwei Sorten von Mühsams, die mit stummem H und die ohne, wobei der Name entweder allein gebraucht oder als Doppelname kombiniert wurde mit Müller oder Maier, was weiß ich. Und so geschah, was geschehen musste, eines Tages klopfte es mitten in der Stunde an der Tür, und es war die

Großmutter, die mit ihrem Stock bewaffnet und mit Doña Blanca im Schlepptau zur Inspektion erschien. Die Nachhut bildete Don Rodolfo, der die beiden haushoch überragte. Und da Abilio, auch wenn das sein richtiger Vorname war, mehr nach einem Spitznamen klingt als „Mühsam" und die Großmutter, wie gesagt, zwar anscheinend viele Mühsams kannte, aber den Namen Abilio wegen ihres Alters schon fast wieder vergessen hatte, kam sie herein und sagte: „Behalten Sie nur Platz, Herr Mühsam, guten Abend, ich komme nur auf eine Minute vorbei, um zu sehen, wie sich Ihre beiden Schüler so machen …!" Und da Mühsam wohl dachte, dass Mühsam ein Fremdwort sein musste, vielleicht ein französisches, wie sie die Großmutter ab und zu gebraucht – genauso wie sie eben manchmal schick sagt oder demimondän –, schoss er hoch, als ob die Großmutter ein Stromschlag wäre, und sagte: „Ja, gnädige Frau, selbstverständlich, ja, gnädige Frau." Und damit hatte er ins Schwarze getroffen, weil der Großmutter ein Ja immer lieber ist als ein Nein, vor allem, wenn sie selbst unsicher ist. Und die Unsicherheit, die die Großmutter an diesem Nachmittag ziemlich sicher plagte – schließlich hatten Doña Blanca und sie sich ja schon mehrere Nachmittage lang nur mehr darüber unterhalten –, kam daher, dass sie nicht wusste, wie zum Kuckuck sie unseren Unterricht inspizieren sollte, wenn doch weder sie selbst und noch weniger Doña Blanca, also keine von beiden, in der Lage war, in einer Aufgabe zwei Unbekannte zu bestimmen, oder eine oder auch gar keine. Was die Großmutter aus der Arithmetik am besten konnte, war zwangsläufig addieren, weil sie dauernd die Summen Belindas nachrechnen musste, wenn sie das Haushaltsbuch durchging. Aber obwohl die Großmutter von mathematischen Aufgaben oder Physik oder Chemie oder Geschichte herzlich wenig verstand, verstand sie es sehr wohl, das alles zu inspizieren. Ich habe noch nie jemanden besser inspizieren gesehen. Aber weil sie dafür, obwohl sie uns drei einen nach dem anderen einzeln eingehend begutachtete, kaum länger als eine Minute gebraucht haben konnte, dürfte sie sich nachher gedacht haben: „Und was zum Teufel inspiziere ich jetzt, wenn ich nicht ein Wort von dem verstehe, was sie da lernen?" Sie dürfte höchstens zehn Sekunden gezögert haben, oder nicht einmal das, weil die Großmutter glaubt, dass Zögern das Gleiche ist, wie im Nachthemd zum Frühstück zu kommen, also etwas, das sich einfach nicht gehört, und deshalb stellte sie schließlich Mühsam Don Rodolfo vor. Wenn sie sich schon kannten, war ihr das egal. Aber die Wahrheit ist, dass wir Don Rodolfo, obwohl er jetzt die meiste Zeit bei uns zu Hause verbrachte, in diesem Sommer seltener zu Gesicht bekommen hatten als damals, als er täglich nur für zwei Stunden vorbei kam. „Herr Mühsam", sagte die Großmutter noch einmal, und Elke bekam so was wie Schluckauf, weil sie sich dermaßen bemühte, den Mund nicht aufzumachen, obwohl sie so furchtbar lachen musste, dass ich schon glaubte, sie würde ersticken, so rot war sie angelaufen, „ich weiß nicht, ob Sie beide sich schon kennen. Don Rodolfo ist schon viele Jahre hier im Haus als Boxlehrer der Jungen. Don Rodolfo, Herr Mühsam besitzt die Freundlichkeit, uns diesen Sommer dabei zu helfen, die vier Prüfungen im September zu bestehen. Da Sie beide denselben Beruf ausüben, ist es nur gut und richtig, dass Sie sich auch miteinander bekannt machen ... Aber Blanca, wieso hast du mir nicht gesagt, dass es schon zwanzig Minuten nach halb sechs ist? Ich überlasse sie Ihnen wieder, Herr Mühsam, diese beiden, mal sehen, ob Sie sie mir auf den rechten Weg bringen!" Danach vollzog die Großmutter eine Wendung von hundertachtzig Grad um ihre eigene Achse und mit geblähten Segeln und wie zuvor eskortiert von Doña Blanca und Don Rodolfo, steuerte sie zurück in ihr Zimmer, wo die beiden alten Fregatten den Anker auswarfen, um den restlichen Abend ruhig im Hafen zu liegen.

„Wie du sicher einsiehst, Blanca, soll die Anwesenheit von Don Rodolfo mein Schaden nicht sein, es ist immer gut, einen Mann im Haus zu haben, der sich außer um das Boxen der Kinder auch um die Wasserhähne und die Sicherungen kümmert. Schließlich soll er nicht Däumchen drehen, das wäre ihm nicht recht und mir noch weniger. Ich habe es ja ohne Hintergedanken getan, ich habe es einfach nur so getan, das weißt du, wegen Belinda habe ich es getan, und auch einfach nur so. Aber das heißt nicht, dass Don Rodolfo nicht die schweren Sachen herauftragen kann, und in Wohnungen gibt es immer viele Möbel, die man wegschieben und verrücken muss, und Belinda hat schon genug mit den Kindern und mit mir zu tun. Und warum sollte ich mich beklagen, wenn für mich auch etwas dabei herausspringt! Don Rodolfo ist ein aufmerksamer Ehemann, ganz sicher…" Solche Sachen sagte die Großmutter entweder in einem Schwall oder hier und da eingestreut zu Doña Blanca bei jeder Jause – deshalb weiß ich ja, dass sie es gesagt hat – und, so wie ich sie kenne, sagte sie dasselbe noch zigmal vorher und zigmal nachher. Das ist nämlich ihre Art, sich selbst zu versichern, dass sie sicher ist, dass es so kommen wird. Und so war es dann ja auch, nur dass die Großmutter eben die ganze Geschichte ständig aufbauschte, wie sie das eben manchmal macht, wenn sie gerade dazu aufgelegt ist, und zwar so, wie sie will und bei wem sie will. Sie fing damit an, kaum dass Belinda und Don Rodolfo als Jungvermählte zurückgekehrt waren von dem, was Doña Blanca eine ephemere Hochzeitsreise nannte, warum, weiß ich nicht. Elke verstand es auch nicht, obwohl wir „ephemer" im Wörterbuch nachschlugen. Es bedeutet „nur einen Tag dauernd, vergänglich", und Ephemeriden in der Astronomie sind Tabellen, auf denen man sehen kann, wie die Bahnen der Gestirne verlaufen. Aber vierzehn Tage dauern ja jetzt nicht nur einen Tag, ein halber Monat ist das. Obwohl das mit den Bahnen schon wieder stimmte, weil Don Rodolfo und Belinda schließlich mit der Eisenbahn von hier in das Dorf von Belindas Schwester gefahren waren und am Ende von dem halben Monat zügigst hierher zurück, denn sie hatten zuerst den Zug nach Barcelona genommen, ohne irgendwo Halt zu machen, und dann in Barcelona sofort den hierher. Das Ephemere konnte ich allerdings nirgends erkennen, und Elke schon gar nicht. Aber da „ephemer" gut klingt, verwende ich das Wort jetzt oft, um auszuprobieren, ob es außer zu einer Hochzeitsreise auch noch zu anderen Dingen passt. Die Großmutter erklärte Don Rodolfo zum Beispiel, als die beiden gerade erst zwei Stunden wieder zu Hause waren, gerade rechtzeitig, um mit uns zu jausnen, welche Dinge er „zügigst" für sie erledigen sollte. Und Don Rodolfo sagte zu allem Ja und Amen, das ist, was die Großmutter am liebsten von allem hört. Und der Sommer verging mit den ephemeren Mühseligkeiten von Mühsam, der mir nicht viel freie Zeit ließ, um Don

Rodolfo zu fragen, wie es ihm denn so ging. Sehen konnte man ihn vor allem in Hemdsärmeln und mit Krawatte, die beiden Ärmel aufgekrempelt, so ab zehn Uhr vormittags bis zur Essenszeit. Am Nachmittag gingen sie aus. Sie kamen abends nicht allzu spät wieder zurück, Belinda, um das Abendessen zuzubereiten, und Don Rodolfo, um sich in die Küche zu setzen. Anscheinend ging er nicht mehr sehr oft zur Falange, und auch nicht in das Café, wo er früher Stammgast gewesen war und das genau gegenüber dem Hauseingang seiner Pension lag. Und da es im Sommer keinen Boxunterricht gab, wusste er wahrscheinlich ziemlich oft nicht, was er mit sich anfangen sollte. Es kam mir zumindest so vor, dass er es nicht wusste, und Elke war auch meiner Meinung, da war ich mir sicher, weil wir einige Male darüber gesprochen hatten. Jedenfalls war es so, dass Don Rodolfo zwei Abende später, nachdem die Großmutter Mühsam und uns inspiziert und dabei die Gelegenheit genutzt hatte, die beiden einander vorzustellen, Mühsam ansprach, als der nach der Stunde zur Tür herauskam, und dahinter Elke und dahinter ich, und ihn einlud, doch noch kurz zu ihnen in die Küche zu kommen, was uns beide, mich und Elke, mehr ephemer als sonst was zurückließ. Don Rodolfo hatte einfach nur gesagt: „Don Abilio, meine Frau (statt Belinda zu sagen) lässt fragen, ob Sie sich nicht auf einen Sprung zu uns in die Küche setzen möchten, wenn Sie Lust haben …" Und der Sprung dauerte zwei Stunden.

Da Don Rodolfo nun einmal Don Rodolfo ist, verloren weder ich noch Elke auch nur ein Wort darüber. Aber weil wir darüber nicht reden wollten, konnten wir über gar nichts reden, wenn wir schon über das Schockierendste schwiegen, das wir je erlebt hatten. So verging viel Zeit, zehn Minuten mindestens. Dann sah Elke mich an, und ich sah Elke an, und Elke sagte: „Eine Verrat!" Obwohl ich dasselbe gedacht hatte, sprach ich es nicht aus, aber hauptsächlich aus Treue zu einem Kameraden. Ich sagte nur: „Warten wir's ab!" Und Elke meinte: „Einladen jausnen ohne eine Grund …" Aber ich unterbrach sie, weil ich schon wusste, was sie sagen würde, und es besser war, die Auseinandersetzung noch ein bisschen hinauszuschieben. „Don Rodolfo glaubt womöglich", sagte ich, „dass er jetzt auch verpflichtet ist, sich ein bisschen mit Mühsam zu unterhalten, weil die Großmutter sie beide letztens bekannt gemacht hat, wie er eben auch die Sicherungen austauschen muss oder den Mülleimer hinunterträgt …" Und Elke sagte: „Mir viel würde es wundern …" Und so ging es dann die ganze Zeit weiter, dass es sie noch mehr und immer noch mehr wunderte, je mehr sie darüber nachdachte, was sie natürlich nicht für sich behalten konnte, sondern ständig wiederholte. Doña Blanca hätte gesagt: „Steter Tropfen höhlt den Stein." Und ich war schließlich vollkommen ausgehöhlt, selbst wenn ich nur den arithmetischen Mittelwert nahm, das heißt, die Hälfte von dem, wie sehr Elke sich wunderte, plus der Hälfte von dem, wie sehr ich mich wunderte. Es kam trotzdem eine Unsumme dabei heraus, wenn man beide Hälften zusammenzählte, um auszurechnen, wie riesig unsere Verwunderung war, die von uns beiden. „Ich glaube nicht", sagte ich, um dem Ganzen ein bisschen die Spitze zu nehmen und Elke zu trösten, „dass Don Rodolfo und Mühsam jemals zusammenhalten würden, nicht einmal, wenn man sie mit Leim aneinander kleben würde."

Und Elke meinte: „Warrum ihn einladen, wenn er ihm eine kleben will?" Ich begriff, dass Elke nicht verstanden hatte, was „nicht einmal mit Leim" bedeutet, und dass sie glaubte, es hieße, dass sich die beiden ohrfeigen würden. Ich brauchte einige Zeit, um es ihr zu erklären. Dann schwiegen wir wieder und starrten zu Boden. Und wieder vergingen zehn Minuten. Es war, als ob wir uns gegenseitig das Beileid aussprechen würden, so wie damals, als ich mitbekam, wie anders Doña Blanca und die Großmutter, die normalerweise beide nicht eine Minute aufhören zu reden, plötzlich sprachen, als sie nach der Messe jemandem ihr Beileid bekundeten: Sie hielten abwechselnd immer wieder inne, während die andere gerade sprach, um so viel Luft wie möglich zu holen. Das tut man wohl aus Achtung vor den Toten. Um das Eis zu brechen, sagte ich schließlich: „Schau, wenn Don Rodolfo das tut, dann tut er es aus einem guten Grund, aus was für einem, ist mir gleich, aber es ist sicher nicht Verrat!" Da Elke ja auch nicht glauben wollte, dass er Mühsam in verräterischer Absicht eingeladen hatte, auf einen Sprung in die Küche zu kommen, ließ sie sich überzeugen. So vergingen die zwei Stunden, die die drei brauchten, um wieder herauszukommen, und diesmal kam auch Belinda aus der Küche, um Mühsam zur Tür zu begleiten. Da war es schon fast elf Uhr, die Zeit, um die wir im Sommer zu Abend essen! Ein bisschen sauer stieß es uns beiden schon auf, als wir hörten, wie die drei sich endlos verabschiedeten, wobei sie ständig wiederholten: „Die Freude ist unsererseits" und „Sehr erfreut" (die beiden) und „Sehr erfreut, höchst erfreut" (der Trottel von Mühsam). Ich ging ins Bett, ohne mich ganz beruhigt zu haben – und ich weiß, dass Elke es auch so ging. Am nächsten Tag, einem Freitag, erstarrte Elke und mir das Blut in den Adern, als die Stunde vorüber war und Mühsam das Zimmer verließ. Wir mussten uns immer wieder Blicke zuwerfen, denn Mühsam, der Trottel, trödelte endlos herum, statt einfach zu gehen. Er tat sogar so, als ob er seine Brieftasche vergessen hätte, etwas, das unmöglicher gar nicht sein konnte, weil er sie sicher sogar zum Schlafen mit ins Bett nahm, so abgegriffen war sie. Aber er ging noch einmal zurück, um nachzusehen, obwohl es da gar nichts zu sehen gab, weil dort nur die Stühle und die Tische waren, und die konnte man von der Tür aus sehr gut sehen, bis ich schließlich sagte: „Wenn Sie sie doch heute gar nicht mitgehabt haben, Don Abilio, mir ist aufgefallen, dass Sie sie nicht dabei hatten, und außerdem haben Sie gesagt, dass Sie nach der Stunde ganz schnell weg müssten!" Es war auch so, dass er das gesagt hatte, und wenn er das nicht zugegeben hätte, dann hätte er das Haus damals nicht mehr lebend verlassen. Da es jetzt keine Ausrede mehr gab, noch länger herumzutrödeln, schickte er sich endlich an zu gehen, als Don Rodolfo mit seinem Schlüssel die Tür aufsperrte und hereinkam, denn jetzt hat er einen eigenen Schlüssel, und sagte: „Müssen Sie denn schon gehen, Don Abilio? Das können Sie doch nicht machen, Mann, bleiben Sie noch ein bisschen!" Was Mühsam darauf antwortete, war wirklich die Höhe! „Es tut mir Leid, Don Rodolfo, ich kann Ihnen gar nicht sagen, wie Leid, aber heute kann ich nicht, ich bin verabredet, heute kann ich leider wirklich nicht, ich bin sowieso schon spät dran…" Dann ging er endlich, und Don Rodolfo blieb offensichtlich mit einem langen Gesicht zurück. An den nächsten beiden Tagen, dem Samstag und dem Sonntag, grübelten Elke und ich immer wieder darüber nach, warum Don Rodolfo sich so sehr um Höflichkeit bemühte, aber als diese beiden Tage vorbei waren, verstand immer noch keiner von uns beiden, warum, und ob von jetzt an alles jeden Tag immer nur noch schlimmer werden würde, bis es zum Schlimmsten vom Schlimmen kommen würde… Und so würde es kommen, wenn Don Rodolfo einfach klein beigab, und noch dazu ohne zwingenden Grund, wie Doña Blanca das immer nennt!

Mit Elke ist es anders als mit dem Chino, dachte ich, obwohl ich es nicht laut sagte, weil Elke da war, und Vergleiche nie schmeichelhaft für die Betroffenen sind. Wer das übrigens am häufigsten sagt, ist Doña Blanca. Dabei verbringt sie Stunden damit, Leute miteinander zu vergleichen. Was sie einem also nicht gibt, Doña Blanca, meine ich, das ist ein gutes Beispiel. Das muss sie ja auch nicht. Trotzdem kann man viel von ihr lernen, schon allein, indem man darauf achtet, wie sie spricht. Jetzt, wo ich darüber nachdenke – auch wenn das jetzt nichts mit dem zu tun hat, worüber ich gerade zuerst nachgedacht habe –, ist Doña Blanca eigentlich ziemlich witzig, wenn sie spricht. Dabei legt sie es gar nicht darauf an, witzig zu sein, sie erzählt ja keine Witze, und lachen tut sie auch nicht, sie wirkt einfach komisch, weil sie es beim Reden immer so eilig hat und alles, was sie so hört oder was ihr widerfährt, immer gleichermaßen aufbauscht, auch wenn etwas überhaupt nicht wichtig ist – und meistens ist es nicht wichtig. Aber was macht das schon, wenn es nicht wichtig ist, behaupte ich, und jetzt, wo ich das sage, fällt mir auf, dass mir bis vor kurzem gar nie aufgefallen ist, wie Doña Blanca eigentlich redet, und ob sie witzig ist oder nicht. Elke ist auch so –

obwohl Doña Blanca dreimal so alt sein muss wie Elke –, denn für Elke ist auch alles, was wir tun und sagen, immer gleich wichtig. Das ist einer der Unterschiede, den ich in diesem Sommer durch den ständigen Vergleich zwischen Elke und dem Chino bemerkt habe. Vergleiche sind wenig schmeichelhaft, das mag schon stimmen, aber eine Sache mit einer anderen zu vergleichen, ist viel lustiger, als wenn man nur eine nach der anderen betrachtet, ohne zu vergleichen. Das sage ich nicht nur, um mein Gewissen zu beruhigen, wenn ich wieder einmal, ohne es zu wollen, Elke mit dem Chino vergleiche. Das sage ich, weil es in letzter Zeit, abgesehen vom Pauken, meine Hauptbeschäftigung ist, die beiden miteinander zu vergleichen. An manchen Tagen denke ich sogar, ohne es zu wollen, dass es mit dem Chino fader war. Da habe die meiste Zeit ja nur ich geredet, was ich zwar immer noch tue, sogar noch mehr, aber eben mit Elke. Wenn man nimmt, was jeder von uns so redet, und dazu die Male, wo Elke vollkommen aus dem Häuschen gerät und sich furchtbar aufregt, was ihr ungefähr so oft passiert wie mir, reden wir eigentlich ununterbrochen. Und jetzt haben wir schon August, und es bleibt mir nur noch ein bisschen mehr als ein Monat, und Mühsam meint, dass ich mich gut mache und dass ich, wenn ich im letzten Moment nicht nachlasse, alle vier Prüfungen schaffen werde, eine oder zwei vielleicht sogar mit „gut". Noch etwas hat sich übrigens verändert: Durch das viele Pauken fangen mir die Lektionen an, Spaß zu machen, und da mein Gedächtnis immer schon gut war und jetzt noch besser geworden ist, bei so viel Übung, kann ich schön langsam das, was ich sehe oder höre, und auch die Dinge, die mir geschehen oder von denen man mir erzählt, dass sie in der Welt geschehen, mit dem in Verbindung bringen, was ich lerne, indem ich es auswendig lerne und danach Mühsam ohne Stocken in einem Höllentempo aufsage. Nicht, dass man mir das sehr anmerkt, glaube ich. Ich glaube nicht einmal, dass Elke es bemerkt hat, aber ich merke es die ganze Zeit, wie beim Aufbau von Muskeln, den man bemerkt, wenn man sich in den Spiegel schaut oder abmisst. Jetzt brauche ich nichts abzumessen, und im Spiegel sieht mein Gesicht aus wie immer. Aber ich merke, wie jedes Mal, wenn ich etwas aus dem Gedächtnis aufsage, mein Gedächtnis in mir richtig wächst … Ich fühle mich jetzt stärker und auch zufriedener, das auch. Aber nicht, weil ich meine Pflicht erfüllt habe, das nicht. Es ist, als ob ich mich verkleidet hätte und alle mir sagen würden: „Leg die Maske nicht ab, denn damit siehst du besser aus, eleganter und auch stärker." Wie man sich eben fühlt, wenn man etwas sagt, um die anderen zum Lachen zu bringen, und während man erzählt, merkt man, dass es wirklich lustig ist und die anderen lachen. Aber was hat das, was ich da sage, damit zu tun, dass, wenn ich Elke mit dem Chino vergleiche, der Chino ein bisschen schlechter aussteigt? Möglich, dass es gar nichts miteinander zu tun hat. Möglich. Aber es könnte andererseits doch etwas miteinander zu tun haben, nur dass ich es nicht sehe. In diesem Sommer ist mir nämlich bewusst geworden, dass vieles von dem, was mir widerfährt, nicht immer gleich als das zu erkennen ist, was es ist. Oft kommt etwas getarnt daher. Und auch wenn es auf den ersten Blick nichts mit dem zu tun zu haben scheint, was mich sonst so beschäftigt, stellt sich später heraus, dass es doch genau das ist, nur eben unter einer Maske verborgen, die das, worum es eigentlich geht, letztendlich sogar mehr zeigt als versteckt. Geht es dem Chino vielleicht auch so? Vielleicht hat es beim

Chino in diesem Sommer auch angefangen, dass es ihm so geht, wie es mir geht, und er vergleicht mich mit jemandem, den er zum Beispiel in Schweden kennen gelernt hat, und der Chino merkt dann auch, dass ich immer schlechter wegkomme. Dem Chino liegt es zwar nicht, ständig über alles nachzugrübeln, wie ich das tue, aber es ist ja trotzdem möglich, dass wir uns am Ende dieses Sommers, wenn er zu den Prüfungen zurückkommt, anschauen und uns ganz anders sehen werden, ich ihn und er mich, ohne dass wir etwas dagegen tun können und ohne dass wir uns trauen, es zu sagen, weil wir Kameraden sind. Denn das ist mehr, viel mehr, als nur leibliche Cousins oder sogar Brüder zu sein. Jetzt habe ich bei der Hälfte von dem, was ich über Doña Blanca und Elke sagen wollte, aufgehört, nämlich, dass beide alles, was immer es auch ist, gleich wichtig nehmen. Ist das auch das ewig Weibliche?

Das ewig Weibliche von Belinda wirkte sich so aus, dass Don Rodolfo ganz schön zunahm. Mitte August sah man schon zwei neue Löcher, um die er den Gürtel hatte weiter machen müssen. Jetzt war er sicher schon genauso breit wie Paulino! Es kommt mir vor, dass in diesem Sommer alle zunahmen und bei uns zu Hause alles langsamer und noch gleicher ablief als je zuvor – aber gleich womit, weiß ich nicht, das weiß ich wirklich nicht. Vielleicht glich das, wie es war, dem, wie es mir am liebsten ist, nämlich wenn es allen gut geht. Ich war froh, dass es ihnen allen gut ging. Und gut geht es einem, sagt Belinda immer, wenn man gut isst. Was Don Rodolfo jetzt aß, waren vor allem kleine und größere Happen hier und da zwischen den Mahlzeiten, vor allem die gebratenen Speck-scheiben am Vormittag und am frühen Nachmittag, wobei er mit dem Brot das Fett auftunkte und jedes Mal ein Glas Rotwein dazu trank. Und an den Nachmittagen ließ sich auch Mühsam das Speckscheibengelage nicht entgehen, nur dass er vom Brot die Rinde und vom Speck selbst die Schwarten weg-schnitt, die doch das Beste sind, dem Chino und mir schme-cken sie jedenfalls am besten.

Es war schwer zu verstehen, dass Don Rodolfo nach der Heirat ganz ein anderer war als der Don Rodolfo, der er vor der Heirat gewesen war. Für mich war es schwer. Aber anschei-nend nicht für Elke. Je länger der Sommer dauerte, und je mehr ich mich daran gewöhnte zu pauken – und, was noch verwun-derlicher war, etwas zu lernen aus dem, was ich paukte, fast so viel wie aus der Art zu reden, von Doña Blanca –, desto mehr nahm Elke den Platz vom Chino bei den Unterhaltungen ein, die ich wohl nie wirklich mit ihr oder auch sonst jemandem führen würde: Das waren zum Beispiel Sätze, die ich im Kopf vorbereitete, um sie zu Elke zu sagen, ohne dass ich sie dann, wenn ich mit ihr zusammen war, wirklich aussprach. Mir fiel auf, dass wir das vorbereiten, was wir zu jemandem, den wir jeden Tag sehen, sagen wollen, und dass es dann gar nicht mehr wichtig ist, ob wir es sagen oder nicht. Ich zumindest rede mit den Leuten, mit denen ich am meisten zusammen bin, sogar mehr, wenn ich allein bin, als wenn ich mit einem von ihnen zusammen bin. Und das machte ich jetzt mit Elke genau-so wie früher mit dem Chino. Und als ich zu ihr sagte, dass der jetzige Don Rodolfo so ganz anders sei als der Don Rodolfo vor der Heirat, sagte Elke, dass sie das überhaupt nicht wundere und dass das immer so sei. Und ich sagte: „Aber dann ist es besser, nicht zu heiraten, weil ich es gut finde, wie ich jetzt bin!" Darauf antwortete Elke nichts. Aber man konnte sehen, dass sie das nur aus Höflichkeit tat und nicht, weil sie glaubte, dass ich Recht hatte. Das war alles wegen der Freundschaft zwischen Don Rodolfo und Belinda und Mühsam, die immer enger wurde. Es war, als ob es Don Rodolfo jetzt, da sie verheiratet waren, lieber wäre, jemanden um sich zu haben, bei dem er sich ab und zu davon erholen konnte, ständig mit Belinda zusammen zu sein. Und es war auch so, dass Mühsam, der in der Stunde nichts als seine Lektionen kannte, anscheinend, sobald er mit dem Unterricht fertig war und in die Küche hinüberging, gar nicht mehr aufhören wollte, zu plaudern und Witze zu erzählen. Das wussten wir, weil wir sie immer lachen hörten, kaum dass Mühsam sich mit ihnen zur Jause hingesetzt hatte.

Am fünfzehnten August ist Mariä Himmelfahrt, und wegen des Feiertags entfiel der Unterricht. Es machte aber keinen Unterschied, weil Mühsam mir doppelt so viele Hausaufgaben aufgegeben hatte wie vor einem Werktag und ich den Vormittag zu Hause sitzen und Seiten um Seiten mit komplizierten Brüchen füllen musste. Nach dem Mittagessen kam Elke für einen Sprung herauf und ging dann wieder, weil Tante Lola einen Besuch hatte, der Elke kennen lernen wollte. Und da man schließlich nach der Jause nicht mehr lernen kann und ich gleichzeitig nicht aufhören konnte, an das Lernen zu denken, versuchte ich so nebenbei, im Kopf die Könige vor Isabella und Ferdinand aufzuzählen. Und ich konnte mich an keinen einzigen erinnern, nicht einmal, welcher Alfonso es war, der sich gegen den Cid stellte. Ich wollte mich an etwas aus Geschichte erinnern, das war das Fach, das ich meiner Meinung nach von allen am besten und in- und auswendig im Kopf hatte. Und je mehr ich mich anstrengte, umso weniger fiel mir ein, nicht einmal, ob die Schlacht von Las Navas de Tolosa* vor oder nach oder zur gleichen Zeit stattgefunden hatte wie der Eid von Santa Gadea*. Es war, als ob die Dinge in meinem Gedächtnis nur mit Stecknadeln befestigt und mit lockeren Stichen angeheftet gewesen wären – so würde es die Großmutter beschreiben –, und jetzt waren alle Nähte aufge-gangen, vielleicht, weil ich mich zu schnell bewegt oder nur einen einzigen Tag meine Lektionen nicht wiederholt hatte. Jedenfalls war es, als ob ich nie etwas gelernt hätte. Ich fühlte mich so elend, dass ich vor dem Abendessen zu Tante Lola hinunterging, um zu sehen, ob sich Elke schon von dem Besuch frei machen konnte. Ich würde mich sicher besser füh-len, wenn ich es ihr erst einmal erzählt hätte, obwohl mir des-halb auch nicht mehr einfallen würde als das, woran ich mich jetzt Minute um Minute erinnern konnte, und das war immer weniger und weniger. Warum, weiß ich nicht! Gerade als ich an Tante Lolas Wohnungstür anläutete und die Klingel zu hören war, ging gleichzeitig das Licht drinnen an, und ich dachte, dass es nicht wegen mir sein konnte, es sei denn, sie wären Hellseher und hätten schon gewusst, dass ich um diese Zeit herunterkommen würde, bevor ich selbst es gewusst hatte, denn zwischen dem Gedanken ans Hinuntergehen und dem Hinuntergehen selbst war kaum mehr als eine Minute vergangen, glaube ich … Das Dienstmädchen öffnete die Tür, und sofort drang der Geruch nach dem blonden Tabak der englischen Zigaretten heraus, die Tante Lola eine nach der anderen raucht. Es roch nach dem Organdy der cremefarbigen und weißen Sommerkleider. Es roch auch nach der feuchten Erde der Blumentöpfe im Erker von Tante Lolas Zimmer. In Gerüchen steckt viel mehr Erinnerung als in Bildern oder Geräuschen. Deshalb lag in dem Geruch, der mir entgegenströmte, auch der nach Tee und geröstetem Brot, nach Winter. Ich weiß nicht, ob das, was ich hier aufzähle, das ist, was ich jedes Mal rieche, oder ob es nur das ist, was ich ein Mal oder zwei Mal gerochen habe, und alle anderen Male habe ich einfach gerochen, woran ich gerade gedacht habe – also eigentlich, woran ich mich erinnere. Jedenfalls war es so, dass sie nicht wegen mir zur Tür gekommen waren – anscheinend hatten sie die Glocke gar nicht gehört –, sondern wegen des Besuchs, der gerade aufbrach. Es waren eine Dame und ein Herr, beide sehr groß und beide, wie mir schien, mit einem Auftreten und einer Art, sich zu verabschieden, wie sie Ausländer haben, die sogar besser Spanisch sprechen als wir selbst, auch wenn sie die Stellen in den Sätzen, an denen wir Spanier die Betonung darauf legen oder wegnehmen, nicht ganz so treffen. Alle sprachen gleichzeitig, und die Ausrufe schwirrten wild durcheinander: „Das ist ja herrlich!“, „Großartig!“ und „Genial, genial!“ Um die Gäste zu begleiten, waren Tante Lola und Onkel Gabriel herausgekommen und auch Elke und das Dienstmädchen, um der Dame zu helfen, einen ungefütterten Mantel aus weißem Piqué anzuziehen, der im Sommer meiner Meinung nach völlig überflüssig ist. Was ich also von der Tür aus sah, war vor allem ein Knäuel von dicht zusammengedrängten Leuten, die sich gleichzeitig die Hände gaben und küssten, wobei sie die Übersicht verloren, wenn sie sich in die Quere kamen, als ob sie nicht mehr recht wüssten, bei wem sich was gehörte, ob jetzt ein Kuss, zwei Küsse, ein Handschlag, ein Handkuss oder eine Verbeugung oder sonst etwas … Viel Zeit zum Nachdenken hatte ich nicht. Ich dachte nur: „Mein Gott, was für ein Haufen Leute!" Aber es war schon zu spät, mich noch zurückzuziehen. Ich konnte auch nicht mehr nur so im Vorübergehen grüßen und so tun, als ob ich nur zufällig durch die Tür gekommen wäre. Schon gar nicht, wo Tante Lola dabei war, die nicht der Mensch ist, sich eine so gute Gelegenheit entgehen zu lassen, alles endlos zu dramatisieren! Sie fing an, mich den Besuchern vorzustellen, ohne dass ich recht verstanden hätte, was denn die Besucher – weder sie noch er – noch Tante Lola eigentlich sagten. Am wenigsten natürlich, was Tante Lola sagte! Und Onkel Gabriel sagte auch etwas in meine Richtung, ob zu mir oder zu jemand anderem, weiß ich nicht, wobei er den Zeigefinger und den Daumen jeder Hand jeweils paarweise in die entsprechende Tasche seiner Weste bohrte. Mir brummten die Ohren, ohne dass ich gewusst hätte, was ich sagen sollte, und so vergingen wohl fünf Minuten, oder vielleicht war es ja auch nur eine Minute, oder eine halbe, was weiß ich. Mir kam es auf jeden Fall sehr lang vor, wie wenn man auf den Jahrmärkten in so ein Spiegelkabinett hineingeht, wo sogar noch an der Decke und auf dem Boden Spiegel sind, und plötzlich ist man allein und sieht sein Spiegelbild achtzigmal, von unten, von oben und von allen Seiten, und man macht einen Schritt und stößt gegen einen Spiegel, und es ist nicht die Tür, es ist eine Wand, und das Blut rauscht einem in den Ohren, und man bekommt ein bisschen Angst, obwohl das keiner zugibt, sobald er wieder draußen ist. Und dann fragt man, wie spät es ist, und merkt erst da, dass man nur höchstens zehn Minuten drinnen war, vielleicht sogar weniger, bis man plötzlich, zack, um eine Ecke biegt, und da ist der Ausgang, und man atmet in vollen Zügen die Luft der Freiheit! So war es auch jetzt, nur dass es kein Labyrinth war, und der Ausgang führte auch nirgendwo hin. Das Einzige, was beide Fälle gemeinsam hatten, war dieses „Zack": dass mir die Ohren schlagartig nicht mehr summten und dass ich Elke plötzlich so für den Anlass ausstaffiert vor mir stehen sah. Ich hatte sie noch nie so angezogen und auch nicht so frisiert gesehen. Das Haar, das Elke sonst auch immer hat und das so blond ist, dass es fast silbrig wirkt, war hochgesteckt, sodass der Nacken zu sehen war, auf den nur einige wenige Haarsträhnen fielen, die trotz der Haarnadeln dem Knoten entkommen waren! Am meisten fiel mir auf, wie lang mit dieser Frisur ihr Hals wirkte, der außerdem noch durch den Ausschnitt ihres Kleides, der, glaube ich, oval war, gestreckt wurde, wobei die obersten beiden Wirbel hervorstanden. Und jetzt war Elke einen Kopf größer als ich, was am Vortag noch nicht so gewesen war, soweit ich mich erinnern konnte. Das ist wegen der Frisur, dachte ich, und wegen des Rocks mit Volants, der etwa eine Handbreit über dem Saum rundherum mit einer blauen Schleife gefasst war. Mir fiel auch auf, dass ihre Augen blauer waren als an den anderen Tagen, als jemals zuvor. Als ob man Augen polieren könnte! Sie hoben sich stark vor dem dunkleren Hintergrund der Augenhöhlen ab. Und ich glaube auch nicht, dass sie je zuvor so gelächelt hatte! Würde sie von jetzt an immer so lächeln und nie mehr lauthals lachen, ja nicht einmal mehr einen Fußtritt austeilen? Jetzt sah sie wirklich älter aus als ich, jetzt, da sie nur lächelte und nichts sagte und mich in diesem Kleid ansah und plötzlich einen Kopf größer war als ich, oder noch mehr, ohne dass es so aussah, als ob sie schwindeln würde, wie sie es sonst immer macht, wenn wir uns abmessen und jedes Mal Millimeter für Millimeter um die Ergebnisse streiten! Was würde der Chino denken, wenn er in diesem Moment hereinkäme und sie so sehen könnte? Das war es, was ich dachte. Vielleicht würde er sich nicht einmal trauen, sie zu begrüßen, genauso wie ich, der ich mich auch nicht traute, abgesehen davon, dass es dumm gewesen wäre, sie jetzt zu begrüßen, wo doch keine drei Stunden vergangen waren, seit wir uns zuletzt gesehen hatten. Welche von beiden war wohl die richtige Elke, die, die ich da in diesem Kleid sah, oder die, die jeden Tag denselben Rock und denselben Pullover trug und sich gerade einmal an Sonn- und Feiertagen etwas anderes anzog? Denn daran war jetzt nicht mehr zu rütteln, neben der Elke, die ich besser kannte als meine Bildgeschichten-Hefte, gab es noch eine andere Elke, die ich noch nie zuvor gesehen hatte. Und noch etwas beschäftigte mich: Wenn ich zwischen den beiden hätte wählen müssen, welche wäre mir dann lieber gewesen? Plötzlich erschrak ich, als ich das dachte. „Gab es womöglich wirklich zwei?", ging mir durch den Kopf. Denn so wie ich Tante Lola kannte, war es durchaus möglich, dass sie zwei völlig gleiche Zwillingsmädchen adoptiert und uns immer nur eine auf einmal vorgeführt hatte! Wenn der Chino dabei gewesen wäre und es mir eingefallen wäre, zu ihm zu sagen, dass Elke und ihre Schwester Zwillinge waren, die sich glichen bis hin zu den wenigen Sommersprossen, die sie beide auf den Wangen hatten, dann hätte er mir eine ordentliche Gerade gegen das Kinn verpasst! Die Sache war aber so: Wenn es nur wegen des Kleides war, das heißt, wenn es mehr oder weniger eine Täuschung war, eine sehr elegante zwar, aber eben doch nur ein Trick, warum war ich dann plötzlich taubstumm geworden, sodass Elke – die eine oder die andere – etwas zu mir sagen oder zumindest die Lippen bewegen konnte und ich trotzdem nichts hörte? Schließlich beschlossen der Herr und die Dame, das Verabschieden endlich sein zu lassen und zu gehen, und Tante Lola verabschiedete sich noch einmal, als ob der Treppenabsatz ein Bahnsteig wäre und der Besuch ein Zug, der sich in der Ferne verliert, und dann waren wir plötzlich allein, ich und Elke, wir beide allein im Vorzimmer im Schein einer Lampe, die einen Schirm aus Stoff und eine Birne mit sechzig Watt hat, sodass man höchstens einen halben Meter weit sehen kann. Diesmal dachte ich wirklich, dass nicht einmal ein Rammbock das Eis brechen könnte! Aber Elke brach es, indem sie irgendeinen furchtbaren Unsinn sagte, so war es wirklich, es war dumm, was sie da sagte, und daran änderte sich auch nichts, nur weil sie dieses Kleid anhatte! „Ich dachte, dass ich dich nicht wieder umsehen werrde bis morrgen!"

Am nächsten Tag kam ein Brief vom Chino. Die Großmutter überraschte mich völlig, als sie gegen zehn Uhr allein in mein Zimmer kam, denn das ist eine Tageszeit, die die Großmutter nicht mag und zu der man sie fast nie sieht. Wie sie immer sagt, ist alles vor elf Uhr die Zeit für Unruhegeister – das muss etwas mit der Unruh der Uhren zu tun haben, glaube ich. Deshalb bemerkte ich, als sie so unerwartet hereinkam, den Brief auch gar nicht, bis sie sagte: „Jorge, da ist ein Brief für dich." Mir fiel auf, dass es ein Flugpostkuvert mit einem ausländischen Stempel war, und als sie mir den Brief gab, las ich meinen Namen und die Anschrift unseres Hauses, die mir plötzlich ganz fremd erschienen. Es muss wohl der erste richtige Brief gewesen sein, den ich jemals bekommen habe, oder zumindest einer der ersten. Ich war so verwundert, den Brief zu sehen – die Handschrift kam mir irgendwie bekannt vor, aber nicht sehr –, dass ich sogar die Großmutter ganz vergaß. Aber die sagte schließlich in dem Ton, den sie immer anschlägt, wenn sie dabei ist, die Geduld zu verlieren: „Was schaust du so lange? Weißt du nicht, von wem er ist, oder was?" „Also nein, ich komm nicht darauf." „Ist mein Enkel langsam von Begriff! Mach ihn auf, dann weißt du es!" Und wenn ich auch nur noch eine halbe Sekunde länger gezögert hätte, dann hätte sie ihn selbst aufgemacht, da bin ich mir sicher. Aber ich drehte ihn rechtzeitig um, und der Absender war der Chino. Die Großmutter verließ widerwillig das Zimmer und machte absichtlich viel Lärm mit der Spitze ihres Stocks, das ist bei der Großmutter so wie ein Räuspern. Und von der Tür her sagte sie nur, ohne sich umzudrehen: „Nachher erzählst du mir, was dir der Chino erzählt, so erfahren wir, was sich in der Welt so tut!" Und ich sagte: „Ja, Großmutter." Und dann machte ich mich daran, den Brief zu lesen.

Lieber Ceporro!
Wie geht es Dir und Elke, wie läuft es bei Euch so in diesem Sommer, und bei den anderen. Ich hoffe, dass

es Euch gut geht, uns geht es auch allen gut hier in Stockholm. Ich denke mir, dass Du der bist, dem es am schlechtesten geht, mit vier Nachprüfungen, wie ich, und die Prüfungen sind ja jetzt schon bald. Wenn ich wieder da bin, werde ich Dir erzählen, wie sauer meine Eltern waren, das waren sie die ersten zehn Tage, bis sie einen Lehrer gefunden haben, aber nur eine Frau, weil von Spanisch haben die Schweden nicht die leiseste Ahnung. Na ja, genauso wie wir vom Schwedischen, nur umgekehrt. Aber so ist die Sache ganz lustig. Ich habe ein paar Sachen erlebt, die ziemlich gut waren, ich wette, um was Du willst, dass Du Dich vor lauter Lachen zerkugeln wirst. Vielleicht wundert es Dich, dass ich Dir schreibe. Also, egal wie sehr es Dich wundert, mich wundert es noch viel mehr. Was ich Dir eigentlich schicken wollte, war eine Ansichtskarte, und genug damit, nimm's mir nicht übel. Aber Covadonga hat gesagt, wenn ihr eine Freundin, die den Sommer in Stockholm verbringt und die mit ihr so gut befreundet ist wie Du und ich es sind, und wenn sie auch noch ihre leibliche Cousine ist, umso schlimmer, also wenn die ihr nur eine Postkarte schickt, dann würde sie die gar nicht lesen, und danach würde sie sie nicht einmal mehr anschauen. Und weil Covadonga ziemlich lästig sein kann, schreibe ich Dir halt einen Brief, damit ich mir das nicht mehr anhören muss. Von Covadonga muss ich Dir auch viel erzählen, weil Covadonga diejenige ist, die ich am öftesten sehe, außer abgesehen von meinen Eltern und Doña Maria Luisa, die in der Botschaft arbeitet und am Nachmittag viermal die Woche vorbeischaut, um zu sehen, was ich so mache, und das ist nicht gerade viel, aber sie macht noch weniger, also liegt im September alles in Gottes Hand. Gut, also heute ist es ziemlich sonnig, und ich habe gerade gefrühstückt, und jetzt gehe ich den Brief einwerfen, und dann fahren Covadonga und ich eine Runde Fahrrad in einem Park, der hier in der Nähe ist. Was man hier nicht sieht, ist Müll und Dreck auf den Straßen, nicht einmal Straßenbahnfahrscheine. Es wundert mich gar nicht, dass es ein Schwede war, der die schwedische Gymnastik erfunden hat, der Schwede Linz*, und liebe Grüße an Don Rodolfo und an Belinda und an Doña Blanca und an die Großmutter und an Elke natürlich, auf die ist Covadonga übrigens ganz schlecht zu sprechen, obwohl sie sie gar nicht kennt, ein Gruß und eine Umarmung von Deinem Cousin und Kameraden, dem

Chino

Es ist jetzt nicht so, dass ich schon viele Briefe gelesen hätte, eher sehr wenige, aber mir ist aufgefallen, dass die Großmutter, die viele bekommt – fast alle, die kommen, sind für sie –, sie immer zuerst schüttelt und sie dann hin- und herdreht und sie dann liest und sich nie damit zufrieden gibt, sie nur einmal zu lesen. Immer liest sie sie mindestens zwei oder drei Mal, und das ist nicht so, weil die Großmutter langsam von Begriff ist. Wenn sie will, ist sie schneller als jeder von uns, es muss also sein, weil Briefe nie leicht zu verstehen sind, teilweise wegen der Handschrift von dem, der schreibt, die manchmal ziemlich undeutlich ist, so wie zum Beispiel die vom Chino, außer wenn alle Buchstaben in allen Wörtern Großbuchstaben sind, aber dann kann man nicht klar erkennen, wo ein Satz endet und ein anderer anfängt, und das, was darin steht, erst recht nicht verstehen. In dem ganzen Brief vom Chino war das Einzige, was bei mir beim Lesen hängen geblieben war, „Covadonga", und ich nahm an, dass Covadonga der Name der Lehrerin war, die ihm am Nachmittag beim Wiederholen der Lektionen half. Als Elke kam, hatte ich den Brief noch immer in der Hand, ohne ihn zu verstehen. „Gib her, lass mich einmal sehen", sagte Elke. Und ich gab ihn ihr, weil ich sowieso nicht weiter kam. Elke brauchte ziemlich lange, um ihn zu lesen, so lange wie die Großmutter bei den ihren oder sogar noch länger, sie schüttelte ihn auch kräftig, als ob ein verlegtes Stück Papier oder ein Geldschein darin stecken müsste, obwohl es verboten ist, Geld mit der Post zu schicken. „Lass ihn doch, dem wird noch ganz schwindlig!", sagte ich schließlich, weil ich schon nur vom Zusehen ärgerlich wurde, und da Elke nicht aufhörte, das Blatt Papier anzustarren, fragte ich, ob sie ihn vielleicht nicht verstehe, weil er auf Spanisch geschrieben war. „Das ist es nicht", sagte Elke, „ich habe nur nachgesehen, ob die Ansichtskarte dabei ist …" Und ich fragte sie: „Welche Ansichtskarte denn?", und Elke sagte: „Die Ansichtskarrte, die der Chino dir geschrrieben hat." „Woher weißt du denn das?" „Ich weiß es, weil ich lesen kann, deshalb, und ich lese hier, dass er von einer Ansichtskarrte schrreibt." Und dann las sie mir die Stelle vor und zeigte mit dem Finger auf die Zeile, wo der Chino schrieb, dass er die Ansichtskarte schließlich doch nicht geschickt hat, um

Covadonga nicht zu verärgern. „Ich verstehe nicht, was daran seltsam sein soll", sagte ich. Und da sagte Elke, dass sie ja auch nicht „seltsam" gesagt hätte, dass sie nur gesagt habe, es täte ihr Leid, dass der Chino keine Ansichtskarte mit Bildern von Stockholm geschickt hat. „Mir ist Stockholm egal", sagte ich. Und das stimmte auch, China hätte mich nicht mehr kalt lassen können als Stockholm. „Ich glaube nicht, dass Stockholm etwas Besonderes ist", sagte ich, als ich sah, dass Elke noch immer dickköpfig mit dem Brief hin- und herwedelte und mit leiser Stimme immer nur den Satz über die Karte las. „Außerdem passt auf Ansichtskarten nicht so viel wie in einen Brief… ", sagte ich noch, um zu sehen, ob sie die Sache vergessen würde. Aber so wie es aussah, konnte von Vergessen keine Rede sein, im Gegenteil, es beschäftigte sie umso mehr, je öfter sie diese Zeile las. Da Elke nichts sagte und ich auch nicht und auf der Terrasse nur wir beide waren, war die Unterhaltung nicht gerade sehr lebhaft. Eher leblos. Und wenn Doña Blanca uns gesehen hätte, hätte sie sicher gesagt, was sie immer sagt, wenn es plötzlich ganz ruhig wird, nämlich, dass ein Engel vorbeigeflogen ist. Ich weiß nicht warum, aber das sagt sie immer. Schließlich musste ich die Initiative ergreifen: „Also sag, was verstehst du von dem Brief, worum geht es, jetzt wo du ihn gelesen hast …" Und Elke sagte: „Was ich versteht, dass niemand mir wird schicken niemals aus Stockholm eine Ansichtkarte, ich glaube nicht …" Und um sie zu trösten, sagte ich dann etwas, ohne dass ich mir wirklich sicher war: „Vielleicht ist sie ja da, wenn du hinuntergehst, vielleicht hat der Chino sie ja dir statt mir geschickt. Sagt er nicht, dass er sie schon halb geschrieben hat?" „Halbe geschrrieben sagt er nicht, aber er sagt, dass wegen der Trottelin schließlich ich schreibe Dir Brief …" „Was macht das schon aus, ob es eine Ansichtskarte ist oder ein Brief? Besser ein Brief, weil er länger ist." „Länger kann womöglich, dass err ist, aberr man sieht nur Buchstaben und auf der Ansichtkarrte sieht man Stockholm." Das fing schön langsam an, mir auf die Nerven zu gehen. Stockholm auf einer Ansichtskarte zu sehen, ist sicher nicht schlecht, das streite ich ja gar nicht ab, aber so zu Herzen nehmen musste man sich das nun auch wieder nicht. „Mirr kommt vorr, dass der Chino sich beeinflusst …" Es war wohl besser, dachte ich, das Ganze bis an das tragische Ende durchzuspielen, wenn auch nur, um danach das Thema wechseln zu können. „Ich glaube nicht, Elke, dass du irgendwas über Stockholm weißt, oder dass es dir viel wichtiger ist als mir…" Und da rückte Elke plötzlich mit etwas heraus, das sie noch nie zuvor gesagt hatte, zumindest konnte ich mich nicht erinnern, dass ich sie das schon jemals hätte sagen hören, bis zu diesem Tag. Wir schwiegen beide eineinhalb Minuten lang ungefähr, vielleicht zwei. Dann sagte Elke: „Wie sehr würrde es mir gefallen, wenn der Chino mir eine Ansichtkarrte schicken würde!"

Als der Unterricht am Nachmittag vorbei war, hatte ich den Plan für meinen Angriff schon fertig. Es war schon sehr traurig, dass wegen der Einmischung von dieser dummen Besserwisserin, die unbedingt ihren Senf zur Frage Ansichtskarte, ob ja oder nein, hatte dazu geben müssen, Elke sich jetzt vom Chino im Stich gelassen fühlte, auch wenn das eine mit dem anderen nichts zu tun hatte, obwohl ein bisschen schon!

Jetzt ging es darum, Elke aus Stockholm eine Ansichtskarte mit Panoramablick zu schicken …

Bevor ich mich an diesem Abend hinlegte, ging ich zu Don Rodolfo, um mit ihm zu reden. Wie ich es erwartet hatte, sagte er sofort, dass er sich persönlich darum kümmern würde, am nächsten Tag die Ansichtskarte zu besorgen. Ich freute mich, dass er das sagte, weil ich nicht viel Zeit hatte, mit Mühsam und den Prüfungen vor der Tür, und kaum genug Pausen, um zu essen. Das einzige Problem war, dass auch Don Rodolfo nicht die Zeit hatte, in den fünf Stunden zwischen dem Frühstück und dem Mittagessen nach Stockholm und wieder zurück zu reisen, um dort eine Ansichtskarte in einen Briefkasten zu werfen. „Kein Problem. Die Ansichtskarte schickst du ihr, das freut sie sicher auch sehr. Vielleicht sogar noch mehr." Abgesehen davon, sagte Don Rodolfo, war diese Covadonga, die der Chino so oft erwähnte, nichts weiter als ein kleines Luder. Ich sagte nichts dazu, weil Don Rodolfo sich bei Ludern gut auskennt. Und nachdem ich es mir gut überlegt hatte, war ich auch der Meinung, dass sie eines war. Glücklicherweise würde der Chino bald wieder zurückkommen! Bis nach der Stunde hatte ich keine Gelegenheit, Don Rodolfo zu sehen. Und als ich ihn dann endlich sah, war er mit Mühsam und Belinda zusammen, so dass ich erst nach dem Abendessen, gerade vor dem Zubettgehen, erfuhr, was geschehen war. „Der Preis spielt keine Rolle", meinte Don Rodolfo. „Entweder man ist für den anderen da oder man ist es nicht, und wir beide sind füreinander da, also reden wir nicht länger davon, was es kostet." Nun gut, ich hätte für ihn dasselbe getan, wenn ich gekonnt hätte, aber mir wäre es schon recht gewesen, wenn ich gewusst hätte, wie die Ansichtskarte denn aussah, die er geschickt hatte, und was er außer meinem Namen, von dem er sagte, dass er ihn draufgesetzt hatte, sonst noch geschrieben hatte. „Du wirst schon sehen, dass Elke unsere Karte viel besser gefällt als seine!" Ihn das sagen zu hören, beruhigte mich. Und ich hörte auf, darüber nachzudenken…

Zwei Tage später kam Elke herauf und brachte die Ansichtskarte mit. Don Rodolfo hatte ein Panoramabild des Escorial ausgesucht, um es Elke zu schicken! Beeindruckend war das auf jeden Fall, und abgesehen davon das achte Weltwunder. Da kam Stockholm im Leben nicht heran, nicht einmal auf Kniehöhe, selbst wenn es sich auf die Zehenspitzen stellte! Don Rodolfo hatte auf die weiße Fläche, die neben der Adresse und dem Namen noch frei geblieben war, geschrieben: „Ein spanisches Juwel für ein deutsches Juwel, voll Zuneigung von ihrem guten Freund Ceporro." Man muss schon sagen, das mit dem Juwel war sehr gelungen! Jedes für sich, Elke und der Escorial, war ein Juwel, sodass man sie miteinander vergleichen konnte, ohne eines der beiden zu beleidigen. Elke war sehr gerührt! Und sie trug die Ansichtskarte tagelang in ihrer Rocktasche herum, bis die beschriebene Seite ganz verschmuddelt war und die andere, die bunte, fast die ganze Farbe verlor. Aber das machte nichts, immerhin hatten wir es erreicht, dass Elke wenigstens einmal in ihrem Leben eine Ansichtskarte bekam, die Arme …

Es ist immer dasselbe: Man weiß, dass etwas geschehen wird, und bereitet sich darauf vor, bis der Tag kommt, an dem es geschehen soll, und dann war alles umsonst, weil man kurz vor diesem Tag, wie Doña Blanca sagt, blank ist, das heißt mehr oder weniger, als hätte man sich gar nicht vorbereitet. „Was der Junge jetzt braucht, ist Phosphor Ferrero*", begann Belinda allen zu erklären, „und fetten Fisch, so viel er essen kann, Makrelen und Sardinen, jeden fetten Fisch, und ja keinen Bissen Fleisch …" Und es stimmte schon, dass sich mein Kopf drehte und ich anfing – obwohl ich den ganzen Sommer lang jeden einzelnen Tag ohne Ausnahme gepaukt hatte –, alles schwarz zu sehen, das heißt, ich war blank. Alles Gute hat auch sein Schlechtes, wie Doña Blanca immer sagt. Und was mit mir los war, ließ uns wenigstens erkennen, aus welchem Stoff Mühsam gemacht war, und das war, trotz allem, was ich am Anfang gesagt habe, einer der besten Stoffe, die es gibt, und nicht nur hier in Spanien. Ein Mann aus einem Guss, dieser Mühsam. Ein Kamerad, der im Schützengraben und im Ring wahre Größe beweist, das sind laut Don Rodolfo die Orte, wo man entweder Größe beweist oder eben nicht. Und wenn man keine Größe beweist, dann wäre es besser für einen, wenn man nicht einmal geboren worden wäre. Aber Mühsam bewies dieses Mal Größe im Überfluss, und auch danach, wieder und wieder …

Bis zu den Prüfungen waren es nur mehr zwei Wochen, und bis zur Rückkehr vom Chino nur die Hälfte davon oder weniger, und Mühsam und ich waren bei der Hälfte der Wiederholung der Wiederholung. Aus Kameradschaft wiederholte auch Elke so viel wie möglich, obwohl sie gar keine Prüfungen hatte. Bis ich eines Tages, als ich beim Aufstehen den Fuß auf den Boden setzte, merkte, dass ich ein bisschen schwindlig wurde. Ich fiel zwar nicht richtig hin, aber die Knie knickten mir ein, wie wenn man eine Kniebeuge machen will, und während ich mir die Hose anzog, sah ich aus dem Fenster und sah eine Farbe wie im Winter, zwischen schmutzigem Gelb und schmutzigem Grau. Mich wunderte das ein bisschen, aber nicht sehr, und ich zog mich mehr schlecht als recht fertig an. Ich wusch mir das Gesicht und ging frühstücken. Und durch das Fenster in der Küche sah man den blauen Himmel, blauer als jemals zuvor, ohne auch nur eine Wolke, wie mir schien. Wie war es also möglich, dass ich beim Aufstehen, gerade als meine Knie nachgeben wollten, durch das Fenster in meinem Zimmer gesehen hatte, dass es regnete? Ich fragte Belinda, die meinte, dass sie, wenn sich nicht mein Blick vernebelt hatte, sonst nirgendwo Nebel entdecken könnte. „Dann wird es wohl mein Blick gewesen sein", sagte ich zerstreut und aß mein Frühstück auf. Den ganzen Vormittag lang spürte ich, wie mein Kopf hierhin und dorthin abschweifte. Ohne es zu wollen, dachte ich einen Moment an Elke, und dann, ebenso ohne es zu wollen, einen Moment an die Fragen, die diesmal bei den Prüfungen kommen würden, dann einen Moment an Covadonga und den Chino, wie wenn beide eine Einheit wären, dann einen Moment an den Lärm auf der Straße, und wenn man diese ganzen Momente und noch ziemlich viele andere zusammenzählte, kam dabei heraus, dass ich mich zur Mittagszeit kaum mehr daran erinnerte, was ich an diesem Morgen gelesen hatte. Als Mühsam kam, nahm die Stunde ihren gewohnten Gang, außer dass ich mit dem „Ich weiß es nicht, ich weiß es nicht" anfing, selbst bei Dingen, die ich mir an den Tagen davor unter Hochdruck eingebläut hatte und an die ich mich jetzt plötzlich, so sehr ich mich auch anstrengte, nicht mehr erinnern konnte. „Aber das hast du doch schon gewusst! Das ist die Wiederholung der Wiederholung…" Und ich sagte: „Ich weiß nicht, was mit mir los ist…!" Und als ich schon glaubte, dass Mühsam gleich wieder so unangenehm werden würde, wie er es den ganzen Sommer lang gewesen war, wenn ich etwas nicht wusste, sagte er nur: „Das ist sehr seltsam!" Und Elke sagte das auch. Und es war wirklich seltsam, dass mein Kopf umso leerer wurde, je mehr ich mich anstrengte. Aber Mühsam, der sich immer mehr Sorgen zu machen schien, meinte: „Lassen wir es gut sein für heute. Ihr macht jetzt einen Spaziergang, Elke und du, einen schönen Spaziergang, oder ihr setzt euch einfach nur auf die Terrasse, um frische Luft zu schnappen, da ist ja nichts dabei, glaube ich, wenn du dich einen Nachmittag lang ausruhst…" Da ich sah, wie betroffen er war – man merkte, dass es ihn mehr mitnahm als mich selbst –, erzählte ich ihm, was mir am Morgen passiert war. Und Mühsam sagte: „Du hast einen Schwindelanfall gehabt. Vielleicht bist du sogar ohnmächtig geworden, ohne es zu merken!" Es war unvermeidlich, dass ich mich jetzt selbst ein bisschen für meinen Gesundheitszustand zu interessieren begann. Ich ging mit Elke auf die Terrasse hinaus und stützte mich nur so sicherheitshalber ein bisschen am Türrahmen ab, für den Fall, dass ich noch einmal ohnmächtig würde. Und

Elke sagte: „Ich stell mich vor dir gestützt die Hand an die Wand, und du sagst mir, wie vieler Finger du siehst." Das tat sie auch, und ich sah hin, aber dann konnte ich Elke nicht anlügen: „Ich sehe keinen", musste ich zugeben. „Also ist schlimm", sagte Elke. Und ich sagte: „Es könnte sein, dass ich dabei bin, blind zu werden, weil sich bei mir der Sehnerv ablöst, vielleicht durch den Sturz vor zwei Jahren beim Boxen mit dem Chino …" Das Gesicht, das Elke machte, kann ich nicht einmal beschreiben, man konnte richtig Angst bekommen, wenn man sie so sah. Gott sei Dank konnte ich mein eigenes Gesicht in diesem Moment nicht sehen! Und Elke sagte: „Ich werrde mir der Weiße von deine Aug ansehen, ob du sie gelb hast." Und dann spreizte sie mit ihren Fingern mein oberes Lid und das untere auseinander, etwa so, wie es Belinda mit den jungen Seehechten und den Brassen bei den Fischhändlern am Platz macht. Dann meinte Elke: „Blutunterlaufene…" „Ich setz mich kurz da auf den Boden, und du gehst und holst Don Rodolfo, das wird das Beste sein." Und indem ich den Rücken gegen die Wand lehnte, ließ ich mich langsam herunterrutschen, bis ich schließlich auf dem Boden saß, wobei sich mein Kinn tief an der Stelle vergrub, wo die Brust beginnt und die Kehle aufhört, wo also das Brustbein anfängt. Aber Elke strich mir, bevor sie ging, mit der Hand über die Stirn, um zu sehen, ob sie kalt oder heiß oder sonst wie wäre, und dann fühlte sie den Puls an meinem Handgelenk, obwohl sie viel zu nervös war, glaube ich, um ihn richtig zu ertasten. „Mach dir keine Sorgen, mir geht es gut", sagte ich mit so fester Stimme, wie ich konnte, und das war nicht sehr fest. Bevor sie ging, legte mir Elke noch ihren Pullover um die Schultern, weil es in solchen Fällen das Schlimmste ist, wenn man zulässt, dass die

Temperatur des Kranken auf null Grad fällt. Die Sonne schien mir auf den Pullover, ich begann wegzudösen, vor allem, weil ich von Minute zu Minute schwächer wurde. „Rühr dich nicht!", hatte Elke noch gesagt, bevor sie ging. Und das war sicher nett gemeint, half aber auch nichts, weil auf meiner ganzen linken Seite langsam so etwas wie eine Lähmung eintrat – das erkennt man daran, dass es kribbelt. Plötzlich öffnete ich die Augen, und vor mir standen Don Rodolfo, Mühsam, Elke und Belinda, die noch eine halb geschälte Kartoffel in einer Hand und das Schälmesser in der anderen hatte. Obwohl ich es nicht wollte, brachten sie mich alle mit vereinten Kräften ins Bett, fast wären Don Rodolfo, Mühsam und ich am Eingang zum Flur hingefallen, weil beide darauf bestanden, mich zu stützen. Dann ließ ich mich aufs Bett fallen, und während mir Belinda die Füße mit einer Decke zudeckte, begannen alle sofort, über meinen Fall zu reden. „Das sind die Nerven", sagte Mühsam. „Ich bin mir sicher, dass es die Nerven sind." Und Don Rodolfo sagte: „Möglich. Aber es kommen auch noch andere Sachen in Frage. Unzureichende Sauerstoffversorgung, zum Beispiel ..." Und dann beugten sich Don Rodolfo und Mühsam abwechselnd über mich, um das Weiße von meinen Augen zu begutachten, es ist ein wahres Wunder, dass ich dabei das linke nicht verloren habe. „Das kann ja nicht gut sein, so viel zu lernen, das arme Kind! Das habe ich immer schon gesagt, dass das nicht gut sein kann, immer nur im Haus zu stecken ...", sagte Belinda. Und ich sagte: „Mach dir keine Sorgen, mir geht es gut, Belinda." Und Elke sagte: „Egal, was du sagst, weil man sehen wird, dass es dir nicht gut geht." „Sehen Sie, Abilio", sagte da Don Rodolfo, „Sie sind genauso wie ich verantwortlich für den Jungen. Ich habe mehr als genug

Fälle wie den hier gesehen. Eine Prüfung ist wie ein Kampf, genau dasselbe. Der letzte Schliff, der einem Kampf vorausgeht, ist das Erste und Wichtigste, um das man sich kümmern muss, ich habe mehr als genug solche Fälle gesehen …" Und Belinda sagte, dass sie auch mehr als genug solche Fälle gesehen hätte, tausende. Und das machte mir dann wirklich Angst, weil ich weiß, dass die Fälle, die Belinda sieht, fast alle ihre sterbenden Angehörigen sind! Es war wohl an der Zeit, dass ich Mut bewies und so ein gutes Beispiel gab! Und ich sagte: „Macht euch keine Sorgen, wenn ich erst etwas gegessen habe und mich ein bisschen ausruhe, geht es mir wieder gut." Und Don Rodolfo meinte: „Genau! Gesunde Ernährung und Ruhe sind die beiden Stützpfeiler eines letzten Schliffs. Das Erste, wofür wir sorgen müssen, ist, dass er nicht einen Schluck Alkohol trinkt. Dass er nicht trinkt und nicht raucht, das ist das Wichtigste …" Und ich wollte schon fast sagen, dass ich das ja eh schon tat, weil ich noch nie in meinem Leben getrunken oder geraucht hatte, nicht ein einziges Mal bis jetzt. In all den Jahren! Aber ich hielt den Mund, um Don Rodolfo nicht zu entmutigen. „Fisch, das ist es, was er essen muss", sagte Mühsam darauf. „Wenn die Prüfungen vor der Tür standen, hat das meine Mutter mit mir immer gemacht, sie hat mich mit Kabeljau voll gestopft …" Ab dem Wort Kabeljau entspann sich ein Fachgespräch, weil Don Rodolfo, der Klippfisch zum Kabeljau sagte, der Meinung war, dass Klippfisch in Fällen wie dem meinen eigentlich das Schlechteste sei, weil die Nährstoffe, die im frischen Fisch stecken, verloren gehen, wenn er eingesalzen wird. An diesem Punkt zog Mühsam Papier und Bleistift hervor und setzte sich auf einen Stuhl gegenüber dem Fuß meines Bettes: „Was jetzt beschlossen

wird, muss schriftlich festgehalten werden. Wir dürfen nichts dem Zufall überlassen ... Der Ernährungsplan muss wohl überlegt sein." Aber man konnte sehen, dass Mühsam, weil er so oft zu Don Rodolfo hinüber schaute, in diesen Dingen nicht so sattelfest war. Don Rodolfo sagte: „Schauen Sie, Abilio, das Wichtigste in diesen Fällen ist, dass der Junge gut mit Sauerstoff versorgt ist. Wenn das Blut ins Hirn kommt, gibt es nur zwei Möglichkeiten: Entweder es ist gut mit Sauerstoff angereichert, oder das Hirn trocknet ihm aus; da gibt es kein Aber. Daran gibt es nichts zu rütteln, eine gute Atmung und gesunde Organfunktionen sind ein und dasselbe, und die Sauerstoffversorgung des Gehirns des Jungen in diesem Sommer ist eine der schlechtesten, die ich je erlebt habe." Und Mühsam sagte: „Nun, ich weiß nicht, wessen Schuld das ist, meine auf jeden Fall nicht, meine Aufgabe war es, ihm beim Lernen zu helfen, dass er atmet, habe ich vorausgesetzt ..."
„Falsch gedacht, Abilio", sagte Don Rodolfo, „Gott behüte, dass ich Sie wegen irgendetwas beschuldige. Wenn schon, dann wäre ich der Schuldige. Aber ich glaube nicht, dass wir unsere Zeit damit verschwenden sollten ... Was Ceporro uns heute am Morgen eingejagt hat, war nur ein ordentlicher Schreck, nur eine Art Warnschuss, nichts weiter. Was wir von heute an bis zum Tag der Prüfung tun müssen, Abilio, ist, dass Sie, ich und Belinda zusammenarbeiten. Und noch etwas: nicht ein Wort zur alten Dame ..." Das Letzte, was ich hörte, bevor ich ganz wegkippte, war die Stimme Don Rodolfos, der sagte: „Einigkeit macht uns stark, Abilio, machen Sie sich da nichts vor, jetzt geht es erst richtig los." Es war angenehm, so weg-zudösen, während sich Elkes Hand an meinem Handgelenk festklammerte. Ich dürfte mindestens eine Stunde geschlafen

haben, und als ich aufwachte, war die Umsetzung des großen Plans bereits voll im Gange …

Von diesem Tag an ließ mich keiner von ihnen auch nur mehr eine einzige Minute in Ruhe. Vor dem Frühstück gab es eine Viertelstunde Atemübungen auf der Terrasse. Zwei Stunden nach dem Frühstück noch mehr Atmungen und ein paar leichte Turnübungen, als ob ich eine Balletttänzerin wäre, und vor Beginn der Stunde mit Mühsam noch einmal Atemübungen, so dass ich mit der Zeit wirklich spüren konnte, wie sich meine Nase innen abzunützen begann, von so viel tiefem Einatmen und Ausatmen. Und dann die Mahlzeiten, immer nur Fisch, Obst und Gemüse, und nicht ein Bissen Fleisch… Ich weiß nicht, was von allem es dann wirklich war, aber Tatsache ist, dass ich wieder begann, mich an alle Lektionen zu erinnern. Und eines Tages, am Ende meiner Übungen mit Don Rodolfo, kam der Chino. Verdammt gut sah er aus, das kam offensichtlich von all diesen Radausflügen! An jenem Abend, als wir endlich allein waren, fragte ich ihn, wie es bei ihm denn mit den Prüfungen stehe, und der Chino meinte, schlecht. Und ich sagte: „Aber wie schlecht?" „Schlechter geht es gar nicht", sagte der Chino, „ich habe in kein einziges Buch auch nur hineingeschaut." „Und was jetzt?", fragte ich, „was passiert, wenn du keine der Prüfungen bestehst?" Aber man konnte sehen, dass ihm die Sache nicht sonderlich wichtig war. Er wollte nur von Covadonga reden. So sehr ich mich auch bemühte, ich konnte an Covadonga nichts finden, in meinen Augen war sie einfach eine dumme Gans ...

„Covadonga", sagte der Chino, „müsstest du für den Anfang erst einmal kennen lernen!" „Ich verstehe nicht, warum ich das für den Anfang müsste", sagte ich, „zufällig ist es nämlich so, dass ich für den Anfang gar keine Lust habe, nur damit du es weißt …" „Dann versäumst aber du etwas, selber schuld, wenn du sie nicht kennen lernen willst." So ging es den ganzen Abend, und der Chino machte mich einfach krank. Nur weil er der Chino war, ließ ich ihm das durchgehen. Nur deshalb, wegen nichts anderem. „Es ist ja nicht so, dass ich sie gar nicht kennen lernen will", sagte ich schließlich mit der Geduld eines Heiligen, „es ist nicht so, dass ich es nicht will, aber auch nicht so, dass ich es unbedingt will, das heißt, es ist mir egal, und nach dem, was du selber über sie erzählst, Chino, kannst du gleich zugeben, dass sie eine Gans ist, eine ziemliche Gans." „Es wird besser für dich sein, wenn du ein bisschen aufpasst, was du sagst, damit dir nichts zustößt, das rate ich dir als Freund!", sagte der Chino. Und ich sagte: „Was wird mir denn zustoßen, sag schon?" „Lassen wir das, schau, mir ist es zu langweilig, mit Kindern zu reden", sagte der Chino. Und ich antwortete mit Blitzgeschwindigkeit: „Das mit den Kindern, Chino, meinst du damit mich oder hast du das nur so allgemein gesagt?" Schön langsam wurde der Chino wieder der Chino, das sture Maultier, das er gewesen war, bevor er Covadonga kennen lernte, als ich noch der König war und er der oberste Generalkommandant der drei Streitkräfte des Königs. Damals wäre die Sache freilich nicht so glimpflich abgegangen, er hätte mir zumindest das Erste an den Kopf geworfen, was er in die Hand bekam. Für den Anfang hätte der Chino das gemacht. Und er hätte es gemacht, ohne vorher „für den Anfang" zu sagen. „Für den Anfang" war ein Ausdruck, den er von Covadonga hatte, das war klar. Und da gab es noch mehr. An die Hälfte kann ich mich nicht einmal mehr erinnern. Einige andere waren zum Beispiel: „Ich habe mir den Bauch vollgeschlagen", „Zu Noel fährt Covadonga mit ihren Geschwistern und Eltern zum Schifahren nach Sankt Moritz", „Das ist ein Verdruss und ein Gräuel", „Ich bin, wie ich bin, und nicht, wie du mich willst", „Pi pa po", „Es tut mir Leid, Junge, aber das siehst du ganz falsch", „Schnickschnack", „ein ganz entzückendes Ding", „Chopin", und „Covadonga ist ganz verrückt nach allem, was romantisch ist". Der Chino flocht jetzt dauernd solche Dinge ein, ganz egal, worüber wir gerade redeten. Und so kam, was kommen musste, nämlich der Fünfzehnte und damit die Prüfungen, und ich bestand alle und bekam sogar ein „Gut" in Chemie und Geschichte. Der Chino fiel in drei Fächern durch, und bei der vierten Prüfung gab er ein Blatt ab, das bis auf seinen Namen völlig leer war. Covadonga rief ihn ständig an. Einmal ging zufällig ich ans Telefon, und was sie sagte, war: „Dies ist ein Ferngespräch, könnte bitte José Luis an den Apparat kommen?" Und ich fragte: „Hallo, wer spricht?" Und Covadonga sagte: „Wie bitte?" Und ich sagte: „Ich habe nur gefragt, was ich ihm sagen soll, wer mit ihm sprechen will." Das sagte ich, weil ich wissen wollte, was sie sagen würde, weil ich ja ganz genau wusste, wer es war, der da anrief. „Sagen Sie ihm bitte, dass es ein Ferngespräch ist, bitte, und dass der Anruf von mir ist, von Cova, sagen Sie ihm das, er weiß dann schon …" Und ich sagte das, was Belinda immer sagt, wenn jemand anruft und sie aus irgendeinem Grund verärgert hat: „Ja, mein Fräulein, aber gern, mein Fräulein!" Und dann lässt man den Hörer eine gute Weile senkrecht an der Wand hinunter hängen, während man losgeht, um die Nachricht im Schneckentempo zu überbringen … Der Chino hatte sich gerade zur Siesta hingelegt, und als ich hineinkam, wachte er schlecht gelaunt auf. Ich sagte nur: „Du sollst ans Telefon, ein Gespräch …" Und der arme Chino machte einen Satz von fast einem halben Meter und rannte Hals über Kopf hinaus, um zu erfahren, was diese dumme Pute von ihm wollte. Das musste ich Elke natürlich noch am selben Tag erzählen. Und Elke sagte: „Dumm glaube ich nicht, dass sie sei, sie wirrd von andererr Arrt sein als wirr. Das ist alles. Und ich verstünde sie, als Frau erstens, mehr besser als du…" Und ich fragte sie, indem ich die Karten ganz frech offen auf den Tisch legte, also von Mann zu Mann: „Dass sie eine Frau ist, bestreite ich ja gar nicht, aber blöd ist sie nun einmal sicher, und außerdem kommt es mir vor, dass sie dir, Elke, genau so wenig gefällt wie mir. Nämlich gar nicht, stimmt's oder stimmt's nicht?" Und Elke sagte: „Ja. Nein, sozusagen gefallen, gefällt sie mir wenig, aberr zuerrst ist die Gerechtigkeit, und die Liebe ist frei …" „Die Liebe ist blind", sagte ich, um etwas zu sagen. Und dann hielt ich den Mund, weil ich einsah, dass Elke Recht hatte. Das Leben kann nicht nicht weitergehen. Das hatte sich hier wieder einmal gezeigt…

Abgesehen davon, dass er mir mit Covadonga schwer auf die Nerven ging, war der Chino immer noch der Chino, der beste Kamerad, den ich in meinem Leben finden werde. Das

Einzige, was sich geändert hatte, war, dass ich ihn jetzt nicht mehr so brauchte wie früher … zum Reden, meine ich. Und da man das, was man sagen will, ohne es laut zu sagen, übt, indem man sich schon vorher überlegt, mit wem man darüber wie reden wird, um es nachher auch sagen zu können, war es jetzt Elke, an die ich dachte und mit der ich redete, ohne zu reden. Jetzt, da der Chino wieder im Haus war und ich ihn Tag und Nacht sehen konnte, war ich zwar genauso froh darüber wie früher. Aber es war trotzdem eher wie damals, als ich nicht an den Chino gedacht hatte, und nicht so, als ob ich ihn tatsächlich wieder von Angesicht zu Angesicht vor mir hätte. Selbst jetzt, als ich ihn sah, war es eigentlich eher so, als ob ich mich an ihn erinnerte, als dass ich ihn in Fleisch und Blut vor mir hätte. Bei Elke war es das Gegenteil: Obwohl sie ständig kam und ging und es daher immer wieder Zeiten gab, in denen ich sie gar nicht sehen konnte, hatte ich Elke ständig vor mir und stand ihr tatsächlich gegenüber und redete mit ihr, ohne je das Gefühl zu haben, mich nur an sie zu erinnern. Zusammen-fassend – und dieses „zusammenfassend" kommt von der Gewohnheit, alles, was ich sage, zusammenzufassen, die ich dank Mühsam in diesem Sommer entwickelt hatte – kann man sagen, dass ich schließlich erkennen musste, dass ich es war, der sich in diesem Sommer am meisten verändert hatte, ohne dass es mir, während ich mich so veränderte, wirklich aufge-fallen wäre. Und etwas, was sich auch bei mir geändert hatte, und ich glaube, dass ich es schon vorher erwähnt habe, war, was ich von Mühsam hielt. Jetzt sah ich ein, dass Mühsam, obwohl er natürlich mühsam war, gleichzeitig auch schwer in Ordnung war, viel mehr als viele andere. Am Tag der Prüfungen – es waren zirka zwei am Vormittag und zwei am

Nachmittag, mit Mathematik als letztem Fach – kam er und wartete auf mich, bis die Schule aus war. Und da musste es schon acht Uhr Abend oder noch später gewesen sein, weil ich einer der Letzten war, die herauskamen! Don Rodolfo und Mühsam hatten beide im unteren Teil des Gartens Stellung bezogen, um die ersten Berichte zu hören, wobei ich die guten Nachrichten überbringen konnte und alles haarklein schilderte, während der Chino leider nichts wirklich Gutes zu vermelden hatte und kaum darüber reden wollte … Wenige Tage später gingen wir vier die Zeugnisse holen, und das Gesicht von Mühsam veränderte sich schlagartig, als er sie sah, von ganz bleich zu knallrot, vor lauter Freude. An diesem Nachmittag zeigten wir die Zeugnisse der Großmutter, allerdings nur Mühsam und ich; Don Rodolfo und der Chino blieben bei Belinda und Elke auf der Terrasse und unterhielten sich inzwischen. Und die Großmutter sagte: „Ich gratuliere dem Schüler und beinahe noch mehr dem Lehrer, denn ohne Sie, Herr Mühsam, wäre das eine Katastrophe geworden." Und der arme Mühsam stotterte auch noch beinahe, wo er doch schon rot angelaufen war. Und da sagt er doch: „Die Ehre gebührt ihm, er hat sich wirklich angestrengt, die Ehre gebührt dem Jungen!" Und die Großmutter sagte: „Natürlich, aber die Hälfte der Ehre gebührt Ihnen, jedem das, was ihm zusteht." Und Doña Blanca sagte dann, dass der Anlass gebührend gefeiert werden sollte. Und die Großmutter sagte: „Und wie, Blanca, und wie!" Und als Doña Blanca sah, dass ihre Idee der Großmutter gefiel, begann sie aufzuzählen, was sie machen würde, und das tut sie nur, wenn sie glaubt, dass es auch das ist, was die Großmutter mehr oder weniger selbst möchte, auch wenn sie es nicht laut gesagt hat: „Was ich machen würde, weißt du, ist eine festliche Jause für alle, wir allen lieben Jausen, ich selbst bin ganz verrückt nach einer guten Jause, mehr sogar als nach einem Mittagessen! Was ich machen würde, ist eine Jause und ein Abendessen in einem, damit schlägst du zwei Fliegen mit einer Klappe, so eine richtig schön gedeckte Tafel, mit Käse und Wurst und Schinken, und außerdem mit süßem Gebäck und Kuchen und Tee wie bei einer normalen Jause, das wäre zumindest, was ich machen würde …" Und die Großmutter sagte: „Also gut, dann erwarten wir Sie, Herr Mühsam, wenn Sie Zeit haben, also morgen hier um sieben zur Jause." Und Mühsam sagte: „Ja, gnädige Frau, um Punkt sieben werde ich hier sein, pünktlich wie eine Schweizer Uhr." Und dann gingen wir beide gemeinsam los, um es den anderen zu sagen.

Der nächste Tag begann mit einem eineinhalbstündigen Telefongespräch zwischen der Mutter vom Chino und der Großmutter. Und das Ergebnis war – wie ich vermutet hatte –, dass der Chino, der ja das Schuljahr wiederholen musste, es bei seinen Eltern verbringen und in eine Schule gehen würde, die es in Stockholm nur für Spanier gibt. Als die Großmutter das beim Mittagessen erzählte, sah ich den Chino aus dem Augenwinkel heraus an, und es kam mir nicht so vor, als ob es ihm sehr Leid täte, eher sehr wenig … Nach dem Essen gingen wir jeder in sein Zimmer, als ob wir beide vorhätten, die Siesta zu halten, obwohl Schlaf jetzt das Letzte war, woran wir dachten, ich zumindest. Vom Chino weiß ich es nicht, was er gedacht hat und ob er geschlafen hat oder nicht. Das Einzige, was ich weiß, ist, dass ich zumindest sehr viel nachdachte. Ich dachte über alles nach, vor allem aber darüber, wie jetzt alles sein würde, die Terrasse, die Mauersegler, und wir in diesem neuen Leben ohne den Chino, sobald die Schule wieder losging. Es war das erste Mal, dass ich mir etwas auszumalen versuchte, ohne dass ich von diesem Etwas ein Bild in meinem Kopf gehabt hätte, um darüber nachdenken zu können. Es war das erste Mal, dass ich mir das auszumalen versuchte, was man Zukunft nennt. Was sein würde, darüber dachte ich nach, ohne mir ausdenken zu können, wie es sein würde, ohne alles mit Einzelheiten ausschmücken zu können… Das Einzige, was mir einfiel und wofür ich zumindest ein Beispiel hatte, war, dass vielleicht ich und Elke am Ende des Schuljahres auch heiraten würden wie Belinda und Don Rodolfo, um das Vaterland zu einen, wie die Königin Isabella und der König Ferdinand. Dieser Gedanke gefiel mir vor allem wegen des Wahlspruches auf dem gemeinsamen Wappen der zwei Königreiche der beiden, also Kastilien und Aragón, „Es zählt der eine wie der andere, Isabella wie Fernando …"*

Mühsam kam eine Viertelstunde zu früh um Viertel vor sieben und traf am Haustor mit Don Rodolfo zusammen, der gerade mit zwei riesigen Paketen aus der Konditorei kam, eines in jeder Hand. Ich und der Chino hatten uns besonders sauber gewaschen und trugen Krawatten. Und Elke kam festlich gekleidet herauf. Und die Großmutter war schon seit einer halben Stunde in ihrem Zimmer, um sich herzurichten. Und Doña Blanca war zwar zu ihrer üblichen Zeit gekommen, also um vier Uhr, trug aber bereits ihren schwarzen Rock und die perlgraue Bluse – ihre Kleidung für halbfestliche Anlässe –, und sie war gerade dabei, der Großmutter mit ihrer Frisur zu helfen. Im Esszimmer und im Wohnzimmer waren alle Lichter eingeschaltet. Und als wir ins Speisezimmer kamen, zuerst Elke, dann der Chino und dann ich, waren dort schon alle versammelt, Belinda und Don Rodolfo in ihren Hochzeitskleidern, und die Großmutter und Doña Blanca schon auf ihren angestammten Plätzen. Und Mühsam, der seine Haare ordentlich mit Pomade eingeschmiert hatte und einen perfekten Scheitel trug, stand links von Belinda. Wir setzten uns, und alle begannen gleichzeitig zuzulangen, aber ich musste – ich weiß nicht, ob freiwillig oder unfreiwillig – daran denken, dass das hier schlussendlich das Resümee war: Ich wusste einfach nicht, ob ich bei der Jause tüchtig zulangen wollte oder nicht und so fröhlich sein wollte wie die anderen, allen voran der Chino. Elke musste gemerkt haben, dass etwas mit mir los war, weil sie mich fragte, ob ich mich schlecht fühlte, weil ich fast nichts aß. Und ich sagte: „Mir ist nicht schlecht, es tut mir nur Leid, dass der Chino weggeht." Und dann fiel mir plötzlich auf, dass ich das gesagt hatte, ohne es vorher zu denken, damit will ich sagen, ohne dass ich vorher darüber nachgedacht hatte. Was Elke darauf sagte, hörte ich nicht, aber ich hörte stattdessen ein Geräusch wie das Geräusch, wenn man den Verschluss einer Limonade öffnet. Und das war, weil Don Rodolfo zur Jause zwei Flaschen „El Gaitero" mitgebracht und gerade eine davon aufgemacht hatte. „Stoßen wir an, stoßen wir an!", sagte Doña Blanca, die schon auf dem besten Weg zum Schwips war, bevor sie auch nur einen Tropfen Cidre* getrunken hatte. Und Belinda ging um den Tisch herum und stellte ein Glas vor jeden, und Don Rodolfo folgte ihr und schenkte ein. Und wir tranken alle gleichzeitig, und Mühsam sagte: „Wir müssen auf etwas anstoßen." Und Don Rodolfo meinte: „Zu allererst stößt man auf Spanien an." Und nach dem Anstoßen füllte er die Gläser wieder auf, und diesmal brachte die Großmutter einen Trinkspruch aus, wozu sie sogar aufstand, und das ganz ohne die Hilfe von Doña Blanca oder ihrem Stock. Und die Großmutter sagte: „Also, ich stoße darauf an, dass wir acht, wie wir hier zusammen sind an diesem Abend, in einem Jahr wieder alle acht beisammen sitzen und feiern können, genauso fröhlich wie heute!" Und dann sagte der Chino: „Auf Ceporro und Elke." Und ich sagte: „Auf den Chino." Und Elke sagte: „Auf Seporra und auf den Chino." Und so riefen wir alle auf, einen nach dem anderen, jeden bei seinem Namen, bis der Cidre leer war und wir mit Tee anstoßen mussten, wobei wir immer lauter und lauter lachten über das, was jeder Einzelne sagte. Und ich stieß, obwohl ich das nicht laut sagte, auf den Mauersegler und die Mauerseglerin an, auf dass sie im nächsten Jahr wieder auf die Terrasse zurückkehren sollten ... Und so weiter und so fort, so ging es lange, lange Zeit bis zum Ende, als ob es einfach nicht möglich wäre, etwas zu beenden, und das Ende nicht der Schluss von etwas wäre, für keinen von uns acht ...

ANMERKUNGEN DER ÜBERSETZERIN

S. 11 *Apperkat:* Uppercut. Englische Begriffe sind im Text so geschrieben, wie sie ausgesprochen werden.

S. 14 *Heiliger Dreikönigstag:* In Spanien bekamen die Kinder früher üblicherweise die Weihnachtsgeschenke am 6. Januar, dem Heiligen Dreikönigstag.

S. 27 *Vermakt:* Wehrmacht. Deutsche Begriffe sind im Originaltext so geschrieben, wie es die spanische Orthographie erfordern würde.

S. 32 *Ceporro:* Spitzname für ein tollpatschiges Kind

S. 41,76 und öfter *Falange:* Faschistische politische Bewegung in Spanien, gegründet 1933, gelangte durch Francos Sieg an die Macht.

S. 44 *Schatz der Jugend:* „Tesoro de la juventud", Enzyklopädie für die Jugend

S. 44 *Der Kreuzzug:* „La Cruzada", mehrbändiges Werk zur Militärgeschichte Spaniens. *Schlacht von Belchite:* Die Schlacht von Belchite bezeichnet eine Reihe von militärischen Operationen, die vom 24. 8. 1937 bis zum 6. 9. 1937, also während des Spanischen Bürgerkriegs, in der Nähe der gleichnamigen Ortschaft stattfanden.

S. 47 *Campoamor:* Ramón de Campoamor, spanischer Dichter, 1817 – 1901; kurze Gedichte und Sinnsprüche, greift oft auf Sprichwörter zurück.

S. 47 *ABC:* konservative spanische Tageszeitung

S. 49, 225 *Linz, der Schwede Linz:* Der richtige Name des Erfinders der Schwedischen Gymnastik lautet Ling.

S. 59, 180 *„Cara al sol":* „Gesicht zur Sonne".

Parteihymne der Falange-Bewegung

S. 59, 180 „*Es herrscht der Geist von Isabella und Ferdinand"*: Strophe aus der Hymne „Isabel y Fernando"

S. 60 *Marienfeiertag:* 12. Oktober, „Día del Pilar", Feiertag zu Ehren der Jungfrau, und gleichzeitig Tag der Entdeckung Amerikas

S. 73, 97 *Fronton:* Ballspiel. Baskischer Volkssport, bei dem ein Hartgummiball entweder mit den Händen oder mit einem Schläger über eine Wand gespielt wird.

S. 76 *Auxilio Social:* Wohlfahrtsbewegung der Falange

S. 115 *Zenturie:* Hundertschaft in der Jugendorganisation der Falange

S. 160 *Mantilla:* Spitzentuch, das von spanischen Frauen zu festlichen Anlässen getragen wird.

S. 175 *Fünf:* Die Notenskala reicht von der schlechtesten Note 1 bis zur besten Note 10. Ab sechs hat man bestanden.

S. 178 *Churros:* Schmalzgebäck

S. 179 *Generalissimus:* Titel Francos

S. 180 *Caudillo:* Titel Francos, „Führer von Gottes Gnaden"

S. 180 *Auf, auf, Kamerad, immer voran, lasst uns die Hymne der Jugend anstimmen:* freie Übersetzung der Strophe „En pie, camarada, siempre adelante, cantemos el himno de la juventud."

S. 217 *Schlacht von Las Navas de Tolosa:* Bei Navas de Tolosa fand 1212 eine entscheidende Schlacht zwischen Christen und Moslems statt. Ein Bündnis aus Kastilien, Aragón und León unter Alfonso VIII. besiegte die Mauren und brach die muslimische Übermacht in Spanien.

S. 217 *Eid von Santa Gadea:* Eid, den Alfonso VI., der jüngere Bruder und Nachfolger, zur Bekräftigung seiner Unschuld an der Ermordung seines Bruders Sancho im elften Jahrhundert vor dem Cid in der Kirche von Santa Gadea in Burgos ablegte.

S. 231 *Phosphor Ferrero:* Präparat, das Kindern zur Verbesserung des Gedächtnisses verabreicht wurde.

S. 245 *„Es zählt der eine wie der andere....":* „Tanto monta monta tanto Isabel como Fernando". Abgeänderte Form, in der der ursprüngliche Wappenspruch des Katholischen Königs Ferdinand, der die Gleichrangigkeit der vereinten Reiche unterstreichen sollte, unter Franco an Schulen unterrichtet wurde, um die Symbolik der Falange zu erklären.

S. 247 *Cidre:* alkoholisches Getränk aus Äpfeln

José María Merino
Der verirrte Reisende
Erzählungen

Stockmann-Verlag

In Merinos elf Erzählungen durchkreuzen sich
Wirklichkeit und Phantasie, Alltag und Traum. Das
Fluktuieren zwischen beiden Bereichen vermag den
Leser zugleich zu entzücken wie zu verwirren.
Die Geschichten handeln vom Erwachen des
Erotischen, vom Zauber des Exotischen, vom
Auseinanderfallen der Dinge und der Wörter, vom
Verlust ursprünglichen Lebens und oft vom Autor selbst,
der von seinen zu schaffenden Figuren besessen ist.

Gebunden, 204 Seiten, € 19,80

Stockmann **Verlag**

Juan Eduardo ZÚÑIGA
STADT
des RUHMS

Stockmann-Verlag   Erzählungen

STADT DES RUHMS enthält zehn Erzählungen über die Menschen
im Madrid des spanischen Bürgerkriegs, als der aufständische
General die Hauptstadt der Republik belagerte und bombardieren
ließ. Wir erleben, wie Frauen, Männer und Kinder zu überleben
und doch bisweilen einen Augenblick der Wärme und Liebe zu
erhaschen versuchen. In jeder dieser einfachen und zugleich
komplexen Geschichten steckt eine Frage oder ein Rätsel, eine
Sehnsucht, eine Verzweiflung, eine Hoffnung. Diese
Vergangenheit ist sehr gegenwärtig, sind doch letztlich alle
Kriege, die alten und die jetzigen, einander ähnlich und gleich
schmerzvoll.

Gebunden, 204 Seiten, € 19,80

Stockmann **Verlag**

Die *Doppelte Bibliothek* umfasst jeweils den Original-Text mit der parallel gedruckten deutschen Übersetzung.

Wer doppelt liest, wird klüger!

Inhalt:

Deutsch und Spanisch, gebunden, 270 Seiten, € 15,90

Stockmann  Verlag

Die *Doppelte Bibliothek* umfasst jeweils den Original-Text mit der parallel gedruckten deutschen Übersetzung.

Wer doppelt liest, wird klüger!

Inhalt:
Amy Foster
Ein Vorposten des Fortschritts
Jugend
Il Conde

Inhalt:
Ligeia
Der Fall des Hauses Usher
Eine Abfahrt in den
    Maelström
Die Grube und das Pendel
Morella
Manuskript in einer Flasche
Die Maske des Roten
    Todes
Das verräterische Herz
Die Tatsachen im Fall
    Valdemar

Inhalt:
Der seltsame Fall des
    Dr. Jekyll und Mr. Hyde
Der Leichenräuber
Markheim

Inhalt:
Tamango
Die etruskische Vase
Die Venus von Ille
Arsène Guillot

Gebunden, illustriert, 285 Seiten, € 19,40

Lewis Carroll

ALICES ABENTEUER IM WUNDERLAND

(Deutsch und Englisch)

DIE MAUER

Französische Erzählungen aus der klassischen Moderne

Jean-Paul Sartre Die Mauer
Marguerite Yourcenar Die Witwe
Aphrodisia
Marcel Aymé Ein Märchen
aus dem Milieu
Louis Aragon Der Spitzel
Eugène Ionesco Nashörner
Albert Camus Der Gast
Gisèle Prassinos Das Rote Schloss

(Deutsch und
Französisch)

Gebunden, illustriert, 272 Seiten, € 15,90